U0585700

潮州文化丛书·第一辑

潮州广济桥建筑与文化研究

《潮州文化丛书》编纂委员会　编

曾丽洁　著

SPM 南方出版传媒　广东人民出版社
·广州·

图书在版编目（CIP）数据

潮州广济桥建筑与文化研究 / 曾丽洁著. —广州：广东人民出版社，2021.7
（潮州文化丛书·第一辑）
ISBN 978-7-218-14807-6

Ⅰ. ①潮… Ⅱ. ①曾… Ⅲ. ①古建筑—桥—文化研究—潮州 Ⅳ. ①K928.78

中国版本图书馆CIP数据核字（2020）第257655号

封面题字：汪德龙

CHAOZHOU GUANGJIQIAO JIANZHU YU WENHUA YANJIU
潮州广济桥建筑与文化研究
曾丽洁 著

出 版 人：肖风华

出版统筹：卢雪华
责任编辑：廖智聪 李宜励
封面设计：书窗设计工作室
版式设计：友间文化
责任技编：吴彦斌 周星奎

出版发行：广东人民出版社
地 址：广州市海珠区新港西路204号2号楼（邮政编码：510300）
电 话：（020）85716809（总编室）
传 真：（020）85716872
网 址：http://www.gdpph.com
印 刷：广州市人杰彩印厂
开 本：787mm × 1092mm 1/16
印 张：22 字 数：180千
版 次：2021年7月第1版
印 次：2021年7月第1次印刷
定 价：110.00元

总序

坚定文化自信 打造沿海经济带上的特色精品城市

◎李雅林

文化是民族的血脉，是人民的精神家园。2020年10月12日，习近平总书记视察潮州，指出："潮州是一座有着悠久历史的文化名城，潮州文化是岭南文化的重要组成部分，是中华文化的重要支脉。"千百年来，这座古城一直是历代郡、州、路、府治所，是古代海上丝绸之路的重要节点，是世界潮人根祖地和精神家园。它文化底蕴深厚，历史遗存众多，民间艺术灿烂多姿，古城风貌保留完整，虽历经岁月变迁王朝更迭，至今仍浓缩凝聚历朝文脉而未绝，特别是以潮州府城为中心的众多文化印记，诉说着潮州悠久的历史文化，刻录下潮州的发展变迁，彰显了潮州的文明进步。

灿烂的岁月，簇拥着古城潮州进入一个新的历史发展时期。改革大潮使历史的航船驶向一个更加辉煌的世纪。习近平总书记强调，文化自信是更基础、更广泛、更深厚的自信，是更基本、更深沉、更持久的力量。坚定中国特色社会主义道路自信、理论自信、制度自信，说到底是要坚定文化自信。党的十九大向全党全国人民发出了“坚定文化自信，推动社会主义文化繁荣兴盛”的伟大号召，开启了新时代中国走向社会主义文化强国的新征程。潮州市委、市政府认真按照省委“1+1+9”工作部署和关于“打造沿海经济带上的特色精品城市”的发展定位，趁势而为，坚持走“特、精、融”发展之路，突出潮州的优势和特点，把文化建设放在经济社会发展的重要位置，加强文化建设规划，加大文化事业投入，激活潮州文化传承创新“一池春水”，增强潮州城市文化软实力和综合竞争力，推动潮州文化大繁荣大发展，为经济社会发展提供坚实的文化支撑。

历史沉淀了文化，文化丰富了历史。为进一步擦亮“国家历史文化名城”这张城市名片，打造潮州民间工艺的“硅谷”和粤东文化高地，以“潮州文化”IP引领高品质生活新潮流，在全省乃至全国范围内形成一道独特而亮丽的潮州文化风景线，2019年，潮州市印发了《关于进一步推动潮州文化繁荣发展的意见》。2020年开始，中共潮州市委宣传部启动编撰《潮州文化丛书》这一大型文化工程，对潮州文化进行一次全方位的梳理和归集，旨在以推出系列丛书的方式来记录潮州重要的历史人物事件和优秀民间文化，让潮州沉甸甸的历史文化得到更好的传承和弘扬。这不仅为宣传弘扬潮州文化提供了很好的载体，也是贯彻落实习近平新时代中国特色社会主义思想和党的十九大精神的一个有力践行，是全面开展文化创造活动、推动潮州地域文化建设与发展的一件大事和喜事。

文化定义着城市的未来。编撰《潮州文化丛书》是一项长期的文化工程，对促进潮州经济、社会、政治、文化建设具有积极的现实意义和深远的历史意义。作为一部集思想性、科学性、资料性、可读性为一体的“百科全书”，内容涵括潮州工艺美术、潮商文化、宗教信仰、饮食文化、经济金融、赏玩器具、民俗文化、文学风采和名胜风光等等，可谓荟萃众美，雅俗共赏。这套丛书的出版，既是潮州作为历史文化名城的生动缩影，又是潮州对外展现城市形象最直观的窗口。

“千古文化留遗韵，延续才情展新风”。《潮州文化丛书》的编撰出版，是对潮州文化的系统总结和传统文化的大展示大检阅，是对潮州文化研究和传统文化教育的重要探索和贡献。习近平总书记对潮州文化在岭南文化和中华文化体系中的地位给予的高度肯定，更加坚定了我们的文化自信，为进一步推动潮州文化事业高质量发展提供了根本遵循。希望全市宣传文化部门能以《潮州文化丛书》的编撰出版为契机，牢记习近平总书记的谆谆教导和殷切期望，乘势而上，起而行之，进一步落实市委“1+5+2”工作部署，积极融入“粤港澳大湾区”建设，围绕“一核一带一区”区域发展格局，推动文化“走出去”，画好“硬内核、强输出”的文化辐射圈，使这丰富的文化资源成为巨大的流量入口。希望本丛书能引发全社会对文化潮州的了解和认同，以此充分发掘潮州优秀传统文化的历史意义和现实价值，推动优秀传统文化创造性转化和创新性发展，创造出符合时代特征的新的文化产品，推出一批知名文化团体和创意人才，形成一批文化产业龙头企业，打造一批展现文化自信和文化魅力的文化品牌，开创文学大盛、文化大兴、文明大同的新局面，为把潮州打造成为沿海经济带上的特色精品城市、把潮州建设得更加美丽提供坚实的思想保障。

序

◎苏桂宁

广济桥是潮州最重要的文化地标。但凡到过潮州的人，都会被广济桥独特的建筑风格以及其所包含的深厚的文化底蕴所吸引，留下非常深刻的印象。潮州人也以广济桥所拥有的悠久的历史文化以及建筑的独特性而自豪。

2006年，曾丽洁从潮州来到暨南大学读硕士研究生，提出要以广济桥作为研究对象，从历史文化以及建筑美学、艺术、文学的角度讨论广济桥。从她非常赞叹及自豪的神态中，我感觉到她对家乡的热爱以及对广济桥由衷的敬仰之情，同时也因为广济桥所呈现出来的独特的建筑艺术美学特征以及其所拥有的独特的文化意蕴，我认为确实是非常值得探讨的对象。

广济桥位于广东省潮州市潮州古城东门外，横跨韩江，是古潮州州城与东厢之间的连接线，也是我国东南沿海古驿道最重要的节点之一，具有重要的社会价值、经济价值和军事价值。古桥有800多年的历史，是潮州、粤东，乃至整个韩江流域的历史文化地标，具有很高的历史价值和文化价值。广济桥雄伟壮观，造型独特，装饰别致，有很高的审美价值。

曾丽洁经过努力，终于完成了以广济桥为研究对象的硕士论文，并且通过答辩，获得文艺美学硕士学位。近十年来，她在硕士论文的基础上又进一步补充完善，深入挖掘，使论文内容更加丰富，视野更加开阔，形成了本书的规模。

曾丽洁的这部著作在研究广济桥文化艺术方面是相当全面深入的，对美学艺术特点方面有很多的论述。这本书梳理了广济桥的历史文化，专门讨论了广济桥的建筑艺术和古桥所蕴含的中国传统文化内容，从环境艺术、造型艺术到装饰艺术，从儒家文化、道家文化到佛家文化，都进行了深入、细致的分析探讨。又围绕历史上广济桥延伸出来的诗文、匾额楹联和碑记文等文学方面的内容进行鉴赏分析，挖掘其中的文化内涵。桥市文化是广济桥文化独具特色的内容，书中不仅介绍了广济桥市的规模和影响，还分析其形成的原因，以及桥市文化与潮州商业文化的关系。同时还探讨了广济桥身上所蕴含的潮州文化精神。无论是从建筑艺术，还是中国传统文化方面的探讨，抑或是诗文碑记、商业文化和潮州文化精神方面的分析，都达到此前关于广济桥研究著述中所没有涉及的层面，具有开拓性和独创性。

这本书的写作历时十余年，从收集资料、整理资料到立意构思和写作都用了许多功夫，也因此结成了今天这部充满作者心血的著作。

潮州是一座文化古城，也是一座文化名城，作者非常热爱自己的家乡，对自己的家乡倾注了满腔的热情，这从本书的字里行间都能够感受得到，也希望这本书能够得到更多的关注。

自序

◎曾丽洁

建筑是社会文化发展的产物，人类文明历史和科学技术的智慧结晶。传统建筑是一个地区一个时代历史文化的载体。桥梁是建筑的重要组成部分，重要桥梁既能反映一个地区一个时代的科技水平，也能体现一个时代的思想文化发展成果，是建造时期社会生产力水平的重要标志，也是一个时代思想文化水平的重要标志。透过桥梁的建筑结构、建造方法、装饰艺术及建造历史，可以看到其建造时期社会政治经济状况、社会生活方式和社会的各种规范，还能看到建造时期的思想观念、审美理想和地区社会文化心理。

中国是桥的故乡，自古就有“桥的国度”之称。中国桥梁的历史有2000多年，中国桥文化与中华文明同步，彰显着中华民族文化的特色，在世界文化史和世界桥梁史上都占有重要地位。中国古桥数量大、分布广、造型多样、风格独特，是中华民族的骄傲。古桥在中国具有非常重要的地位，人们的日常生活、人生历程、人生理想、思想信仰几乎都与古桥有密切联系。由于具有重要的交通作用，社会政治经济生活也与古桥息息相关。重要古桥往往汇集了一个地区的政治、经济、科技、艺术、思想、民俗等信息，是一个地区历史文化的凝结者和承载者，是地区历史文化的宝库，具有很高的历史价值和社会文化价值。古桥的结构和装饰是所处地区审美理想的体现，具有审美的价值。古桥既是透视地区历史文化的窗口，同时又是地区重要的历史文物和人文景观，具有很高的观赏价值。

茅以升先生说过："桥梁是一国文化的表征。"关于古桥文化的研究已成为当前学术界的一个热点，在研究中诞生了桥梁美学、桥梁社会学、桥梁经济学、桥梁交通运输学、桥梁民俗学、桥梁哲学等关于桥梁的自然科学和社会科学理论；关于桥文化研究的新门类，如桥梁考古学、桥梁旅游经济学、古桥价值评估学、古桥维修保护学、仿古桥梁建筑学等新兴学科正在形成。在桥梁建设和旅游开发日新月异的情况下，关于桥文化的研究已经突破研究的范畴而带动了很多新产业门类的发展，对社会经济文化的进一步发展和繁荣起到极其重要的促进作用。

潮州广济桥始建于南宋乾道年间，是粤东地区著名的古桥，在粤东乃至整个韩江流域经济文化发展中具有重要意义。古桥从历史中走来，漫长的建造历史和频繁的维修让其身上蕴含了丰富的历史文化信息，是透视潮州社会发展历史的重要窗口。广济桥是古潮州州城与东厢之间的连线，也是我国东南沿海古驿道重要的节点，具有重要的经济价值、政治价值和军事价值。广济桥造型特殊，装饰美观，兼具实用价值和审美价值，在世界桥梁史和中国桥梁史上都占有重要地位。关于广济桥建筑和文化的研究具有很高的学术价值。

广济桥一直以来广受关注，古代文人墨客围绕它抒写了很多诗文辞赋，当代专家学者也有很多关于它的介绍和研究。当代著名潮籍汉学家饶宗颐先生长期关注广济桥，20世纪90年代初完成《广济桥志》，潮州先贤张树人先生70年代初完成《湘子桥考》，两作皆汇集丰富史料。著名桥梁专家罗英和茅以升两位先生在20世纪60—70年代就把广济桥作为中国古桥的范例向世界推介，中国科学院自然科学史研究所的金秋鹏先生、华南理工大学的吴庆洲教授也都有文章推介。日本大学的伊原弘先生对广济桥独特的浮梁结构给予了高度评价，充分肯定浮梁结合结构对韩江流域和潮州社会经济发展的决定性意义。

虽然有很多著述在先，但是以技术分析、史料汇集和形象推介为主，对于广济桥这座潮州历史文化宝库来讲，已有成果只能算是掀开面纱。为了进一步了解这座千年古桥，本人自2007年开始在暨南大学苏桂宁教授的指导下，于2009年完成了文艺美学硕士学位论文《潮州广济桥的文化书写》，尝试从建筑美学和文化美学的角度对广济桥进行分析解读，研究成果得到暨南大学和中山大学相关专家肯定。近十年来，又结合建筑学、历史学、文化学、社会学、民俗学、建筑美学、桥梁美学等理论，尝试从不同角度对广济桥进行深入研究，先后在《沈阳建筑大学学报》《重庆交通大学学报》《西安建筑科技大学学报》《河北工程大学学报》《汕头大学学报》等国内知名学术期刊发表了关于广济桥历史、文化、艺术等相关研究论文10多篇。在撰写本书之前，又查阅了潮州、梅州、福建汀州、江西赣州等地的历代典籍，以及前人关于韩江流域的政治、经济、文化等方面的研究成果，对流域及周边一些历史遗址遗迹进行了调查考证，最大程度地保障研究资料的可靠性与准确性。

本书包括广济桥古今风貌、自然地理环境、历史文化环境、历史沿革介绍，建筑艺术、文学艺术鉴赏，广济桥所蕴含的中国传统文化信息，广济桥的历史文化意义和商业文化意义，广济桥所蕴含的潮州文化精神等方面内容。本书是以本人近十年来发表的广济桥建筑和文化研究成果为基础深入发展而成的，每个章节研究的专题虽然不同，但为了把问题说清楚，资料运用方面难免有个别重复。

本书的写作，除了本人所花费的功夫外，还得到很多前辈师长的指导和同道朋友的帮助。暨南大学苏桂宁教授，韩山师范学院林伦伦教授、黄景忠教授等师长不断鼓励和指导；潮州当代名宿邢锡铭老师、陈香白老师，潮州当代建筑专家肖逸生先生，我的同学夏登武等师长和朋友都给过我很多建议和帮助……凡此种种，都涉及知识产权或繁重劳动，于此一并致谢！

广济桥是中国乃至世界桥梁建筑的典范之作，也是潮州历史文化的宝库。无论是中国传统建筑文化还是潮州历史文化，都博大精深。此书虽已完成，然本人深知学问无底、功力不深，势必挂一漏万，尚祈各专家、学者不吝指正。同时，希望这本书的出版能够起到抛砖引玉的作用，能够有更多朋友和我一起探寻、一起挖掘这座宝库，让更多人了解这座千年古桥，了解潮州文化。

目录

目录

目录

引言

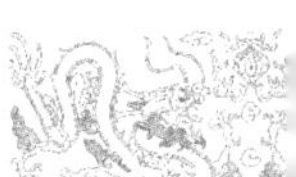

到广不到潮，枉费走一遭；
到潮不到桥，白白走一场。

这是明代《广东通志》中记载的一则民谣，“广”指广东省，“潮”指广东省东部的潮州府，“桥”指潮州的广济桥。[①]潮州广济桥俗称湘子桥，位于潮州府的州城（今潮州古城）东门外。

① 潮州府所属区域主要是现在广东省东部的潮州、汕头、揭阳、梅州四个地级市和汕尾的一部分。州治为潮州城，即今天的潮州古城。嘉靖《潮州府志》载：“潮州府广四百里，袤四百六十五里，东诏安（今属福建省漳州市），南海岸，西海丰（今属广东省汕尾市），北上杭（古属福建省汀州府，今属福建省龙岩市）。”自东晋设立义安郡以来，潮州在行政归属上虽有过一些变动，内部区县在行政上也有一些分拆，但所辖区域变动并不大。清雍正十一年（1733 年）析出上游梅江流域置嘉应州，在行政上嘉应州与潮州并列，但因该州大部分区域历史上是潮州辖地，加上韩江水道的关系，潮梅地区的联系一直非常密切，本书下文叙述时不再特别说明。

广济桥始建于南宋乾道七年（1171年），长500多米，横跨韩江，是我国东南沿海交通干线上的重要节点，闽粤两省之间交通要津，在东南沿海地区政治、经济、文化发展中发挥过巨大作用。雄伟的气势、精美的装饰和独特的浮梁结合结构使广济桥成为古代岭南地区重要的人文景观。明宣德年间潮州举人，后被选为东宫辅导的李龄曰："岭南雄冠，在于吾潮；吾潮雄冠，在于广济一桥。"1988年，潮州广济桥被列入第三批全国重点文物保护单位名录，与著名的赵州桥、卢沟桥、洛阳桥并称为中国四大古桥。20世纪50年代末期，由于现代交通的需要，广济桥中间的浮桥被改为钢梁桥，继续发挥交通枢纽的作用。21世纪初，在旅游政策的推动下，广济桥中间的钢梁桥被拆掉，恢复浮梁结合结构，"十八梭船廿四洲，廿四楼台廿四样"的历史景观重新回到人们视野。

CHAPTER 1

第一章 广济桥概况

一 广济桥古今风貌

（一）广济桥造型的历史沿革

潮州广济桥有800多年的历史，由于自然和人为因素，历史上桥的造型和长度、桥墩的数量、梁桥的宽度、浮桥的长度以及桥舟的数量都有过多次变化。大桥首建于南宋乾道七年（1171年），据潮州太守曾汪《康济桥记》载："江面一千八百尺，中蟠石洲，广五十尺，而长如之，复加锐焉。为舟八十有六，亘以为梁。"其时大桥名"康济桥"，由一座大石墩和86只木船组成。宋元时期，一尺合现今31.68厘米，1800尺约为560米，石洲长宽各50尺，约为15米多。石墩两头做成尖型。[1]淳熙元年（1174年），夏季的洪汛把浮桥冲垮，太守常祎修复，改浮桥木船为106只，因为还有余款，又在西岸桥头建造了仰韩阁。[2]淳熙六年（1179年），知州朱江在西岸增筑2墩，并在桥墩上造亭，同时在西岸桥头建造了登瀛门，东西向各匾为"南州奇观"和"三已亥堂"。连同原来的大石墩，此时桥共为3墩4亭。此后每次增建桥墩都同时在墩上建屋。淳熙七年（1180年），通判王正功又增筑2墩，用巨木架梁，从此时开始，大桥在连接东西两岸时，桥下也可通航，首次解决了过江和通航之间的矛盾。淳熙十六年（1189

年），知州丁允元继续在西岸增筑4墩。此时西桥已有8墩，时称“丁侯桥”。绍熙五年（1194年），知州沈宗禹开始在东岸修筑桥台，并在台上造屋。庆元二年（1196年），知州陈宏规在东岸增筑2墩，连桥台共3墩2孔，时称“济川桥”。此后10年间，东桥又相继增筑9墩，至开禧二年（1206年），东西两桥共有桥墩19座、桥台1座，各墩上皆造屋题匾，相应地，浮桥也逐渐缩短。绍定元年（1228年），知州孙叔谨转向西桥增筑2墩，同时完成前通判曾噩、太守沈康未能完成的1墩。明宣德十年（1435年），福建龙岩人王源守潮时，“累石为墩二十有三，上架以巨木，架亭屋百二十六间，中不可为墩，造舟二十有四为浮梁，更今名（笔者按：即广济桥）”。此后关于大桥造型的记载有，弘治十年（1497年），“同知车份重修石洲三而梁之，建亭屋二十间，其东洲坏者水尤深浚，甃未竟而复坏，亭屋仅有存者”；嘉靖九年（1530年），“知府丘其仁立桥东西二亭，以息过客，而桥南北皆甃以灰石栏。杀浮梁四之一。岁佥桥夫四十四名，渡夫十名司守，每名纳银五钱，储于币，为补置费”。此后广济桥增墩的记载未再见于潮州典籍中。[3]

明代末期开始，韩江下游河段逐渐淤积，入清之后，洪涝灾害频发，大桥损毁日多，桥的造型也有相应的变化。如道光二十二年（1842年），东岸石墩圮者六，损者二，坏者一。西岸石墩圮者三，

图 1-1.1　1958 年维修改造前的广济桥

木石桥梁，损失殆尽。墩坏梁断，只好增加浮桥船只数量，延长浮桥。东岸西端桥墩被冲垮后，由于水深流急，无法修复，后终被完全冲毁。民国时期，由于淤积和沿江道路建设的需要，西桥靠岸处被填平。1958年大规模维修之前，桥长为518米，东边梁桥长283.35米，共12墩12个孔和1座桥台；西边梁桥长137.3米，有8墩7个孔。梁桥桥面宽约5米，中间浮桥长97.3 米，桥舟18只。[4]梁桥上木梁石梁共存。（图1-1.1）

1958年的维修，以补强加固为主，严格遵循“保持古桥风格，兼顾交通”的方针，保留了全部旧墩和石梁。修补加固20个旧石墩，将东西两段石梁桥改为钢筋混凝土桥面，为了适应现代交通的需要，中段浮船拆除，新建2个高椿承台双柱式桥墩，上架钢桁架34.72米，将全桥联成整体。[4]1978—1979年桥面又扩建加宽，成为宽12米，双向通行行人和汽车的大桥。[5]（图1-1.2）2003年广济桥又迎来了一

图 1-1.2　1976 年扩建后的广济桥，图片来自潮州市大桥办

图 1-1.3　清代国画《潮州城图》（局部）

次大规模的维修。此次维修，在加固桥墩之外，以恢复古桥旧貌为宗旨，具体以明代太史姚友直所撰的《广济桥记》、当代潮籍汉学家饶宗颐先生的《广济桥志》和潮州先贤张树人先生的《湘子桥考》为文字依据，同时参考清代国画《潮州城图》[6]、清代张宝《续泛槎图》之《湘桥仙踪》[7]，潮州明清时期著名古建筑如海阳县学宫、开元寺地藏阁、己略

图 1-1.4　[清] 张宝《湘桥仙踪》

图 1-1.5　己略黄公祠漆画《韩江丽景》

图 1-1.6 约翰·汤姆逊拍摄的广济桥照片

图 1-1.7 美国明信片《潮州湘子桥》

黄公祠等保存的装饰画中广济桥的图片，以及清末民初美国发行的明信片《1860—1912年中国之面貌》中的《潮州湘子桥》、1867年英国摄影师约翰·汤姆逊拍摄的广济桥照片、民国20年（1931年）秋潮安县春光美术影相楼拍摄的《广东潮州湘子桥全景》等作品中的广济桥图像。[8]（图1-1.3、图1-1.4、图1-1.5、图1-1.6、图1-1.7、图1-1.8）除了恢复广济桥浮梁结合的旧貌，还沿旧制在桥墩上建造桥屋。此次维修，共建桥屋30间，依“廿四楼台廿四样”旧制，设殿式阁12座，东西向各命名题匾撰联，桥亭18个，分别命名题匾。维修之后，古桥恢复潮州童谣所唱“十八梭船廿四洲，廿四楼台廿四样”的历史风貌。

图 1-1.8 潮安县春光美术影相楼拍摄的《广东潮州湘子桥全景》

（二）广济桥殿式阁楹联匾额一览表

位置	匾额	楹联内容	作者
西一西向	广济桥	广川利涉开新运，杰阁重楼见旧仪	饶宗颐
西一东向	奇 观	舟锁长桥，乾坤浮一线 阁衔远岭，日月跳千秋	陈 放
西三西向	凌 霄	一塔云边作笔，三峰桥畔摇空	李志浦
西三东向	登 瀛	凤台霭隔三千界， 鳄浦波分廿四洲	叶宝捷
西五西向	得 月	魄到中天满， 光分万里同	[明]王天性
西五东向	朝 仙	沧海月明吹笛去， 瀛州景美赋诗来	章群俊
西六西向	乘 驷	腾露夜过峰顶月，嘶风晓逐海门潮	[明]吴仕训
西六东向	飞 跃	鸢飞影拂东山树，鱼跃波摇北阁灯	王纪平
西八西向	涉 川	峰低山让月，舟小水亲人	[明]郭之奇
西八东向	右 通	云里三峰迎槛出，烟中一水抱城来	[清]陈方平
东十三西向	左 达	穴引龙湫通曲窦，灯悬猊座镇层峦	[清]陈学典
东十三东向	济 川	鸥声带雨随潮去，帆影连云认塔还	[清]陈衍虞
东十一西向	云 衢	云绕瀛州，江流天外 衢通蓬岛，阁耸日边	吴志敏
东十一东向	冰 壶	春秋史笔收金鉴， 冰雪诗心在玉壶	曾圣任
东九西向	小蓬莱	触目有情皆胜景，放怀无处不仙山	吴镇圭
东九东向	凤麟洲	韩公旧治培麟趾，湘子新桥耀凤洲	余大茂
东七西向	摘 星	手攀星斗近，目接海天苍	[清]陈 珏
东七东向	凌 波	浪柔兰桨软，风饱蝶帆张	[清]丁日昌
东五西向	飞 虹	亭前叠嶂飞千绿，江上流波起两虹	王 钊
东五东向	观 滟	澄淡由宽蓄， 空濛自远横	[明]郭之奇
东三西向	浥 翠	鳄渡风清波泛绿，韩祠雨润树摇青	林志达
东三东向	澄 鉴	观影舟从梁上过，赏心云在水中飞	陈铮浩

（续表）

位置	匾额	楹联内容	作者
东一西向	升 仙	海月人千里，云天鹤一声	[明]贺一宏
东一东向一楼	仰韩阁	狂澜人作中流柱，瘴海春回八月风	[清]郑昌时
东一东向二楼	广济桥	白浮雉堞三分雨，碧锁虹桥万派云	[清]黄有源

潮州市国家历史文化名城保护建设委员会办公室提供

参考资料：

[1] 《永乐大典》卷五三四三《潮州府·文章》，载饶宗颐编集：《潮州志汇编》第一部，香港：龙门书店，1965年，第38页下。

[2] [南宋]张羔：《仰韩阁记》，载饶宗颐编集：《潮州志汇编》第一部，香港：龙门书店，1965年，第48页下。

[3] 嘉靖《潮州府志》卷一《地理志》，载饶宗颐编集：《潮州志汇编》第二部，香港：龙门书店，1965年，第61－62页。

[4] 罗英：《潮州广济桥》，载《中国石桥》，北京：人民交通出版社，1959年，第199-216页。

[5] 张人鹤：《潮州湘子桥（广济桥）纪事》，潮州市湘子桥修建指挥部编印资料，1979年，第2页。

[6] 画作现藏潮州市博物馆。

[7] [清]张宝编绘：《续泛槎图二集》，羊城尚古斋张纺太占刻，第22-23页。

[8] 吴国智：《广济桥亭台楼阁复建设计》，《古建园林技术》2008年第2期。

二 广济桥的自然地理环境

（一）韩江流域概况

1. 韩江流域的地形和气候特点

韩江发源于闽粤赣三省交界山区，自北往南注入南海。上游由汀江、梅江和梅潭河等河流组成，自广东省大埔县三河坝以下称韩江。汀江，也叫鄞江，发源于武夷山南段东南一侧的福建省宁化县治平乡境内木马山北坡，由北往南流经福建省长汀、武平、上杭、永定4县，在广东省大埔县与发源于福建省平和县葛竹山的梅潭河汇合，然后携梅潭河在三河坝与梅江汇合，全长323公里，流域面积11802平方公里。[1]梅江发源于广东省河源市紫金县与汕尾市陆河县交界的莲花山武顿峰七星崠，由西南向东北流经广东省五华、兴宁、梅县、大埔等县，全长305公里，流域面积13929平方公里。[2]以梅江为源头，韩江全长约470公里，流域面积30112平方公里，落差为920米。韩江从三河坝一路南行，经梅州市丰顺县和潮州市潮安县，到达潮州古城。此段长约110公里，流域面积3346平方公里。在广济桥下游约1.5公里处，韩江分成北、东、西3溪，再往南又各分多股在三角洲南端形成19个出海口（笔者按，今剩5个）。现在潮州古城以下各河段长度多为30～40公里。韩江三角洲面积为899.6～1200平方公里，约占全流域面积的5%。（原注：不同的定位导致面积有差别）[3]

韩江流域处在东经115° 13′ ～117° 09′ ，北纬23° 17′～26° 05′之间，为亚热带季风性湿润气候，气温高，雨量大。流域地势北高南低，东、西、北三面为高山，北部以山地丘陵和台地为主，面积约占流域的95%，武夷山、项山、阴那山、莲花山等山脉布于流域东、西、北三面，对流域形成半包围态势。北高南低的地势有利于南海暖湿气流深入内陆，加上山地的抬升，流域内陆山区降水量较周边地区充沛，多年平均降雨量在1400～1700毫米之间。受南海暖湿气流和西南季风影响，三角洲地区降水量更大，年平均降雨量达2000毫米。受季风影响，韩江流域降水时间分布极不均匀，4—9月降雨量占全年的70%以上。[4]由于流域所跨区域不大，在海洋强大暖湿气流的作用下，雨季全流域处在同一片雨区。遇到强对流天气或台风来袭时，“大量雨水和侵蚀物质集中韩江排出，使韩江水文成为典型的季风性暴流”[5]。汛期径流量可达枯水期的百倍以上，有明确记录的最大洪峰流量是1911年9月5日的1.7万立方米/秒。[6]从历史上记录的破坏程度估计，清康熙年间曾达到约2万立方米/秒。

韩江上游岩石以燕山期花岗岩、朱罗系火山岩、自垩系至第三系红岩为主，在高温多雨气候作用下风化强烈。进入宋代之后，上游山区由于人口大量迁入，山地开发没有节制，侵蚀日渐加强。明代以来，烟草、茶叶、蓝靛等经济作物种植规模很大，汀梅山区水土流失严重，泥沙汇聚韩江，韩江渐成一条多沙的河流。据测，近现代多年平均含沙量为0.299千克/立方米，在全国排第六位；多年平均输沙量为760万吨，在全国排第五位。[7]明代以来，下游三角洲河床迅速上升，三角洲延伸增高的速度很快。清乾隆时期，广济桥以下河段已无法通行海艚大船。河床上升是清代韩江下游河段洪灾频发的主要原因。[8]

2. 古代韩江的潮汐

古代海潮能到达上游的汀江和梅江，汀梅两江古代有鳄鱼，就是随潮汐而至的。唐代海潮到达潮州古城外，贾岛《寄韩潮州愈》有“峰悬驿路残云断，海浸城根老树秋”句。明代海潮还能到达潮州古城，城北金山之巅曾有明万历丙子所立《候潮亭记略》碑。光绪《海阳县志・金石略二》载有《金山候潮亭记》：“万历丙子中秋落成焉，于是，武林□□□敢次诸大夫之言而为候潮亭记。”志文中加注曰：“右刻在金山巅，正书，凡数百言，皆剥落，惟万历以下二十八字可辨。录之以见潮汐在明犹时至韩江上游也。”[9]金山上还有观澜亭，志曰：“观澜亭，在金山上，旧名望海。嘉靖间知府丘其仁建，二十六年知府郭春震易以今匾。”[10]说明万历年间海潮可以到达金山下。清代潮州先贤郑昌时《韩江闻见录》有“海潮”条言：

> 潮州古曰揭阳郡，谓在揭岭之南，山以南为阳也，水又以北为阳。潮之州，大海在其南，是州海北也，故又称海阳。海则有潮，又称潮阳郡。唐时，潮至恶溪，在潮城上，贾朗仙《寄韩潮州愈》诗曰‘海浸城根老树秋’是也。

又言：

> 传百年前，潮到急水，则去城二十里矣。今及庵埠上，且五六十里，居潮城者盖未见潮水云。然此乃城东门外南下之大河，由澄海出口者。若西边小河，由揭阳出口者，则去城十里为长美桥及官寮桥，其潮水比如期至。但比歧海往往差一时多耳。[11]

郑昌时生于乾隆三十四年（1769年），则清初海潮在古城南约10公里。周硕勋《潮州府志》成书于清乾隆二十七年（1762年），载：“从前河港宽深，海艚大船直抵各场装运，近年止泊广济桥下盘查所前掣签领载，转雇民间小船，或圆底船、开尾船，赴场载运。”[12]说明到了清代，韩江下游泥沙淤积的速度非常快。从以上记载看，笔者推断，至迟在明代末期之前，广济桥受到来自上游的江流和南海海潮的夹击。

3. 韩江的鳄鱼

韩江古代有“恶溪”“鳄溪”之称，溪中悍鳄横行。康熙《潮州府志》所载《韩江小记》曰：

> 韩江，在韩山下，源出汀赣，会于三河，合溪九河凤水，过凤栖峡，经鳄溪至于江，经凤凰洲分流为三入海。而东湖在其阴，即韩山之后也。鳄溪，一名恶溪，亦名意溪，有鳄鱼，四足黄身，修尾似龙，无角似蛇，人足，口森锯齿，其运尾犹象之运鼻也。尾有三钩，极利，遇人豕以尾戟而食之。生卵甚众，或为鱼鼍之属。[13]

饶宗颐先生《恶溪考》曰："韩江上下游之水，古曰恶水，又名恶溪。以地产鳄鱼，或称为鳄溪。"[14]清末民初潮州名士，今梅州市松口镇人温仲和曰："恶者，谓是溪滩石险恶，瘴雾毒恶，及鳄鱼狞恶。""恶溪瘴毒聚，雷电常汹汹。鳄鱼大于船，牙眼怖杀侬"（韩愈《泷吏》），鳄鱼是古代韩江的一大祸患，《旧唐书》载："初，愈至潮阳，即视事，询吏民疾苦，皆曰'郡西湫水有鳄鱼，卵而化，长数丈，食民畜产将尽，以是民贫。'"[15]"郡西湫水"即现在的护城河，旧与韩江相连。嘉靖《潮州府志》载：

> 韩江，江即鳄溪，昔鳄为民害，唐韩愈作文驱之，州人德韩，故以名江。中有垒石，名曰峦洲塔。鳄鱼四足，黄身修尾，其形如鼍，似龙无角，似蛇有足，举止趫疾。口森锯齿，往往为人害。鹿行崖上，群鳄鸣吼，鹿必怖惧落崖，为鳄所得。鳄之运尾犹象之运鼻也。[16]

唐代刘恂《岭表录异》载有这样一件事：唐大中二年（848年），宰相李德裕"贬官潮州，经鳄鱼滩，损坏舟船，平生宝玩、古书画，一时沉失，遂召舶上昆仑取之。但见鳄鱼极多，不敢辄近，乃是鳄鱼之窟宅也"[17]。李德裕在杭州任上的朋友允恭和尚所写《南中李太尉事》一书记载了这事，其中有这样两句："金币为鳄鱼所溺，室宇为天火所焚"，《唐语林》转载此事。证明在鳄鱼滩沉失宝玩这件事是真实的。可见韩江的鳄鱼不是零星几条，而是成群结队。

古代韩江鳄鱼可上溯至上游梅江和汀江。《太平寰宇记》载：

> 梅州程乡县恶水，即州大江，东流至潮州出海。其水险恶，多损舟船。水中鳄鱼，遇江水泛涨之时，随水至州前。[18]

光绪《嘉应州志》转王象之《舆地纪胜》载："潮州景物上有恶溪，又有鳄溪，云以鳄鱼得名。程乡松口俗号恶溪庙，安济庙乃其所也，庙有鳄鱼，余骨尚存。"[19]说明以前松口附近河段有鳄鱼。梅州程乡的"恶水"即韩江上游的"梅江"。宋代陈尧佐《鱼图赞》曰：

> 郡之下即大江焉，讼口（笔者按：疑为"松口"）而下，舟人则曰入恶，以其沉渊巨浪覆者相继也。江有鳄鱼，大者数丈，玄黄苍白厥类惟错，似龙无角，如蛇有足。卵化谷间，其卵无数，大率成鳄鱼者一二焉。余则或鼋或鼍。鳄鱼喜食人，狎于水者每罹害，民居畜产亦辄尾去。潮州旧苦此患，俗不能禁。[20]

《太平寰宇记》撰于宋太宗太平兴国年间（976—984年），宋真宗咸平二年（999年）陈尧佐为潮州通判。松口而下，即为"入恶"，虽然梅江的"恶"有"沉渊巨浪"，但"江有鳄鱼"显然也是"恶"之一，说明北宋之前松口以下河段有鳄鱼是常态。

历史上汀州有两个蛟窟，《临汀志》载：

> 上杭县。鬼湖，在上杭县北安丰上里。广丈有奇，深不可测，旁无寸草，莫敢狎近。旧传下通大溪，乃蛟龙窟穴。大溪，发源自长汀，众泉汇合入县界，又与旧州、语口水会，至县治之南山下，西流五十步而南，经潭口至潮入海。
>
> 武平县。蛟湖，侧又有石龛、铁冢。唐开元中，福僧持

铁钵驻锡三峰侧，毒蟒恶象为之扰伏。大历中，泉州僧灵悟驻山间，演法导俗，自后龛岩遂芜。南安岩，在武平县八十里。形如狮子，旧为龙鼋窟宅，俗呼为“龙穿洞”。[21]

关于蛟湖，1990年重刊的《临汀志》有这样的注释：“《舆地纪胜》载：‘蛟塘，在武平县。其水无源，其深无际。昔常有蛟为民患，洎南安师建院于岩下，其毒遂弭。’”称为“蛟龙窟穴”，说明此处曾有鳄鱼。唐代柳宗元《愚溪对》曰：

予闻闽有水，生毒雾厉气，中之者温屯沤泄。藏石走濑，连舻糜解。有鱼焉，锯齿锋尾而兽蹄。是食人，必断而跃之，乃仰噬焉。故其名曰“恶溪”。[22]

据饶宗颐先生考证，柳宗元所言的“恶溪”即是汀江。[23]柳宗元生活在公元773～819年，《临汀志》成书于南宋开庆元年（1259年），说明至迟在公元9世纪之前鳄鱼活动深入到汀江。

江中鳄鱼伤人之事在宋代还有发生。据陈尧佐《戮鳄鱼文》载：“明年夏，余郡之境上，地曰万江，村曰硫黄（笔者按：后来称瑠隍、留隍），张氏子年始十六，与其母濯于江涘，倏忽鳄鱼尾去，其母号之弗能救，洎中流则食之无余。余闻而伤之。…… 命县邑李公诏郡吏杨勋挐小舟，操巨网，驰往捕之。…… 是日，乃投网，辄止，伏不能举，繇是左右前后力者凡百夫，拽之以出，缄其吻，械其足，槛以巨舟，顺流而至。…… 既而鸣鼓召吏，告之以罪，诛其首而烹之。”[24]陈尧佐咸平二年（999年）任潮州通判，则惨剧发生在咸平三年（1000年）。

清代夏之蓉曾任广东学政，其《半舫斋诗钞》载有《史总戎署中观小鳄鱼》诗：

长弓响落朱海涯，百怪消缩呈清夷。
将军马上五色旗，双眉未竖威风驰。
老鳄遁走留其雌，大杵得得舂为齑。
遗雏觳觫缘町畦，得而腊之悬庭楣。
韩公精诚通神祇，岂在羊豕投寒溪。
迁雄诘曲多奥辞，累简不足欺鰌鲵。

夏诗中记录杀了一条雌鳄，抓了一条幼鳄并做成标本的事。“韩公精诚通神祇，岂在羊豕投寒溪”句说明杀鳄鱼的地点是韩江。该诗写于乾隆十一年（1746年），其时夏曾入潮。诗中“史总戎”指史载贤。史是山西大同人，行伍出身，乾隆十一年任潮州总兵，乾隆十三年（1748年）升湖广提督。[25]史载贤乾隆十一年任职潮州，夏之蓉乾隆十一年入潮，可见夏诗中所记为潮州事，捕鳄事发生在乾隆十一年。据此可知乾隆年间潮州海湾偶有鳄鱼出没。

从历史记载可见韩江鳄鱼体型巨大，凶猛异常，而且繁殖很快。有学者考证，韩江的鳄鱼为湾鳄。湾鳄是目前已知各种鳄鱼中体型最大、最凶猛的种类，有“食人鳄”之称。澳大利亚北部卡奔塔利亚湾至巴布亚新几内亚一带的湾鳄长逾6米，重达千斤。[26]我国古代所言“蛟”即湾鳄，《临汀志》所载“蛟湖”“蛟塘”“蛟龙窟穴”等是其地曾有鳄鱼明证。

4. 韩江的洪涝灾害

韩江流域汛期雨量很大，又有暴流，中下游常有洪涝灾害。进入明代之后，由于上游山区无节制地开发导致大量水土流失，下游河段泥沙淤积日益加重，从乾隆《潮州府志》卷十一《灾祥》的记载可见明中后期开始，中下游洪涝灾害频繁发生。

“明弘治五年壬子（1492年），大水漂民居。八年乙卯大水，北门堤决，城崩二百余丈，稼灾。九年丙辰，堤决，城内水深丈余，民房官廨尽淹。十二年已未四月淫雨大水。”

“万历三年（1575年）乙亥涝，澄居韩江下流，暴雨江涨，赣、循、梅、汀、漳五州之水千里汇入韩江，势若建瓴，以澄为壑，前此水涨，海口未淤，易于宣泄，顷刻即退，苗尚无恙。后海坪子母相生，海口淤塞，平畴漫溢，竟成泽国。”（澄海县）

“万历二二年甲申（1594年）秋，七月，洪水，上中下外莆暨蓬州四都堤决，受祸尤烈。”

“明嘉靖三十五年丙辰（1556年）夏，四月，雨，大水。旧邑志云：时山水大涨，城不没者一版。一月水再涨，前未有也。城中公庙民居漂没者十居八九，食货悉付波，臣数十年储聚坏于一亘，灾害之惨莫此为甚。”（大埔县）

“崇贞十年丁丑（1637年）夏，四月，连雨三日，水几溢城堞，傍河铺屋漂流殆尽。”

“康熙三年（1664年）夏，六月，飓风大雨，东津、江东、南桂堤皆溃，迁界男女之流寓者，淹葬过半。”

“康熙十二年（1673年）秋，八月，太白经天一十有六，夜飓风大发毁屋坏垣，水涨，广济桥圮。”

“康熙十五年丙辰（1676年）夏，四五六月，飓风屡作，揭屋溃堤，水溢。”

“康熙三十一年壬申（1682年）夏，五月，大水，早禾淹没。”

“康熙三十二年癸酉（1683年）秋，八月二十九日，飓风，大雨数日夜，各处堤溃，田禾俱淹。”

……[27]

据史志中零星的记录统计，明弘治至新中国成立450多年间，韩江下游暴发洪灾达96次，其间发生溃堤的有52年，共溃决101处。洪流对广济桥危害巨大。

（二）潮州的地理位置和地形特征

1. 潮州的地理位置

《太平寰宇记》载：“州境，东西五百五十里。南北二千三百里。四至八到：西北至东京七千里。西北至西京七千四百里。西北至长安七千六百里。”[28]潮州位于中国大陆东南边陲，在南宋建立之前，中国的权力中心在西北和中原，潮州距离权力中心几千公里，是个“山高皇帝远”的地方。唐代韩愈的诗句“一封朝奏九重天，夕贬潮阳路八千”（《左迁至蓝关示侄孙湘》）和“去广府虽云才二千里，然来往动皆经月”（《谢上表》），让北方官员闻潮州而色变。

潮州处在广东省的东端，与福建省相接壤，南濒南海，位置确实有点偏，但交通还算方便。古代潮州有韩江水道和沿海干线两大交通要道，俗称“上路”和“下路”。南宋林安宅《潮惠下路修驿植木记》载：“绍兴戊寅，子蒙恩将漕东广。至潮问途，趋番禺，父老谓予曰：‘直北而西，由梅及循，谓之上路。南自潮阳，历惠之海丰，谓之下路，绵亘俱八百余里。’”[29]“上路”以韩江水道为主。自潮州溯韩江而上，可达广东梅、循两州和福建汀州、江西赣州。在三河坝转入梅江，溯梅江至兴宁，转入东江可抵广州。据考证，韩愈就是沿这条路来到潮州的，可见这是一条让潮州融入全国交通网的通道。“下路”指东南沿海干线，这条古道上连闽浙江，下接粤桂，地势平坦，沿此路可至中国大陆东部沿海各地，也是一条重要的交通干线。福建、广东开发较迟，在唐代还是地广人稀之地，滨海地区瘴气弥漫，沿海古道还没真正形成，不适合商旅通行。宋代各路段先后整治，至南宋绍兴年间，旅行条件已基本成熟。从潮州出发，顺着沿海古道，向东可进入福建漳州，达泉州、福州至杭州；向西可至广东惠州，进而达珠江三角洲，越过珠江三角洲能够到达粤西沿海各地。

潮州濒临南海，隔台湾海峡与台湾岛南部对望，附近海面历史上是我国东部沿海地区与东南亚和印度洋各国海上交流的必经航道。从潮州出发，沿东海航线向北可达中国北方各港口和朝鲜半岛。沿南海航线向西可至珠江三角洲、广西沿海、东南亚乃至印度洋、西亚、东非各国。越过台湾海峡往南是菲律宾群岛，往北是日本群岛。潮州处在东北信风带的南缘，冬季为东北信风控制，夏季受西南季风影响。借助南北风信，潮州商人往北可上江浙京津，往西可达越南、泰国、马来西亚等地。潮州距离广州约200海里，距离泉州100多海里，是我国古代两大重要贸易港口连线的中点。从广州往中国大陆东部各港口和朝鲜半岛、日本群岛的船只，以及从泉州往东南亚和印度洋的船只都需要经过潮州附近海面。历史上很多海图针经都明确标注了韩江口南澳岛的位置，借助大海从潮州能够到达世界各港口。

2. 潮州的地形特征

潮州地势北高南低，北部为山地、丘陵，南部为韩江三角洲平原。山地、丘陵约占总面积的65%，大部分地区海拔在200～500米之间，部分山峰海拔在1000米以上，最高峰凤凰山主峰海拔1498米。韩江在潮州古城以下分成三股，后又再分多股入海，在古城以南形成巨大的韩江三角洲平原。韩江三角洲与榕江三角洲、练江三角洲三大三角洲平原连成一体，俗称“潮汕平原”，总面积约4000平方公里，为广东省第二大平原。平原海拔在20米以下，内部水道相连，水流平缓，通航条件良好，平原各地交通非常方便。[30]

潮州古城处在韩江中游和下游交界处，古城以北是山地丘陵，以南是三角洲平原。古城北部是金城山，高约40米，为覆鼎状，俗称金山。东面隔韩江为韩山，韩山绵延起伏似笔架，俗称笔架山，主峰高约百米。古城西面是西湖山，状如葫芦，俗称葫芦山，隔护城河与古城对望。金城山、韩山、西湖山和韩江对古城构成“三山一水护城郭”之势。

参考资料：

[1] 福建省龙岩市人民政府网，http://www.longyan.gov.cn/rdzt/kjhlj/mqh/201008/t20100818，2010年8月18日。

[2] 梅州市地方志编纂委员会编：《梅州市志》（上），广州：广东人民出版社，1999年，第288页。

[3] 李平日、黄镇国、宗永强、张仲英：《韩江三角洲》，北京：海洋出版社，1987年，第3页。

[4] 缪连华：《韩江流域径流变化规律研究》，《广东水电水利》2013年第5期。

[5] 曾昭璇：《韩江三角洲》，《地理学报》1957年第8期。

[6] 李平日、黄镇国、宗永强、张仲英：《韩江三角洲》，第194页。

[7] 李平日、黄镇国、宗永强、张仲英：《韩江三角洲》，第8页。

[8] 罗英：《潮州广济桥》，载《中国石桥》，北京：人民交通出版社，1959年，第199-216页。

[9] 光绪《海阳县志》卷三十一《金石略二》，广东历代方志集成本，广州：岭南美术出版社，2008年，第335页。

[10] 嘉靖《潮州府志》卷一《地理志》，载饶宗颐编集：《潮州志汇编》第二部，香港：龙门书店，1965年，第62页。

[11] [清]郑昌时著，吴二持校注，《韩江闻见录》卷六，上海：上海古籍出版社，1995年，第191页。

[12] 乾隆《潮州府志》卷二十三《盐法》，广东历代方志集成本，第402页。

[13] 康熙《潮州府志》卷二《山川》，广东历代方志集成本，第7页。

[14] 饶宗颐：《恶溪考》，载黄挺编：《饶宗颐潮汕地方史论集》，汕头：汕头大学出版社，1996年，第172页。

[15] [后晋] 刘昫等撰：《旧唐书》卷一百六十《韩愈传》，载《二十五史》第5册，上海：上海古籍出版社，1986年，第559页。

[16] 嘉靖《潮州府志》卷一《地理志》，载饶宗颐编集：《潮州志汇编》第二部，第9页。

[17] [唐]刘恂著，鲁迅校勘：《岭表录异》卷下，广州：广东人民出版

社，1993年，第27页。
[18] [宋]乐史撰，王文楚等点校：《太平寰宇记》卷一百五十八《岭南道二·潮州》，《中国古代地理总志丛刊》一册，北京：中华书局，2007年，第3035页。
[19] 光绪《嘉应州志》卷四《山川》，广东历代方志集成本，第54页。
[20] 《永乐大典》残卷影印本卷五三四三《潮州府·文章》，北京：中华书局，1986年，第29页。
[21] [宋]胡太初修，赵与沐纂：《临汀志·山川》，福建省地方志编纂委员会主编：《福建地方志丛刊》，福州：福建人民出版社，1990年，第50、53页。
[22] 崔钟雷主编：《唐宋八大家文集》，哈尔滨：哈尔滨出版社，2012年，第76页。
[23] 饶宗颐：《恶溪考》，载黄挺编：《饶宗颐潮汕地方史论集》，第172页。
[24] 康熙《潮州府志》卷十一《艺文志一》，广东历代方志集成本，第506页。
[25] 乾隆《潮州府志》卷三十二《职官表下》，广东历代方志集成本，第763页。
[26] 赵伯群：《广东潮州韩江古鳄及其灭迹》，《大自然》1987年第1期。
[27] 乾隆《潮州府志》卷十一《灾祥》，广东历代方志集成本，第93-126页。
[28] [宋]乐史撰，王文楚等点校：《太平寰宇记》卷一百五十八《岭南道二·潮州》，《中国古代地理总志丛刊》一册，第3035页。
[29] 《永乐大典》残卷影印本卷五三四三《潮州府·文章》，第39页上。
[30] 李平日、黄镇国、宗永强、张仲英：《韩江三角洲》，第1、3、7、8页。

三 广济桥的历史文化环境

（一）潮州的历史概况

潮州历史悠久，从考古发掘资料看，至少在新石器时代，潮州一带就有人类活动。秦代以前，潮州地区为少数民族居住地，叫“南越”或“南粤”。嘉靖《潮州府志》载：

> 潮州府：禹贡扬州之域，春秋时为扬越。《史记》：秦始皇三十三年略定扬越，置南海郡，潮为郡东境。秦末赵佗据郡，属佗。汉高帝因佗平南粤，使陆贾奉印玺以南越王之高后称制，佗弗内贡职，文帝元年使陆贡谕旨，佗称臣。自汉兴皆属南越。……晋咸和中分南海，立东官，郡理于东官。义熙五年，分东官立潮为义安郡，属县五。宋刘因之，梁兼置东阳州后改曰瀛州，及陈而废。隋平陈改置潮州，炀帝大业三年罢州复为义安郡。唐武德四年平萧铣置广州总管府，改义安为潮州隶之。贞观元年分天下为十道，以隶江南道。开元二十一年置福建经略，使改隶福建。明年改隶岭南道。天宝元年改潮阳郡，复隶福建。九年仍隶岭南。乾元初复为潮州。五代时属南汉，割置恭州。宋开宝四年始内附。元至元十五年，改潮州路。十六年改总管府。[1]

秦统一中国后在南方设立了桂林、南海、象郡三大行政区，潮州属南海郡。秦末，南海郡守赵佗割据岭南，建立南越国，潮州归南越国管辖。汉朝建立之后，赵佗降汉，南海郡恢复，潮州回归南海郡。晋义熙五年（409年）粤东大地上设义安郡，潮州成为郡治，辖海阳、绥安、海宁、潮阳、义昭5县，从此成为粤东的政治经济文化中心。

潮州文化“始于唐，兴于宋，盛于明清”。唐代的潮州虽为粤东的政治经济中心，但远离中央权力中心，地广人稀，夷獠杂处，“毒雾瘴气，日夕发作”，韩江恶鳄横行，被视为蛮荒之地。“潮州底处所？有罪乃窜流”（韩愈《泷吏》），唐代的潮州是朝廷贬谪官宦的处所之一。进入宋代以后，潮州社会经济文化发展迅速，人口、农业、手工业以及城市经济较唐代有了很大进步。北宋庆历三年（1043年），北宋名臣余靖所撰《开元寺重修大殿记》载：“潮于岭表为富州，开元于浮屠为胜寺，畅师于僧官为极选。”[2]北宋时期，潮州的社会经济已处在岭南地区前列。元代文士重臣周伯琦《肃政箴》道：“潮去广二千里，盖东履至是而止。岸海介闽，舶通瓯吴，及诸蕃国，人物辐集，而又地平土沃，饶鱼盐，以故殷给甲邻郡。”[3]这话可以作为余靖“岭表富州”的注解。学者研究发现，“到了宋代，潮州平原地区，主要是韩江三角洲，农业生产已经接近江浙和福建下四州，处于全国的领先地位”[4]。煮盐业，陶瓷业，银、锡、铅的开采冶炼及制造工艺都处在全国前列。元代的潮州，土地肥沃，物产丰饶，《元一统志》载：“初入两广，首称一潮……稻再熟而蚕五收，鳄远徙而凤翔集。扫除青草黄茅之瘴疠，仿殆十洲三岛之仙瀛。”[5]用人间仙境来形容，可见其时潮州的社会经济文化之繁荣。周伯琦《行部潮阳》诗这样记录元时的潮州：

潮阳壮县海之滨，海上风涛旦夕闻。
遗老衣冠又近古，穷边学校久同文。
卤田宿麦翻秋浪，楼舶飞帆障暮云。
声教东渐无限量，扬清便欲涤朱垠。[6]

“卤田”指盐田。“楼舶”指巨大的航海船舶。“卤田”“麦浪”“楼舶”“飞帆”正是潮州手工业、种植业和海运商贸业兴旺发达的体现。潮州《三阳图志》载：“元一区宇，以宽民力为第一义。凡前代无名之赋，一切蠲除；惟种田纳地税，买卖纳商税。鱼盐舶货之征，随土所有。”[7]元代免除一切杂税，但明确“舶货之征”，说明当时航运业在潮州社会生活中占有重要地位。

经过宋元300多年的发展，明清时期，潮州社会经济文化进入繁荣期，手工业发展迅猛，商品经济空前繁荣，潮商活跃在国内外各大小市场。宋代苏东坡《岁寒堂十二石记》载，潮州名士吴子野到山东登州玩，“时解贰卿致政，退居于登，使人入诸岛取石，得十二株，皆秀色粲然。适有舶在岸下，将转海至潮。子野请于解公，尽得十二石以归，置所居岁寒堂下”。可见宋时潮州常有商船到登州。明代，潮盐供应覆盖粤东、闽西、赣南广大地区；潮州瓷器行销东亚、东南亚、南亚乃至埃及；潮糖、潮毯、潮布、潮烟等商品名闻大江南北，雕版印刷业在国内占有重要地位。万历年间，著名地理学家王士性入粤，对潮州有这样的记录：“今之潮非昔矣，闾阎殷富，士女繁华，裘马管弦，不减上国。…… 潮国初只领县四，海阳、潮阳、揭阳、程乡，今增设澄海、饶平、平远、大埔、惠来、普宁六邑，此他郡所无。”[8]大规模增设县级单位说明此时潮州人口增长迅速。湖北黄冈人，明万历年间进士，澄海县典史周宏禴有诗《抵澄海县》，写他初到潮州的观感：

层峦尽处海波平，空锁楼船半近城。
岛屿绝无田二客，诗书多似鲁诸生。
眼看草木难寻谱，市得鱼虾不辨名。
况有荔枝三百颗，流人莫厌岭南行。[9]

此时的潮州，土地肥沃，物产丰富，人民勤劳，教育兴旺，人文昌盛，商业发达。初到潮州，一切都让周宏禴感到新鲜，物产的丰饶、人文的兴盛让他赞叹不已。

（二）潮州是海上丝绸之路的始发港

潮州对外贸易由来已久。民国《潮州志·实业志六·商业》云："粤人好贾，越外洋售奇货而百倍其赢。"又云："潮州国际贸易起自何时则史无稽，大抵海运既兴，如柘林、黄冈、南澳、樟林、东里、达濠、海门、神泉等处皆为出洋之口，舶往来海上运载土货至广州及闽浙，或远达南洋、日本转换外货输入。"[10]潮州北靠群山，南面大海，北部山区茂密的森林为造船提供了丰富的原材料，南海宽阔的海面和三角洲密布的河网使这里形成"习于水斗，便于舟行"的习俗。[11]长期的斗水行舟生活使潮州人拥有高超的造船技术。据清代梁廷枏考证，汉代潮州即为南越国重要的造船中心，其《南越丛录》载，潮州"北连山数千，日月蔽藏，昔建德伐木，以为舟船之处"；"昔越王建德伐木为船，其大千石，以童男女三百人牵之"。汉代潮州已经能够建造载重千石的大木船。位于韩江三角洲的澄海龟山汉代遗址出土有玛瑙珠、玛瑙耳珰等饰物，这类饰物在广州、佛山、徐闻等地汉墓多有发现，一般认为是从海外输入的。这些出土饰物说明汉代潮州即已通过海路与珠江三角洲有联系。[12]

典籍中很早就有关于潮州与海外诸国贸易往来的记载。《隋书·陈稜传》载："陈稜，字长威。…… 炀帝即位，授骠骑将军。大业三年，拜武贲郎将。后三岁，与朝请大夫张镇周发东阳兵万余人，自义安泛海，击流求（笔者按：后写为琉球）国，月余而至。流求人初见船舰，以为商旅，往往诣军中贸易。"[13]文中的"义安"即潮州。嘉靖《潮州府志》载："晋咸和中分南海立东官，郡理于东官。义熙五年分东官立潮为义安郡，属县五。"[14]《陈稜传》所记除了说明当时潮州港的规模足以容纳万人的船队外，还说明潮州与琉球之间早就存在贸易往来。

宋代潮州虽然没有设置市舶司，也未见受委托管理番商博易机构和官员的记载，但从出土文物和一些典籍零星记载可见当时对外贸易兴盛。《宋史·三佛齐国传》有这样一则记载：

> 太平兴国五年，其王夏池遣使茶龙眉来。是年潮州言三佛齐国番商李甫诲乘舶载香药、犀角、象牙到海口，会风势不便，飘船六十日到潮州，其香药悉送广州。[15]

从这段记录可以看出番商对潮州并不陌生。宋代常有航海船舶停泊潮州古城外。郑昌时《韩江闻见录》有“井中船桅”条言：

> 予友丁君巢云，家城之东堤。传东堤者，古城东之堤岸也。今以城作岸，则东堤乃城内地。丙午、丁未间（按，即雍正四五年），潮大旱，井皆涸。巢云命工人修井，多浚深数尺，见白沙，又数尺，见黑土，又数尺，见土中横一大海船桅并绳索等物。削出灰黯，尚存质，然泉水涌矣。[16]

发现船桅的“东堤”即现在潮州古城东平路，其外侧城垣建于宋绍定至端平（1228～1236年）约10年间。[17]可见至迟绍定之前现在东平路一带有航海船舶停靠。据黄挺、杜经国、蔡英豪等潮州历史文化研究学者考证，潮州港、南澳港、凤岭港、鮀浦港、辟望港等都是宋代潮州对外商贸港口。[18]20世纪30年代以来，韩江下游凤岭古港所在地出土了宋代的海船桅杆、大船锚、船板、船缆绳以及大量宋代瓷器碎片，出土约1800斤（1斤=0.5千克）锈结的唐宋铜钱。（图1-3.1）在港湾还发现了日本、越南、泰国、沙拉越、法

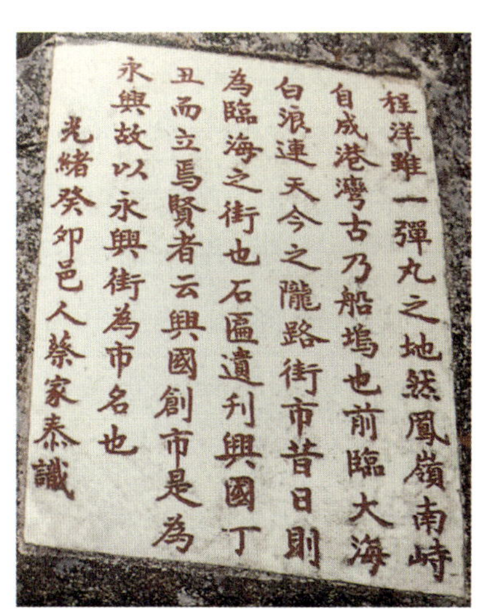

图 1-3.1 [清]蔡家泰《古港考》摩崖石刻，图片来自蔡英豪主编《海上丝路寻踪》

国、西班牙等国家的铜钱、银币和银块，甚至还出土了标志1698年“查理铜币”“蒙神之恩”字样和英皇的纪念金币。这些古船残件和古钱币、外国钱币的出土，有力地说明两宋时期潮州海外贸易非常繁荣。现在凤岭的程洋冈乡便是当年港岸的市集，该乡至今还保留有很多古港口遗迹，如古码头、面积广阔的官厝残迹，以及南顺胜馆和北顺胜馆、建炎大道、西山盐司、小江驿和来贤驿等，其中的“永兴街”石匾，署“兴国丁丑”四字，可知该街辟建于北宋太宗太平兴国二年（977年）。而从文物发现的地点来看，当时港口的规模相当大，也相当繁荣。[19]（图1-3.2）

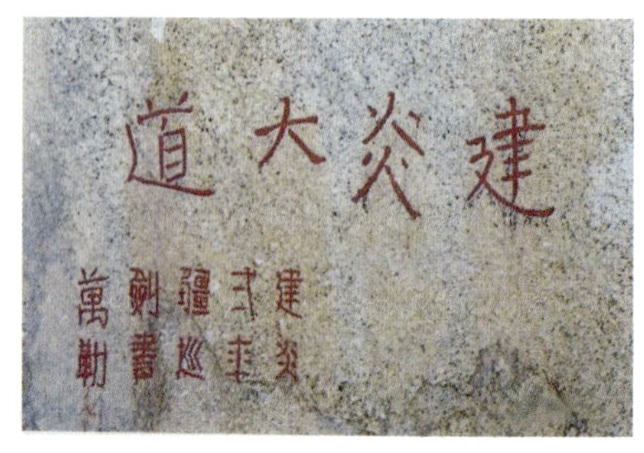

图 1-3.2　凤岭古港“建炎大道”石刻

明代大部分时间和清代前期皆实行严厉的海禁政策，永乐年间开启的海外贸易也只是朝贡贸易，其他海外贸易皆属非法，清初甚至曾有迁海政策。然而，由于地理位置和历史传统、生活习俗等原因，潮州外贸并没有完全中断，“实际上，有明一代，东南沿海民间非法的海上贸易活动始终未曾停止”[20]。根据中山大学历史系戴裔煊教授研究，嘉靖隆庆年间东南沿海的倭寇海盗活动，实际上具有亦商亦寇的性质。[21]学者研究还发现，隆庆、万历二朝，能够自由来往于海上，并且操有实际海上利益的，绝大多数为违法犯禁的武装集团——海盗，其中又以樟潮海盗牵连最广、影响最深。[22]柘林湾、樟林港、南澳岛都是此期潮州主要海上贸易港口。

柘林在明清时期为海防要地，明时设有柘林寨，那一带称为柘林澳。嘉靖《潮州府志》载：“柘林澳：暹罗诸倭及海寇常泊巨舟为患，今调拨潮碣二卫军士更番哨守，益以募夫以指挥一员领之。水寨：凡舟之过秋溪及樟水港者，必由之。洪武初置石城，造战舰以拒番舶，今官军往来防御，以夏秋为期。”“偹倭者，本以御寇也。近年倭鲜至，而闽粤人与其温绍人亡命者率窜入海，遂肆猖獗，为滨海诸郡患。往者议发饷金募海夫比旧设军士已数倍，又不足，益以东莞乌船号子弟兵，又数百，然而不能遏其卫以宁息者，岂尽谓官兵怯弱耶？其故有三，一曰窝藏，……，一曰接济，……，一曰通番，谓闽粤滨海诸郡人驾双桅挟私货，百十为群，往来东西洋，携诸番奇货，因而不靖肆劫掠。此三患者，闽粤人大略相等。”[23]这两段话在《潮州府志》中几乎是相连的，传达出来的信息是，柘林澳是军事要地，也是对外贸易的重要场所。

“柘林樟林，苍苍郁郁”，明万历初年陈天资所编《东里志》引用了杨彩《南澳赋》的这一句，把樟林和柘林放到一起说，可见两者之间关系密切。樟林港是红头船的发祥地，有“南洋总汇”之称，是乾嘉时期潮汕地区最大的对外贸易港口。嘉庆《澄海县志》载：“每当春秋风信，扬帆捆载而来者，不下千百计，高牙错外，民物滋丰，握算持筹，居奇囤积，为海隅一大都会。”[24]据传有“洋船之乡”美称的樟林月窟乡，曾经拥有红头船18艘，可见当年樟林海运之盛。近些年先后在古港遗址发现了一条栈房式街道，一批栈房、商铺，以及作为独立货栈、占地面积达800平方米的永定楼和旧码头。（图1–3.3、图1–3.4）1971年、1972年，在樟林港遗址附近的南洲、和洲两地河床

图 1–3.3　樟林古港碑

图 1-3.4　樟林古港新兴街

先后出土了两艘双桅红头船，其中一艘长39米，宽13米，分5层，另一艘长28米，船舷一侧刻有“广东省潮州府领口双桅一百四十五号蔡万利商船”。（图1-3.5）这些遗迹遗存充分证明樟林曾经是一个人口密集、贸易繁荣的港口。[25]2002年6月，广东省人民政府参事、中山大学黄伟宗教授率领由广东省政府参事室和广东省文史研究馆联合组成的海上丝绸之路研究开发项目专家考察团，在深入粤东樟林古港、白沙湖、柘林实地考察之后，确认在古代潮汕地区，今天汕尾的白沙湖、澄海的樟林和潮州的柘林三地，曾是我国古代海上丝绸之路的主要港口之一，同时确认潮汕这些古港还是我国古代屈

图 1-3.5　清外销通草画上的红头船

指可数的移民口岸。[26]

南澳岛处在韩江口，是明代重要的对外贸易港。中山大学陈春声教授研究发现，“明代潮州地区海外贸易的口岸主要是孤悬海外的南澳岛”[27]。南澳是韩江口的一座小岛，位置刚好是广东、福建两省交界，西接潮州的饶平、澄海，东连福建漳州的漳浦、诏安，其地形“前襟大海，后枕金山，屏障内地，控制外洋，大小莱芜之浮屿，远近澎山之列，峙闽粤咽喉，形势之最胜者也”[28]。乾隆《潮州府志》载：“南澳为外海门户，庵埠、黄冈、樟林乃内洋门户。”[29]南澳不仅战略位置重要，地形也很好，可避可守。《东里志》载：“……惟深澳内宽外险，有腊屿，青屿环抱于外，仅一门可入而中可容千艘，番舶、海寇之舟，多泊于此，以肆劫掠……长沙尾，西跨南洋，近于莱芜澳，为船艘往来门户，海寇亦常泊焉。”[30]明成化十四年（1478年），广左布政使彭韶疏奏云：“南澳港泊界在闽广之交，私番船只，寒来暑往，官军虽捕，未尝断绝，期待再公行互市，后难禁区。”[31]处在闽粤两省交界，又适合避风，南澳成为明清海禁时期海盗和番商最佳的驻足地。民国《潮州志·实业志六·商业》载：“中国欲知倭寇消息，但令人往南澳饰为商人与之交易，即兼得其来与不来与来数之多寡。”[32]南澳走私之猖獗可见一斑，这种情况换一种说法是，海禁时期韩江流域的对外贸易依然昌盛。暨南大学李龙潜先生研究发现，明清时期南澳岛四方客货汇集，私番船只未曾断绝，是一个相当繁荣的民间对外贸易港口。[33]

下列记载也可以证明明清时期潮州海外贸易兴盛。《明英宗实录》载有潮人下海私通爪哇国事，言正统九年（1444年）二月乙亥，广东潮州府有滨海居民55人私下海通货爪哇国，其中22人留在爪哇，其他人回来。后又准备船只想再出发，官府得到消息后严厉处治。[34]明代谢綮淛《五杂俎》载：“广之惠、潮、琼崖狙狯之徒，冒险射利，视海如陆，视日本如邻室耳，往来交易，彼此无间。”[35]《历代宝案》为1424—1867年间记录，其中载有大量潮州船只“漂流”至琉球的情况，陈春声教授研究发现，所谓“漂流”只是假象，其实质是借“漂流”之名从事对琉球的贸易。[36]

康熙二十四年（1685年）粤海关成立，旗下设7个总口69个小口，其中庵埠总口下辖双溪口、溪东口、汕头口、潮阳口、后溪口、海门口、达濠口、登海口、卡路口、南洋口、府馆口、东陇口、樟林口、黄岗口、乌塘口、北炮台口16个小口，占广东省海关小口将近四分之一。（图1–3.6）这些税口所收税额也很大，嘉庆《澄海县志》载：“粤海关税馆在澄海者凡五，曰南关口、曰东陇口、曰卡路口、曰南洋口、曰樟林口。南关、东陇系正税口，卡路系南关挂号口，南洋系南关口小口，樟林系东陇小口。沿海港叉多歧，每以红船梭巡，凡双单船只出入，先赴各口报明，查验货物相符，按则征输。递年实计正额税银二万一千六百余两，有盈无绌。……至海关税务统之监督计，通省额征税银四万三千七百五十两有奇。澄以弹丸黑子之地，几操全粤五分之一（按：疑为二分之一误），洵濒海一大都会也。”[37]小小澄海一县，海关税即占广东全省二分之一，其盛可见。清代梁嘉彬《广东十三行考》载：“乾隆二十五年，行商潘振成等九家请设立公行专办欧西货税，嗣后洋行遂分外洋行、本港行、福潮行三名目。”[38]民国《潮州志·实业志六·商业》引原文并注曰：“所称福潮行，即管办福建与潮州及外省各地货税。特以潮名行，足证其兴。”[39]税额巨大正是潮州外贸繁荣的体现。

（三）两宋时期潮州的社会经济状况

历经隋唐300余年的开发和积累，到了宋代，潮州社会经济文化进入了快速发展通道，从以下三首唐宋时期诗作可以看出唐宋间的变化。唐元和十四年（819年）韩愈被贬为潮州刺史，作

庵埠海關地界

图 1–3.6　庵埠海关地界碑

《左迁至蓝关示侄孙湘》：

一封朝奏九重天，夕贬潮阳路八千。
欲为圣明除弊事，肯将衰朽惜残年。
云横秦岭家何在？雪拥蓝关马不前。
知汝远来应有意，好收吾骨瘴江边。

唐大中初年（847年）李德裕谪潮，作《过恶溪》：

风雨瘴昏蛮日月，烟波魂断恶溪时。
岭头无限相思泪，泣向寒梅近北枝。
不觉离家已五千，仍将衰病入泷船。
潮阳未到人先说，海气昏昏水拍天。[40]

北宋时王安石的姻亲，福建泉州人吕王寿于仁宗嘉祐年间任潮州太守。赴任前，王安石作《送潮州吕使君》赠他：

韩君揭阳居，戚嗟与死邻。
吕使揭阳去，笑谈面生春。
当复进赵子，诗书相讨论。
不必移鳄鱼，诡怪以疑民。
有若大颠者，高材能动人。
亦勿与为礼，听之汩彝伦。
同朝叙朋友，异姓接婚姻。
恩义乃独厚，怀哉余所陈。[41]

唐代潮州仍属蛮荒之地，河流没有堤围，毒瘴、洪灾和恶鳄时刻威胁着人们的生命财产安全。“知汝远来应有意，好收吾骨瘴江边”，韩愈赴潮时抱的是必死之心，他完全把潮州视为自己的葬身之地；“魂断恶溪”“泣向寒梅”，李德裕谪潮时悲伤之情难以言表；

吕王寿来潮时却是“笑谈面生春”，显然守潮对他来说是一件喜事。一“死”一“泣”一“笑”，唐宋之间潮州变化之大立见。

那么，宋代较唐代潮州社会经济文化有些什么变化？

唐代潮州地广人稀，夷獠杂处，据载，元和年间潮州的人口是10324户，平均每平方公里不到半户。唐末以来，由于北方战乱，中原人口大量南迁，北宋初年，潮州人口已增至3万多户。南北宋之交，潮州人口更是跃至13万多户。按每户4.7人计算，此时潮州的人口已达50万人左右。①这样的人口数在当时是一个什么样的概念？清代阮元《广东通志》引北宋中后期《九域志》所载：元丰时（1078～1085年），潮州户口数在广东南路各郡中，仅次于广州而居第二位。但北宋广州辖8个县，潮州只领海阳、潮阳2县，若以每个县的平均户数看，则潮州的人口几乎超过广州各县的一倍。可见，从宋代开始潮州的人口密度已经高于广东全省，增长速度也快于全省。由历史记载可知，从北宋元丰至南宋嘉定（1078～1219年）约140年间，潮州的户口又翻了一番，居岭南前列。[42]

宋代潮州的农业生产较前朝有很大发展。《太平寰宇记》载：“煮海为盐，稻得再熟，蚕亦五收。”[43]《太平寰宇记》撰于宋太宗太平兴国年间（976～984年），可见其时潮州的水稻种植技术已达到较高水平。潮州《三阳志》载：

> 州地居东南而暖，谷尝再熟。其熟于夏五六月者曰早禾，冬十月曰晚禾，曰隐禾，类是赤糙米，贩而之他州曰金城米。若秔与秫即一熟，非膏腴地不可种，独赤糙米为不择，秋成之后为园。若田半植大、小麦，逾岁而后熟，盖亦于一熟者种耳。麦与菽豆，惟给它用，不杂以食，其本业盖如此。[44]

---

① 南宋宁宗嘉泰四年（1204年），陈著在抚州调查显示，当时贫民平均每户4.7人，朱熹在建昌军调查时，饥民平均每户7.7人，这里选择以4.7人计算。

宋代的潮州已经能够利用纬度低气候温暖、日照充足、无霜期长、雨量充沛、土地肥沃、作物生长迅速等优越的自然条件，又能够选择占城稻等生长期较短的品种提高粮食作物产量。“贩而之他州曰金城米”，说明其时潮州粮食“贩而之他州”已非偶然现象，也说明潮州粮食生产商品化程度高。南宋初年有潮州金城米大量外运的记载，福建、浙江沿海地区是潮米外运的终点站。靖康之难以来，大批北人南迁，其中江、浙、川、湘成为移民迁入最为集中之地。一时间这些地方米价大涨，遇到天灾，更涨至每斗千文。南宋初年亟调潮州等有余粮的地区接济江、浙。潮米接济江、浙的情况有点特殊，但销往福建则是常态。《宋会要辑稿·食货》载，建炎四年（1130年），“楠（笔者按：指翁楠）等于建炎四年十月内蒙差就潮州装发三纲，每纲合一万石，经涉大海，于今年正月内到福州交卸了足。切见成忠郎潘和等亦于潮州装发纲运前来温州交卸”[45]。厦门大学历史系黄桂老师经过详细考证，认为宋元时期江南方志中常谈到的占城稻或金城稻即出自潮州，而“双季稻的种植是潮州金城米外销的前提”[46]。“若田半植大、小麦，逾岁而后熟”，这样一年二稻一麦的种植模式跟现在一样。“麦与菽豆，惟给它用，不杂以食”，中原地区作为主食的麦子在潮州没有被当作粮食使用，而是“给它用”，可见此时潮州稻作收获的丰饶。宋时福建省由于人口增长迅速，加上地形以山地丘陵为主，粮食产量少，缺粮严重，需要从广东籴米补充。南宋《真文忠公集》载：“福、兴、漳、泉四郡，全靠广米以给。”[47]宋代著名理学家真德秀是福建浦城人，他所言正是当时的情况。文中的“广米”来自包括珠江三角洲、粤西和粤东潮州，其中潮州因运送路程短且方便成为首选。

除了稻作，其他土特产品也很丰盛。潮州《三阳志》载：“若夫果实之生不能以数计。其可品者，有杨梅、枇杷、荔枝、莲房、龙眼、黄柑、梅、李、梨、柿、香蕉、甘蔗等。不可常有者波罗蜜，昔无而今有者葡萄、木瓜等。”波罗蜜原产印度、马来西亚一带，葡萄、木瓜来自国内其他地方，宋代之前这些瓜果已经传入潮州，说明当时潮州早已与国内、国外其他地方有联系。“花不胜其异品”，“其他药物之益治病者，难以品第”，“至于海错，如鲎鱼、蚝山、章举、颊柱，入韩公南食所咏，与夫车螯、瓦屋、河豚、魁虾、香螺、赤蟹之属，皆味之美者。其他名类不一，难以悉载”。[48]无论是水产、瓜果、花卉还是药材，后世有的品种此时绝大多数已经有了，农业、渔业生产已呈现成熟景象。

韩江流域雨量丰富，集水面积广，径流量非常大。由于缺乏堤坝约束，古时候韩江三角洲汛期常常泛滥成灾。宋代韩江下游地区展开了大规模的水利建设，围绕韩江修筑了北门堤、南门堤、东厢堤、江东堤、南桂新堤等堤围，改变了过去汛期溪水泛滥的局面。元祐年间，太守王涤利用古潮州溪开凿了三利溪，又疏浚了城西的护城河，筑水关涵洞，引韩江水入三利溪，使三利溪真正实现“三利”，即具备通舟楫、灌溉、排涝三大功能。三利溪的通航，把海阳、潮阳、揭阳三县连接成一体，不仅潮汕平原内部交通更加便利，潮阳、揭阳两县的物资也能快速便捷运达州城和韩江边。

这些水利设施的建设极大改善了潮汕平原的农业生产条件和日常生活条件，这里良好的生产和生活优势很快显现出来。据载，此期有很多外地官员到潮州任职后举家定居潮州，这些官员有来自距离潮州几千公里的北方，也有来自邻近的福建和江西，还有来自同属广南东路的循州、韶州等地。彭延年是江西庐陵人，宋仁宗皇祐年间任潮州知府，随后落籍潮州揭阳县浦口村，写有《浦口郫居好》5首，曰：

浦口村居好，盘餐动辄成。
苏肥真水宝，鲦滑是泥精。
午困虾堪烩，朝酲蚬可羹。
终年无一费，贫活足安生。

浦口村居好，凭高望处赊。
稻田千万顷，农舍两三家。
樵路通云磴，溪船放蓼花。
太平无事日，处处尽桑麻。[49]

由诗作可见，宋时的潮汕平原地势开阔平坦，土地肥沃，物产丰富，生活富足，平原上河网密布，阡陌交错，交通方便，生活轻松自在，诗人非常满意在潮州的生活。北宋中后期名臣，福建福清人郑侠作《六鍱助潮士钟平仲纳官辄辞赠以诗》：

揭阳繁富州，钟子处城闬。
怡然保清操，不与世俗换。
豪家富廪庾，鼠雀嫌陈烂。
钟子无田园，斗粂供晡旦。
甲第辟公门，奴僮立如雁。
钟子无使令，其子供醎盥。
无妻备组训，无婢奉炊爨。
市屋十数椽，廛商是邻畔。[50]

诗作虽然是赠予一贫寒的士子，但因为采用对比的写法，对潮州当时的社会经济情况也做了一些描述，如“揭阳繁富州”“豪家富廪庾，鼠雀嫌陈烂”等都能看出潮州物产丰富、粮食充足。钟子虽是一介寒士，没有田产，需要靠购买粮食过日子，但在揭阳这样富饶的地方居住，生活也是无忧的。钟子住在市区，左邻右舍都是商家，说明当时潮州商业繁荣。

宋代潮州的手工业生产也达到很高水平，其中煮盐、陶瓷、纺织、冶炼、制糖等行业都处于国内领先水平。潮州濒临南海，有漫长的海岸线，盐业资源非常丰富。唐时潮州已是全国著名产盐区，据

《盐法通志》载，唐代“天下有盐之县一百五，岭南道属东莞、新会、海阳、琼山、宁远、义伦皆有盐”。唐代潮州地区曾设海阳郡，此处“岭南道”的“海阳”应是指潮州。《元和郡县图志》载，潮州海阳县“盐亭驿，近海。百姓煮海水为盐，远近取给”[51]。唐高宗时揭阳籍将帅诗人陈元光有诗《落成会咏二首》，其二曰：

云霄开岳镇，日月列衔瞻。
胜日当佳庆，清风去积炎。
山畲遥猎虎，海舶近通盐。
龙泽覃江浦，螭坳耀斗蟾。
文床堆玉笏，武座肃金签。
奇计绳陈美，明诚学孔兼。
忠勤非一日，箴训要三拈。
千古清泉水，居官显考廉。[52]

“海舶近通盐”，唐高宗时潮州已经用航海大船从事食盐运输，可见其时潮州食盐的产量和销售区域已达到一定的水平。到了宋代，潮州盐业生产规模更加可观，潮州《三阳图志》载：

潮之为郡，海濒广斥，俗富鱼盐，宋设盐场凡三所，元因之。散工本钞以助亭户，立管勾职以督保程，盐之为利，既可以给民食，又可以供国用矣。小江场：岁办盐七千八百二十四引；招收场：岁办盐二千八十六引；隆井场：岁办盐一千六百八十六引。本路三县一司，岁散民盐总八千四百八十六引。[53]

宋时潮州著名的盐场有小江、隆井、招收三个。据《宋会要辑稿·食货》载，雍熙四年（987年），广南路一年官盐约10万石（宋代1石=59.2千克），其中潮州盐为3.3万石，占广南诸州盐产的三分之一。[54]《宋会要辑稿》录有《中兴会要》载，绍兴三十二年（1162年），广东路的盐额总量是33.16万石3斗4升（1斗为10升，每升约重1.5公斤），其中，“潮州六万六千六百石：小江场二万七千石，招收场一万八千石，隆井场二万一千六百石”[55]。潮盐产量占广东路的五分之一。现存潮阳河浦华里盐场的东灶遗址就是宋代盐场遗址，其灶位分布范围达1000多亩（1亩≈666.67平方米，下同）。灶址不远置有宋哲宗绍圣时期（1094年）翰林学士中书舍人王安中诗《潮阳道中》石刻：

火轮升日路初分，雷鼓翻潮脚底闻。
万灶晨烟熬白雪，一川秋穗割黄云。
岭茅已远无深瘴，溪鳄方逃畏旧文。
此若有田能借客，康成终欲老耕耘。[56]

按常理，碑立在盐场，所载应是当时此处的实际情况。宋时潮州除了上述三大盐场外，还有许多个体锅户，故实际产盐量难以统计。《文献通考》载：“旧潮州有松口等四场，岁煮以给本州及梅、循二州。”文中所说是北宋早期的情况，南宋绍定五年（1232年），汀州获准改运潮盐，潮盐销售范围扩大至汀江流域。明代潮盐又获得在江西的赣州、宁都州等州县的销售权。[57]从销售范围也可以看出潮盐的产量之大。

韩江流域盛产瓷土，陶瓷生产历史悠久，早在唐代，潮州的陶瓷产品已销往东南亚等地，是我国外销瓷的主要产区之一。“最迟从九世纪下半期开始，我国瓷器已输出国外。今朝鲜、日本、埃及、巴基斯坦、伊拉克、泰国等地，都出土唐代邢窑白瓷、越窑青瓷、长沙窑、广东梅县窑及唐三彩标本。”[58]“龙泉窑、景德镇窑、德化窑、泉州窑、西村窑和潮州窑等是主要外销窑口。”[59]考古资料显示，韩江流域陶瓷外销始于唐代，上游梅县水车窑和下游潮州窑是唐代的代表性窑口。[60]“唐代广东烧制日用陶瓷，仍以青釉为主，窑址分布在佛山……潮州、惠阳、龙川、河源、海丰、梅县、五华……三十二个市县，发现一百三十八处。在潮州、新会、佛山、三水、增城、梅县清理了七座馒头窑。”[61]“现在的潮州市，在城外北郊窑上埠出土很多青釉瓷器，釉色青中微微带黄，盘足平底凸心有釉，并且在盘的后面有四条压痕。双系有盖罐的嘴小而短，一切制作，完全是唐代作风。……在北郊还发现好些此种碎片，又发现宋代一种烧窑工具——压锤，上有皇祐二年（1050年）及治平丁未年（1067年）的年号，可见此处自唐代下来一直连续烧造。南郊也有此种唐代青釉器的碎片。”[62]笔者家住潮州古城北郊埔头美村，窑上埠就在村外，20世纪80年代还在古窑边玩过。梅县“水车区两座唐窑，从出土遗物看，瓷器造型简朴，一般不饰花纹，续承了广东早、中期瓷器纯朴的作风。……其中III式碗除胎质较坚硬外，圆形、釉色与潮州北郊窑上埠窑同类器物完全相同，其年代应为唐代晚期”[63]。“梅县窑产品在墓葬中屡有发现，梅县唐代属潮州管辖，潮州港在当时是一个繁荣的对外港口，梅县水车窑的产品不仅内销，而且远销到泰国、日本等亚洲一些国家，上述国家均出土过梅县窑产品。”[64]据学者考证，“到了唐代中晚期，水车窑、潮州窑的瓷器烧制技术已经进入了非常成熟的阶段，完全不逊于洪州窑”[65]。陶瓷的外销显示唐代潮州的陶瓷生产技术达到一定的水平，也说明造船和航海水平达到一定的高度。

潮州的陶瓷生产和外销在宋代达到第一个高峰。州城的东郊、北郊、南郊、西郊，潮安县磷溪镇仙田村钵仔山，澄海县隆都镇的前埔，韩江下游的程洋岗等地，都有宋代古瓷窑群的遗址。[66]州城东郊的笔架山窑是宋代潮州最具代表性的窑口，窑区从笔架山北部猪头山始到今潮州市湘桥区磷溪镇窑美村止，南北绵延达4~5公里。《韩山志》载：宋、明人称韩山附近制陶地曰“白瓷窑”。潮州民间叫“百窑村”，相传“有窑九十九条，窑长九丈五尺”。 窑区遗物层次丰窑，有些地方遗物积土厚达5米以上。20世纪50～80年代，广东省博物馆和故宫博物院几次派员对笔架山窑址进行局部发掘，清理出10多座古窑，其中有一残缺龙窑（缺炉门和火膛），长79.5米，宽3.2米。[67]据专家估算，这样的窑灶，每年烧4次的话，扣除残次品，可烧碗碟类成品超50万只。据此估算，即使一窑每年只烧4次，笔架山百条窑炉每年仍可出成品不少。20世纪30～40年代，西欧人斐利曾专程到福建、广东调查古窑址，到过笔架山，称笔架山窑为其平生在中国所见之古代窑址中最大的。[68]考古发掘显示，“碎瓷片整整的盖满了那里的山头”[69]。20世纪50年代参加考古发掘的故宫博物院陶瓷考古专家李辉柄先生说：“潮州窑是南方以烧制青白瓷（影青）为主的瓷窑之一。它的胎薄质坚，瓷化程度较高，釉色白中闪青，细腻光润。烧制器物以盘、碗为多，壶、盒、炉次之。形制精巧，它与江西景德镇的宋代青白瓷相比，并无逊色。”[70]在笔架山发现的北宋阶梯窑已被证明是目前我国境内发现的年代最早的阶梯窑，是当今日本串窑的始祖。日本九州北部福冈的博多港遗址出土有大量潮州窑白瓷碎片，“从博多遗址出土的中国陶瓷来看，11世纪后半至12世纪中期以白瓷为主，12世纪后半期以后以青瓷为主。因此我们称前者为‘白瓷时代’，后者为‘青瓷时代’。‘白瓷时代’的产品绝大多数为福建、广东的，其中广东产的几乎都是潮州窑白瓷”[71]。巨大的规模、精美的工艺、先进的窑炉，都证明笔架山窑在我国陶瓷历史上占有重要地位。我国著名陶瓷考古专家曾广亿先生对宋代潮州陶瓷评价很高，在其《潮州笔架山宋代瓷窑分析研究》一文中说：“潮州早在北宋时期已成为我国重要的瓷都。”有感于笔架山宋代瓷的辉煌成绩，曾老挥笔写下诗句：

柴越钧哥汝定官，更无人论到潮安。
熙宁元祐年间字，改写陶瓷旧史观。

交通方面，潮州处在广府极东界，与福建相接壤，依韩江濒南海，沿海岸线可达世界各水运港口码头。韩江中下游江宽水深，为著名的“黄金水道”，客货船舶上溯下行都很方便。上游汀江和梅江经过多次整治，到了宋代，通航条件得到很大改善。由于支流众多，流域内部大部分区域可以通行平底木船，物资流通非常方便。长江流域的赣江，以及韩江上游的汀江和梅江都发源于闽粤赣边区山地，三者之间山水相连、纵横交错，汀、梅地区经过短距离的陆路翻越即能进入赣江上游支流，从而与长江水系相连接。向西与广州的联系有上下两路，上路至北宋时已很成熟。沿海岸线的下路，原来缺少桥梁，驿站间距离太远，有些荒凉。加上官兵盗寇抢掠猖獗，不安全也不方便。入宋之后政府多次对沿路进行整治，维修加固路桥，加盖驿站，增培水窟，沿路种树，派士兵加强沿路和驿站管理，劝说民众搬到路边居住，鼓励居民开设小酒肆食肆旅馆，旅行条件得到很大改善。林安宅《潮惠下路修驿植木记》载：“于是铺兵与居民相为依倚，道傍列肆为酒食，以待行人。来者如归，略无前日之患”；“又漳、潮界上，道路硗确，捐金砌石以便往来”。[72]南宋诗人杨万里淳熙年间任广东提典刑狱，淳熙八年（1181年）冬因沈师之乱来到潮州，其诗《揭阳道中》言：

地平如掌树成行，野有邮亭浦有梁。
旧日潮州底处所，如今风物冠南方。[73]

与杨万里同一时代的南宋词人陈藻有《送蔡伯畛往潮州四首》，其二曰：

听说漳南象窟间，如今行路不愁难。
黄茅青草无人处，多有轩亭好卸鞍。[74]

这些记载都是两宋之交潮州交通真实的写照。旅行条件的改善使南来北往的旅客选择沿海驿道，一时间经过潮州的沿海驿路“车盖幢幢，殆无虚日”。

南宋时期，潮州作为韩江流域中心的地位已逐渐显现。潮州古城处在韩江中游和下游交界地带，州城以北为山地，以南是潮汕平原，内陆与平原、沿海之间存在物资交换的需求，依托韩江水路，这种交流方便而快捷。历史上梅江水系的梅、循两州一直运潮盐。清雍正十年（1732年）嘉应州设立之前，今梅州即为潮属的程乡，故潮、梅、循之间往来密切，物资交流频繁。原来汀江滩多流急，不适合大规模航运，南宋绍定五年（1232年），汀州获准改运潮盐。为了改善盐路的运输条件，嘉定六年（1213年），汀州知州赵崇模开辟了上杭至峰市的航道；端平三年（1236年），长汀知县宋慈辟滩炸石，开辟了长汀至回龙段的航道；明嘉靖三十年（1551年），汀州知府陈洪范雇石匠炸开回龙滩，至此福建长汀至广东大埔河段全线可以通航。山地的土特产品顺流而下汇集潮州，再分销至潮汕平原各处，或转海路至珠江三角洲和东南亚，甚至更远的地方。潮汕平原的农副产品、手工业品，以及沿海地区的海产品汇集州城再溯流而上，借助众多支流到达山区各角落。潮州成为粤东、闽西、赣南物资交流的集散地和商业中心。这种交流极大促进了潮州社会经济文化的发展，使潮州的政治经济地位迅速提高。

农业、手工业的兴旺为商业发展创造了物质基础，交通设施的改善又为各地区之间物资的交流提供了便利，入宋之后，潮州的商业发展非常迅速。宋政府在各关卡和口岸设有征税机构，负责征收商税。据《广东通志·杂税》载：“元丰间商税三万贯以下广（广州）十四务，潮（潮州）十务，万贯以下康（康州）十务，南雄州六至八务。”[75]（笔者按：“务”是当时商税单位。）由此可见，宋代在广南东路中，潮州的商税稍逊于广州，远在其他各州之上，相应地，潮州的商贸也在其他各州之上。其时潮州州城建设已具规模，四周城墙规整划一，中心大街南北长508丈8尺、东西宽2丈4尺（长约1598米、宽约7.5米），街面全部铺设石板，两旁有排水沟，井泉遍布。城内街巷纵横，里坊相接，商铺林立，各种市政设施齐全，“砥道纤豁，有中州之象焉”。[76]宋代潮州先贤记曰：“潮为广左甲郡，文物亦诸郡甲”[77]；“潮为郡，僻于海隅，而风土颇饶。民始未知学，然朴且易化。逮唐昌黎至，命师教育之，迄今号称多士，实甲闽越诸郡”[78]。宋代潮州在经济文化方面已赶上中原，位居南方各郡前列，陈尧佐《送潮阳李孜主簿》曰：

潮阳山水东南奇，鱼盐城郭民熙熙。
当时为撰玄圣碑，而今风俗邹鲁为。[79]

正如杨万里所言，“旧日潮州底处所，如今风物冠南方”，无论是物质财富、技术水平，还是交通状况，抑或是思想文化，宋时的潮州已走在南方社会的前沿。

参考资料：

[1] 嘉靖《潮州府志》卷一《地理志》，广东历代方志集成本，广州：岭南美术出版社，2008年，第4页。
[2] 康熙《潮州府志》卷十一《艺文志》，广东历代方志集成本，第512页。
[3] 《永乐大典》卷五三四三《潮州府·文章·碑刻》，载饶宗颐编集：《潮州志汇编》第一部，香港：龙门书店，1965年，第29页。
[4] 庄义青：《宋代潮州的人口增长及其经济发展》，《岭南文史》1987年第2期。
[5] 潮州市地方志办公室、韩山师范图书馆编印：《永乐大典》卷五三四三、五三四五，2000年，第47页。
[6] 康熙《潮州府志》卷十六《艺文志六·诗部》，广东历代方志集成

本，第695页。

[7] 陈香白辑校：《潮州三阳志辑稿　潮州三阳图志辑稿》卷三《田赋志·田赋》，广州：中山大学出版社，1989年，第121页。

[8] [明]王士性：《广志绎》，元明史料笔记丛刊本，北京：中华书局，1981年，第101页。

[9] 乾隆《潮州府志》卷四十二《艺文·诗》，广东历代方志集成本，第1090页。

[10] 民国《潮州志·实业志六·商业》，广东历代方志集成本，第1613页。

[11] [东汉] 班固：《汉书》卷六四上《严助传》，杭州：浙江古籍出版社，2000年，第856页。

[12] 邱立诚、杨式挺：《从文物考古资料探索潮汕地区的古代海上"丝绸之路"》，载潮汕历史文化研究中心、汕头大学潮汕研究中心编：《潮学研究》第二辑，汕头：汕头大学出版社，1994年，第39页。

[13]《资治通鉴》卷一百八十，隋炀帝大业三年（607年），北京：中华书局，1956年，第5627页。

[14] 嘉靖《潮州府志》卷一《地理志》，载饶宗颐编集：《潮州志汇编》第二部，香港：龙门书店，1965年，第54页上。

[15] [元]脱脱、阿鲁图等修：《宋史》卷四八九《三佛齐国传》，北京：中华书局，1977年，第14098页。

[16] [清]郑昌时著，吴二持校注：《韩江闻见录》，上海：上海古籍出版社，1995年，第252页。

[17] 潮州市地方志办公室、韩山师范图书馆编印：《永乐大典》卷五三四三、五三四五"潮"字号，内部刊物，2000年，第26页。

[18] 黄挺、杜经国：《潮汕古代商贸港口研究》，载潮汕历史文化研究中心、汕头大学潮汕研究中心编：《潮学研究》第一辑，汕头：汕头大学出版社，1994年，第54页。

[19] 蔡英豪：《粤东襟喉，潮州门户——唐宋粤东通洋口岸凤岭古港考察》，载《海上丝路寻踪》，北京：华文出版社，2001年，第7-15页。

[20] 陈春声：《明清之际潮州的海盗与私人海上贸易》，《文史知识》

1997年第9期。
[21] 戴裔煊：《明代嘉隆间的倭寇海盗与中国次本主义的萌芽》，北京：中国社会科学出版社，1982年，第29-31页。
[22] 张增信：《明季中国的海上活动》上编，台湾：台湾学生书局，1988年，第27-117页。
[23] 嘉靖《潮州府志》卷一《地理志》，载饶宗颐编集：《潮州志汇编》第二部，第70页下。
[24] 嘉庆《澄海县志》卷八《埠市》，广东历代方志集成本，第357页。
[25] 蔡英豪：《樟林古港考古三十年（1962—1992）》，载《海上丝路寻踪》，第36-62页。
[26]《惊人发现 潮汕曾是“海上丝绸之路”主要港口》，南方网新闻中心，http://www.southcn.com/news/gdnews/nanyuedadi/200206280763.htm，2002年6月28日。
[27] 陈春声：《樟林港史补正三则》，载潮汕历史文化研究中心、汕头大学潮汕研究中心编：《潮学研究》第二辑，汕头：汕头大学出版社，1994年，第50-63页。
[28] 乾隆《南澳县志》卷二《疆域·形胜》，广东历代方志集成本，第14页上。
[29] 乾隆《潮州府志》卷五《形势》，载饶宗颐编集：《潮州志汇编》第二部，第62页上。
[30] [明]陈天资：《东里志》卷一《疆域志》，古瀛志乘丛编本，内部刊物，2000年，第21页。
[31] [明]彭韶：《边方大体事疏》，《明经世文编》卷八《白彭二公奏疏》，北京：中华书局，1962年，第710页。
[32] 民国《潮州志·实业志六·商业》，广东历代方志集成本，第1613页。
[33] 李龙潜：《明代广东对外贸易及其对社会经济的影响》，载广东历史学会编：《明清广东社会经济形态研究》，广州：广东人民出版社，1985年，第291页。
[34] 《明英宗实录》卷一一三《正统九年二月己亥》，台湾史语所，

1962年，第2278页。

[35] [明]谢縏淛：《五杂俎》卷四《地部二》，《四库禁毁书丛刊·子部》第三十七册，北京：北京出版社，1998年，第434页。

[36] 陈春声：《〈历代宝案〉所见之清代潮州商人的海上贸易活动》，载潮汕历史文化研究中心、汕头大学潮汕研究中心编：《潮学研究》第九辑，广州：花城出版社，2001年，第100-108页。

[37] 嘉庆《澄海县志》卷一四《赋税》，广东历代方志集成本，第415-416页。

[38] [清]梁嘉彬：《广东十三行考》，国立编译馆出版，民国26年（1937年），第129页。

[39] 民国《潮州志·实业志六·商业》，广东历代方志集成本，第1614页。

[40] 乾隆《潮州府志》卷四十二《艺文·诗》，广东历代方志集成本，第1080页。

[41] 乾隆《潮州府志》卷四十二《艺文·诗》，广东历代方志集成本，第1081页。

[42] 庄义青：《宋代潮州的人口增长及其经济发展》，《岭南文史》1987年第2期。

[43] [宋]乐史撰，王文楚等点校：《太平寰宇记》卷一百五十八《岭南道二·潮州》，《中国古代地理总志丛刊》一册，北京：中华书局，2007年，第3035页。

[44] 陈香白辑校：《潮州三阳志辑稿　潮州三阳图志辑稿》卷八《土产·土贡》，第34页。

[45] [清]徐松辑：《宋会要辑稿》第一百四四册《食货》四十七，北京：中华书局，1957年，第5620页上。

[46] 黄桂：《潮州金城稻考》，《农业考古》1999年第1期。

[47] 潮州《陵海吴氏族谱》，民国6年（1917年）刻本。

[48] 陈香白辑校：《潮州三阳志辑稿　潮州三阳图志辑稿》卷八《土产·土贡》，第34、35页。

[49]《永乐大典》卷五三四三《潮州府·艺文》，载饶宗颐编集：《潮州

志汇编》第一部，第48页。
[50] 傅璇琮等主编：《全宋诗》第十五册，北京：北京大学出版社，1993年，第10418页。
[51] 李吉甫：《元和郡县图志》卷三十四《岭南道·潮州》，北京：中华书局，1983年，第895页。
[52] [唐]陈元光著：《龙湖集》，漳州地方文献，内部资料，1990年。
[53] 陈香白辑校：《潮州三阳志辑稿　潮州三阳图志辑稿》卷三《田赋志·税课》，第125页。
[54] [清]徐松辑：《宋会要辑稿· 食货》二十三之二十二，第5185页。
[55] [清]徐松辑：《宋会要辑稿· 食货》二十三之十六，第5182页。
[56]《永乐大典》卷五三四三《潮州府·艺文》，载饶宗颐编集：《潮州志汇编》第一部，第47页。
[57]乾隆《潮州府志》卷二十三《盐法》，广东历代方志集成本，第403-408页。
[58] 汪庆正主编：《简明陶瓷词典》，上海：上海辞书出版社，1989年，第51页。
[59] 叶文程：《宋元时期中国东南沿海地区陶瓷的外销》，《海交史研究》1984年第6期。
[60] 广东省文物管理委员会等编印：《南海丝绸之路文物图集》，广州：广东科技出版社，1991年，第81页；[日]三上次男：《陶瓷之路》，北京：文物出版社，1984年，第3-75、223-237页；冯先铭：《中国古陶瓷的对外销传播》，《故宫博物院院刊》1990年第2期。
[61] 曾广亿：《广东瓷窑遗址考古概要》，《江西文物》1991年第4期。
[62] 陈万里：《青瓷烧造的开始及其发展》，载紫禁城出版社编：《陈万里陶瓷考古文集》，北京：紫禁城出版社，1997年，第138页。
[63] 杨少祥：《广东梅县市唐宋窑址》，《考古》1994年第3期。
[64] 冯先铭主编：《中国古陶瓷图典》，北京：文物出版社，1998年，第277页。
[65] 陈志民：《唐代梅县水车窑与潮州窑的发展成因初探（上）》，《中

国陶瓷》2006年第12期。

[66] 饶宗颐：《潮瓷说略》《潮州宋瓷小记》，载黄挺编：《饶宗颐潮汕地方史论集》，汕头：汕头大学出版社，1996年，第47-71页；庄义青：《唐宋时期潮州的陶瓷生产和外销》，《文史知识》1998年第9期；蔡英豪：《韩江下游外向型陶瓷工业》，载《海上丝路寻踪》，北京：华文出版社，2001年，第25-32页。

[67] 广东省博物馆编：《潮州笔架山宋代窑址发掘报告》，北京：文物出版社，1981年，第2-10页。

[68] 斐利（Malcom F. Ferly）：《中国古代窑址》（An Ancient Chinese Kiln- Site），《亚细亚杂志》1940年，转引自饶宗颐：《潮州宋瓷小记》，载黄挺编：《饶宗颐潮汕地方史论集》，第58页。

[69] 陈万里：《从几件瓷造像谈到广东潮州窑》，《文物参考资料》1957年第3期。

[70] 李辉柄：《广东潮州古瓷窑址调查》，《考古》1979年第5期。

[71] [日]田中克子：《日本福冈市博多遗址群出土潮州窑产品与外销》，《东方收藏》2016年第9期。

[72] 陈香白辑校：《潮州三阳志辑稿　潮州三阳图志辑稿》卷五《桥道》，第28页。

[73] [宋]杨万里：《揭阳道中》，引自[清]阮元：《广东通志》。

[74]《乐轩集》卷三《诗刊》，清文渊阁《四库全书》本。

[75] [清]鲁曾煜、郝玉麟《广东通志》 卷二十二《贡赋志·杂税》，清雍正四年刻本，第43页。

[76] 陈香白辑校：《潮州三阳志辑稿　潮州三阳图志辑稿》卷四《城池、教场、营寨》，第20页。

[77] [宋]姚达泉：《重建元公旧院记》，载陈香白辑校：《潮州三阳志辑稿　潮州三阳图志辑稿》卷十二《文章、碑刻》，第86页。

[78] [宋]张思敬：《修文庙新田记》，载陈香白辑校：《潮州三阳志辑稿　潮州三阳图志辑稿》卷十二《文章、碑刻》，第89页。

[79]《永乐大典》卷五三四三《潮州府》，载饶宗颐编集：《潮州志汇编》第一部，第47页上。

四 广济桥的历史沿革

自南宋乾道七年（1171年）曾汪建造以来，广济桥已经历了800多个春秋。从1墩86船到“十八梭船廿四洲”，广济桥每一座桥墩的建造、每一段横梁的架设都很不容易。800多年来，广济桥饱受洪水、台风、地震、兵火等自然和人为灾难，也一次次地被修复。广济桥的历史其实就是一部艰难的建造史和修缮史。

（一）广济桥历代建设和损毁情况

时间	主持者	建设与命名、管理	资料来源
南宋			
乾道七年（1171年）	知州曾汪	造舟八十有六，峙筑石洲于中，以绳其势，根其址，名曰康济桥。	《永乐大典》卷五三四三 “桥道”；曾汪《康济桥记》
淳熙元年（1174年）	知州常祎	甲午夏，韩江水涨，康济桥桥舟漂没者半。知州常祎增桥舟为一百零六只。创杰阁于岸右，名曰仰韩阁。	《永乐大典·桥道》；张羔《仰韩阁记》
淳熙六年（1179年）	知州朱江	西岸建登瀛门，左掖曰三已亥堂，右掖曰南州奇观。增石洲二，筑亭其上，东曰冰壶，西曰玉鉴，中曰小蓬莱。	《永乐大典·桥道》
淳熙七年（1180年）	通判王正功	复增一洲，距西岸数步，上跨巨木，下通船筏，至是始无冲突浮梁之虞。	《永乐大典·桥道》
淳熙十六年（1189年）	知州丁允元	修浮梁，增西岸四洲为八，缉以坚木，石覆以华屋，曰丁侯桥。	《永乐大典·桥道》；嘉靖《潮州府志》卷一《地理志》

（续表）

时间	主持者	建设与命名、管理	资料来源
绍熙五年（1194年）	知州沈宗禹	蟠石东岸，结亭于前，扁曰挹秀，与登瀛门对。	《永乐大典·桥道》
庆元二年（1196年）	知州陈宏规	益东岸洲二，结架如丁侯桥，而增广之，曰济川桥。更挹秀亭曰济川亭，以止过客，亭之后曰见思庵。	《永乐大典·桥道》
庆元四年（1198年）	知州林嘌	衍济川桥以袤之，增以四洲，雄丽过于西桥。	《永乐大典·桥道》；明《一统志》
嘉泰三年（1203年）	知州赵师岎通判马承规	冬，济川桥火，为亭若庵，一夕俱烬。知州赵师岎东岸增崇石洲故址，屋覆其上，砖甃其下，面桥为亭，名悉仍旧。大书题匾，侍郎陈谠笔。	《永乐大典·桥道》
开禧二年（1206年）	知州林会	接济川桥之西，增筑石洲五，修其旧者一，亦屋覆而砖甃之。沿用旧名，曰小蓬莱。	《永乐大典·桥道》
绍定元年（1228年）①	知州孙叔谨	接丁侯桥之东，增筑二石洲，完成前知州曾噩、太守沈康未竟之一墩。	《永乐大典·桥道》
绍定六年（1233年）		梅寇冲突，仓卒销缆为兵置，而易之以藤，随成辄坏。	《永乐大典·桥道》
端平初年（1234年）	知州叶观	以桥屡经溪洪风飓之余，亭屋俱弊，悉整而新之。中匾玉鉴，与小蓬莱对。辟二亭，面北曰飞跃，为祝圣放生之所；面南曰盍簪，为礼贤宾饯之所。	《永乐大典·桥道》

① 饶宗颐《广济桥志》言“宝庆中”。

（续表）

时间	主持者	建设与命名、管理	资料来源
开庆元年（1259年）	知州林光世	造新舟二十四，铸铁缆七十丈，从旁翼而贯之，遂可永久。	《永乐大典·桥道》
景定三年（1262年）	知州游义肃	飓风之厄，舟与亭屋，俄顷而尽。游义肃，址之攲者改筑，材之蠹者更新，修缮桥屋四十间，桥舟二十四。邦人建游侯生祠于济川桥。	《永乐大典·桥道》；林希逸作记，具体内容佚失
咸淳三年（1267年）	知州牟濛	增修所未备，补舟楫之缺者。	《永乐大典·桥道》
元代			
元初，具体年份不详	总管陈肃	元兵攻城，桥厄于兵火，陈修，具体情况未记。	《永乐大典·桥道》
大德二年（1298年）	总管大中怡里（蒙古人）	修造桥亭，寻复为洪流所坏。	《永乐大典·桥道》
大德十年（1306年）	总管常元德（蒙古人）	复碑石，洲高三丈余，重修梁亭。（是节志文不可读，疑有脱误）	《永乐大典·桥道》
泰定三年（1326年）	判官买住（蒙古人）	易以石板，仅成四间，创新补旧，亭屋俱备。忽一夜第一间石板自折。	《永乐大典·桥道》
至顺三年（1332年）	同知喑都剌哈蛮（蒙古人）	溪水泛滥，折一石板，溺死者三人。重垮木梁，添创亭屋。	《永乐大典·桥道》
至正四年（1344年）	府判乔贤（或作乔贤能）	固墩修舟，筑亭桥上者，为楹二十有四，为阁于桥之西，名为仰韩阁。	《永乐大典·桥道》；梁祐《仰韩阁记》

（续表）

时间	主持者	建设与命名、管理	资料来源
明代			
洪武五年（1372年）	指挥愈良辅	重修城垣，内外皆砌以石，高厚坚攻，各门外筑瓮城，皆屋其上，为门七，更登瀛门为东门。	嘉靖《潮州府志》卷一《地理志》
宣德十年（1435年）	知府王源	累石为墩二十有三，上架以巨木，架亭屋百二十六间，中不可为墩，造舟二十有四为浮梁，更名为广济桥。	嘉靖《潮州府志》卷一《地理志》；姚友直《广济桥志》；李龄《广济桥赋》；光绪《海阳县志》卷二十二《建置略六》
天顺二年（1458年）	知府周瑄	重葺韩江桥，具体不详。	阮元《广东通志》卷二五一《宦绩录》
成化六年（1470年）	知府谢光	重修桥亭屋，核蒙山、宝定二废庵田产，入宁波寺为修桥费。	嘉靖《潮州府志》卷一《地理志》
弘治八年（1495年）		韩江大水，东西石洲，坏者四，梁断亭毁。	嘉靖《潮州府志》卷一《地理志》
弘治十年（1497年）	同知车份	重修石洲三而梁之，建亭屋二十间，其东洲坏者，水尤深浚，甃未竟而复坏，亭屋仅有存者。	嘉靖《潮州府志》卷一《地理志》；《古今图书集成·职方典》；康熙《潮州府志》卷二《津梁》；雍正《海阳县志》卷二《地集津梁》
正德五年（1510年）	知府郑良佐、谈伦	去亭屋，易梁以石。（未能尽易以石梁）	嘉靖《潮州府志》卷一《地理志》

（续表）

时间	主持者	建设与命名、管理	资料来源
嘉靖九年（1530年）	知府丘其仁	立桥东西二亭，以息过客，而桥南北皆甃以灰石栏。杀浮梁四之一。岁佥桥夫四十四名，渡夫十名司守，每名纳银五钱，储于币，为补置费。	嘉靖《潮州府志》卷一《地理志》；康熙《潮州府志》卷二《津梁》；乾隆《潮州府志》卷十九《津梁》；雍正《海阳县志》卷二《地集津梁》；光绪《海阳县志》卷二二《建置略六》
嘉靖二十五年（1546年）	知府郭春震	修浮梁。	嘉靖《潮州府志》卷一《地理志》
万历六年（1578年）	知府张敷潜	转以巨木，夹以周栏，圮者固而险者平。	嘉靖《潮州府志》卷一《地理志》；陈一松《重修广济桥记》
张敷潜之后，具体不详	广东巡按御史蔡梦悦	修石梁，民德之，立蔡公祠于韩祠之左。桥上木屋，群集成市。	雍正《海阳县志》卷二《地集津梁》；光绪《海阳县志》卷六《舆地略五·水利》
万历三十四年（1606年）[一说万历三十七年（1609年）]	知府金时舒	为之辅以墩石，缀梁以木，结栏以砖，而浮桥楼亭，一一缮治，真二十余年来一大更新也。	林熙春《重修韩祠碑记》
崇祯十一年（1638年）	陈先资等	桥上大火，百年楼阁，一时俱尽。修复断梁。	陈先资《修造广济桥碑记》；《古今图书集成·职方典》

（续表）

时间	主持者	建设与命名、管理	资料来源
清代			
顺治二年、七年（1645年、1650年）	总兵蔡元	黄如海、郑成功攻潮州，桥毁于兵火。亭屋石梁存者仅十分之一。蔡元修复梁亭桥舟。	康熙《潮州府志》卷二《津梁》；乾隆《潮州府志》卷十九《津梁》
顺治十年（1653年）	总兵蔡元	郝尚久反清归明，清将耿继茂率满汉兵十万围潮州城，广济桥复遭兵毁。蔡元将杉木造为桥梁，盖板，便民往来。	康熙《潮州府志》卷二《津梁》；光绪《海阳县志》卷二十二《建置略六》；《古今图书集成·职方典》
顺治十一年、十二年（1654年、1655年）	知府黄廷猷	继总兵蔡元之后再修桥，将大木头架造二洲，并修理坏洲。	康熙《潮州府志》卷二《津梁》；阮元《广东通志》卷一百二十五《建置略三十一》；《古今图书集成·职方典》
康熙六年（1667年）	兵备道魏绍芳	重建宁波寺。	杨钟岳《魏宪台重建宁波寺碑记》
康熙十年（1671年）	提学道迟煊，知府宋征璧	修桥。	乾隆《潮州府志》卷十九《津梁》；光绪《海阳县志》卷二十二《建置略六》；《古今图书集成·职方典》
康熙十二年（1673年）		八月，飓风毁屋坏垣，水涨，广济桥圮。	雍正《海阳县志》卷二《地集津梁》；光绪《海阳县志》卷二十五《前事略二》

（续表）

时间	主持者	建设与命名、管理	资料来源
康熙十六年（1677年）	知府林杭学	八月二十四夜，西岸桥下吼声如牛，石墩忽倒其一。林杭学修一墩。	康熙《潮州府志》卷二《津梁》；乾隆《潮州府志》卷十九《津梁》；光绪《海阳县志》卷二十二《建置略六》、卷二十五《前事略二》
康熙十九年（1680年）	知府林杭学，生员李奇俊	重建桥梁及浮船路板。更其腐材，理其颓石，联编舟于中流，倚雕阑于南北。	康熙《潮州府志》卷二《津梁》；光绪《海阳县志》卷二十二《建置略六》；曾华盖《重修韩文公祠及广济桥碑记》
康熙二十四年（1685年）	总督吴兴祚	吴兴祚捐金，重修广济桥。“庀材程石，更新焉，揆度基址，巩固甃砻，压者起之，侧者正之，弥缝甄砖，奠丽栏楯，期年以成。”“尽易木梁而石之。”	乾隆《潮州府志》卷十九《津梁》；光绪《海阳县志》卷二十二《建置略六》；吴兴祚《重修广济桥碑》
康熙五十九年（1720年）		五月大水，十九日北门堤决，广济桥崩塌石墩三座。	乾隆《潮州府志》卷十一《灾祥》；光绪《海阳县志》卷二十五《前事略二》
雍正二年（1724年）	知府张自谦	修东桥石墩一座，铸铁牛二只，列东西二岸以镇之。	乾隆《潮州府志》卷十九《津梁》；光绪《海阳县志》卷二十二《建置略六》

（续表）

时间	主持者	建设与命名、管理	资料来源
雍正三年（1725年）	不祥	题盐运同驻潮州，与知府分管桥务，东桥属运同，掣放引盐，西桥属潮州府，稽查关税。浮梁十八只，亦各分管。设盘查馆一所，于广济桥下，乾隆二十七年添设委员驻所办公。	乾隆《潮州府志》卷十九《津梁》；光绪《海阳县志》卷二十二《建置略六》
雍正六年（1728年）	知府胡恂	修东桥石墩一座。	光绪《海阳县志》卷二十二《建置略六》；胡恂《增修广济桥石墩记》
道光二十二年（1842年）		七月大水，东岸石墩圮者六，损者二，坏者一。西岸石墩圮者三，木石桥梁，损失殆尽。铣牛失其一。	光绪《海阳县志》卷二十二《建置略六》
道光二十三年（1843年）	知府觉罗禄	修西桥三墩，造浮梁船四十二只，合原有十八只，直接东岸。	光绪《海阳县志》卷二十二《建置略六》
道光二十七年至二十九年（1847～1849年）	知府吴均、刘浔及商户	嘉应盐商邱慎猷捐千金，募闽人成东岸墩一，吴均捐廉修石墩三，其余五墩布商朱莆瑞等捐修一墩，米商林资福等捐修一墩，嘉应、平远、镇平诸盐商捐修一墩，潮桥海运盐户共修一墩，郡绅设局劝捐共修一墩。并饶平杨钟等次第捐办木梁，吴均去任，知府刘浔捐金足之。	光绪《海阳县志》卷二十二《建置略六》；《捐修广济桥第二洲并重建巧圣庙记》；《重修广济桥东岸第十二墩并重建茶亭记》；《嘉平镇三属盐行重建广济桥第十洲记》
同治八年（1869年）		大水，东岸桥墩复圮其一。	光绪《海阳县志》卷二十二《建置略六》

（续表）

时间	主持者	建设与命名、管理	资料来源
同治十年（1871年）	总兵方耀	修东岸一墩，成，欲易木以石，以墩高水深而止。	光绪《海阳县志》卷二十二《建置略六》
		民国	
民国7 年（1918年）		地震，东西岸各墩均略向东西倾斜，裂缝增多。	罗英《潮州广济桥》，载《中国石桥》
民国20年（1931年）	福建籍缅甸华侨胡文虎、胡文豹兄弟	捐资修建混凝土横梁。梁上刻有“胡文虎、胡文豹重修”。	照片存于广济楼展厅
民国28年（1939年）	损毁	日机轰炸，损西岸第十墩，铁牛炸去一角。	罗英《潮州广济桥》
日寇侵占潮州时期（1939~1945年）	潮州日伪政权	改浮桥为悬索吊桥，通车一次，后即拆除，重用浮桥。	罗英《潮州广济桥》
		当代	
1958年	潮安县人民政府	1958年，出于交通需要，广东省公路局拨款90万元，在潮安县人民政府领导下，改变古桥原来的格局，把原来的浮桥部分改成3孔钢筋桁架和2个高桩承台式桥墩。改建后的广济桥（湘子桥）称“跃进桥”。	廖来保主编《潮州市志》
		加固旧桥墩，撤去梭船，中间浮桥部分建成双柱式“高椿承台”桥墩2座，架以钢梁，拓宽桥面至7公尺（1公尺=1米）宽，桥面加铺钢筋水泥，两旁加设人行道，可以通行汽车。桥上古迹文物全部保存而且益增光彩。	罗英《潮州广济桥》

（续表）

时间	主持者	建设与命名、管理	资料来源
1966～1968年	损毁	亭台楼阁和铣牛被毁。	张人鹤《潮州湘子桥纪事》
1978～1979年	潮安县人民政府	扩建加宽，成为宽12米，双向通行人车的大桥，桥全长520米。	同上
2003～2007年	潮州市人民政府	加固旧桥墩，墩上重建亭屋30座；拆去中间双柱式“高椿承台”桥墩及钢梁，重新造舟18只连接东西二岸。	

注：据广东省建筑设计院张人鹤《潮州湘子桥纪事》载，1958年维修时发现，东岸桥墩水毁次数甚多，所存1台12墩，均系清代所修复，是用石（贝）灰砂浆砌筑周边石墙，内填沙土。（张人鹤：《潮州湘子桥纪事》，1979年潮州市湘子桥修建指挥部编印资料。）

（二）古代广济桥的礼制性建筑

广济桥历史上有过许多礼制性建筑，有祭祀自然神灵，祈求平安的，也有用以纪念历代为潮州和广济桥建设做出贡献的先贤或官员。根据各材料统计，大概有下列各处：

1. 宁波寺

在广济桥之东，旧称宁波祠，祀宁波神，配祀二十四桥墩神和十八罗汉，主要用来祈求韩江波平浪静，大桥永远平安，历代多有损毁修缮。先贤诗文中记录颇丰：

［明］罗亨信《潮郡广济桥宁波神祠记》：宋季桥废，祠亦倾圮。宣德乙卯（即宣德十年，1435年）冬，王源领潮守之命。翌年，修广济桥，逮落成，命工仍于桥东建宁波神祠一所，正殿三间，深邃宏旷，两庑及门间亦如之。任人以主祠事，岁时奠献，著为常典，诚欲神阐威灵，妥其水怒，俾桥得以永固而无虞也。

［明］姚友直《广济桥记》：仰韩阁之东，有祠曰“宁波”，塑宁波神以妥水怒。

［明］嘉靖《潮州府志》卷一《广济桥》：成化六年（1470年），知府谢光重修桥亭屋，核蒙山，宝定二山废庵田入宁波寺为修桥费。

［清］康熙《潮州府志》卷十《寺》：宁波寺，在广济桥头，宋时建，康熙年守道魏绍芳捐俸重修。

［清］杨钟岳《重建宁波寺碑记》：韩山之麓有寺焉，厥名宁波，宁波之寺何防乎？考舆志，唐元和间昌黎韩公愈来守是邦，鳄渚底平，鲸涛不惊，遂创兹寺云。越三百余载，宋兴，有相国陈公尧佐至止，因其旧制而一新之。迨明，去宋亦三百余载，太守王公源者，见倾颓圮毁，爰为修葺计。

［清］黄钊《重修宁波寺碑记》：寺以宁波名，志桥成也。按郡志，寺建于宋，不著年代。……国朝康熙六年重建宁波寺，碑谓寺始于唐元和韩昌黎所建，至宋陈文惠因其旧制而一新之者，妄言也。夫桥始于宋而寺亦始于宋，桥成而寺亦因之而建，庶几近之。……道光壬寅，韩江水溢，东岸桥墩溃其九……桥成，闽粤数郡商旅咸利赖焉，而民无病涉之忧，桥东人日夕至城市尤德公，因修宁波寺，门内有堂三楹，面南向拟奉吴公长生禄位，公闻之，艴然曰：“果尔，余当自往毁之。”于戏宏能人之愿，施大雄之力，浑智名勇，功于不事，而屹然砥柱于中流，是亦足以挽颓波已。

［清］林大川《韩江记》（二）：寺颇宏敞，祀十八罗汉及二十四桥墩神。

2. 韩湘子庙和巧圣庙

民国时期，湘子庙在东桥头，庙中立韩湘子像。

［清］郑昌时有诗《长桥榕荫》：旧云湘桥春涨，湘桥，非湘也，俗传为韩湘子所造，立祠桥上，讹也。

［清］钟声和《前湘桥晚眺诗嫌其未备为补赋八首》：广济门前架石梁，中央一庙塑韩湘。休嫌过客声噪杂，有女如云荐晚香。

［清］林大川《韩江记》：湘子庙祀韩湘子，庙联“演经登第通仙籍，书碣弥灾颂帝功”为棉阳令东园韩凤翔所撰。

［民国］饶宗颐《广济桥志》：在桥东洲之首，民国16年重建。祀韩湘子，甚陋且隘，额题“韩湘子庙”四字。庙旧有湘子卦，颇灵验。清姚竹园作诗道其事，有“成都昔日君平祠，潮州今日韩湘庙”之句。

［民国］笔者外婆（1924 年生）回忆，韩湘子庙位于东桥西端石洲上。

巧圣庙在东桥第二墩上，庙中立鲁班像，道光二十二年被洪水冲毁，二十七年冬月郡城布行众同人重建。

［清］《捐修广济桥第二洲并重建巧圣庙记》：凡我同人仰列宪之慈，哀伤行人之病涉，援商集腋，共乐醵金，同心协力修东岸之二洲，缔造经营方逾月而告竣。且斯墩之上故有巧圣庙焉，当阳侯肆虐，桥圮庙倾，四面波涛，江舟尽没，中流砥柱，神像依然，此皆赫濯之所钟，精灵之所注者也。兹乃旧基涓吉，重修以妥神灵，以邀神贶。

3. 祭祠

（1）游侯祠，在东桥，景定年间建，祀知州游义肃。

《永乐大典》卷五三四三《桥道》：景定三年，桥为飓风损，游修，址之欹者改筑，材之蠹者更新，桥成极其壮观。邦人即济川桥建游侯生祠。

（2）王公祠，在广济桥，宣德年间建，祀知府王源。

光绪《海阳县志》卷二十《建置略四》：在广济桥，祀明知府王源，年久倾圮。国朝乾隆二十七年知府周硕勋清复祠基，召佃轮租，另移建于金山麓。

（3）蔡公祠，在韩山韩祠左，万历年间建，祀明御史蔡梦悦。

雍正《海阳县志》卷二《地集津梁》：蔡公祠在韩山韩祠左，明御史蔡梦悦修广济桥，民德之，立祠祀焉。

（4）刘公祠，在考院左，道光二十八年建，祀知府刘浔。

光绪《海阳县志》卷二十《建置略四》：刘公祠，在考院左，祀知府刘浔，道光二十八年绅士刘于山等倡建。按，道光年间，韩江多次水灾，桥损毁严重，刘浔和吴均相继修桥，民德之。

（5）吴公祠，在东门楼，祀知府赠太仆寺卿吴均。

光绪《海阳县志》卷二十《建置略四》：吴公祠，在东门楼，祀知府赠太仆寺卿吴均。咸丰六年塑像，每岁春秋二仲初三日由在城绅士致祭，祭费在本祠租项下动支。光绪二十四年奉旨建立专祠，仍即其地祀之。[①]

4. “民不能忘”坊

光绪《海阳县志》卷二十《建置略四》：民不能忘坊在东关外广济桥上，为太守刘浔、分司吴均建。

林大川《韩江记》：道光间桥坏，郡守吴均为起大工，彻底修造，廿九年己酉五月告成，万民德之，建民不能忘坊于桥上……昔日真畏途，今日成康庄。

① 蔡公祠、刘公祠、吴公祠，虽不在桥上，但皆维修桥梁而建，故并记。

CHAPTER 2

第二章 广济桥的建筑艺术

建筑是一种实用和审美相结合的艺术。在一切与人类物质生活有直接关系的产品中，建筑是最早进入艺术行列的门类。在古典美学中，建筑历来被列为艺术部类的首位，与绘画、雕刻合称为三大空间艺术，或曰三大造型艺术。黑格尔说：“就存在或出现的次第来说，建筑也是一门最早的艺术。”[1]恩格斯在《家庭、私有制和国家的起源》一书中指出，在原始社会末期，已经有了作为艺术的建筑的萌芽。建筑美的生成总是通过建筑的某些特定物质，如结构造型、材料、环境、装饰，来引发人的情感，进而使人获得审美享受的。建筑的要义是创造美好的人居环境，建筑与环境的关系是建筑艺术的重要因素。建筑的外观造型和风格，是建筑首先作用于人的审美感官并激起人们产生美感的因素。装饰艺术是建筑美不可分割的内容，丰富、和谐的装饰能为建筑增添美感，提升建筑的审美价值，增强建筑的艺术感染力。

桥梁是人类最杰出的建筑之一。跟其他建筑物一样，桥梁无论在物质层面还是非物质层面都蕴含着丰富的美学元素，具有极高的审美价值。桥梁美学家说：“一座著名的桥梁，往往以其雄伟壮丽、精巧隽秀，而显示出人的创造力；以其先进技术、精湛工艺，反映出社会的生产水平；以其磅礴气势、雄健浑厚，标志着时代精神。”[2]著名桥梁专家唐寰澄先生说：“桥梁的建筑艺术表现出一个民族的艺术修养。”[3]日本大学的伊藤学先生说：“桥能满足人们到达彼岸的心理希望，同时也是使人印象深刻的标志性建筑，并且常常成为审美的对象和文化遗产。”桥梁的建造技术、建造的工艺水平是建造者创造力的体现，也是社会生产力水平的反映。桥梁的选址、造型结构、设计思路、选用的材料、装饰的题材和装饰的工艺都体现了建造者的审美倾向和审美理想。随着社会文明的进步，随着人类审美文化意识的觉醒和发展，桥梁的审美功能已越来越为人们所重视，甚至成为人们艺术追求的重要内容，桥梁美学已成为建筑美学的重要组成部分，也是当代美学研究的重要内容。

一 广济桥的环境艺术

建筑与环境之间的关系是建筑艺术中的第一要素，黑格尔说：“建筑物要提出的第一个问题就是它的目的和使命以及它所由建立的环境。要使建筑结构适合这种环境，要注意到气候、地位和四周的自然风景，在结合目的来考虑这一切因素之中，创造出一个自由的统一的整体，这就是建筑的普遍课题，建筑师的才智就在对这个课题的完满解决上见出。”[4]黑格尔把建筑与环境的关系提高到衡量建筑师的才智上，可见其重视程度。建筑并不是孤立于世的，它总是处在特定的自然和人文环境之中，所以建筑之美首先体现在环境艺术上。

环境是构成建筑艺术感染力最主要的因素。美学家说：“建筑作为一种空间造型艺术，客观存在的审美特性除了与它自身的空间形式有关外，还体现在它与周围环境的和谐关系中。”[5]桥梁跨越江河湖海，所处风口浪尖，顺应自然环境是桥梁成功的保障。唐寰澄先生说：“从建筑结构、艺术的角度来看，桥梁的构造要顺应自然界的重力、水、火、风‘阴阳消长’的力量，同时又要从环境冲击的角度与自然取得和谐。”[6]桥梁又是处在特定的社会人文环境之中，桥梁与社会环境的和谐同样是桥梁环境艺术的重要组成部分。良好的自然适应性以及与周边人文环境的和谐统一是广济桥环境艺术中突出的特点。

（一）良好的自然适应性

1. 浮梁结合结构符合韩江的水文特点

建筑之美首先应表现为良好的自然适应性。我国现当代著名建筑学家梁思成先生说：“建筑之始，产生于实际需要，受制于自然物理，非着意创制形式。”[7]桥梁的建筑形式首先要适应所处区域的自然条件。

韩江流域北起武夷山南麓，南达南海，为典型的亚热带季风性湿润气候，雨量充沛。流域地势北高南低，东、西、北三面是山地，南面向大海敞开。来自南海的暖湿气流在深入内陆的同时被逐渐抬升，容易形成锋面雨，故流域雨量较周边地区大，多年平均降雨量达1400～1700毫米。受季风影响，降雨季节变化明显，每年的雨量70%以上集中在夏季。汛期径流量可达枯水期的百倍以上，有记录的最大径流量达1.7万立方米/秒。韩江河道长470公里，流域面积30112平方公里，干流和支流分布集中，汛期全流域处在同一片雨区。遇到强对流天气或台风来袭时，巨大的降水同时进入韩江，干流径流量在短时间内暴涨，往往形成暴流。快速排洪能够有效保证桥身和大桥上游两岸堤围的安全。广济桥为浮梁结合结构，中间部分不建墩不架梁，而是采用浮桥连接，使整座桥桥墩数量减少了约四分之一，极大降低桥墩对河道的堵塞。浮桥可启可闭，洪峰过境时，解开浮桥，就在大桥中间形成一个巨大的排洪口，桥身的排洪能力瞬间放大。中流这个排洪口的存在极大降低了径流对其他桥墩的冲击，桥梁的安全性又得到进一步提高。浮梁结合结构非常适合韩江的水文特点。（图2-1.1）

2. 巨大的石墩石梁能有效抵御强大径流冲击

广济桥的桥墩和石梁体积都“庞大异常”。据1958 年维修时测量，“墩宽在6公尺至13公尺，墩长由11公尺至22公尺不等”，石梁最大的高1.2米、宽1米、长15米，最小的高1米、宽0.8米、长12米，

图 2-1.1　浮梁结合结构，何凯业提供

图 2-1.2 晚清的桥墩和桥屋

图 2-1.3 巨大的石墩

一座桥墩的体积在5000～6000立方米之间，一根石梁的重量在40吨以上。[8]韩江水量很大，水深流急，洪峰过境时对桥身形成巨大冲击，在没有钢筋水泥的时代，非巨大的桥墩无以抵御强大径流。据南宋乾道年间潮州太守曾汪《康济桥记》载，乾道七年（1171年）用来固定浮桥的那座石墩“广五十尺，而长如之”。按宋元时期一尺合今天31.68厘米计算，当年那座大石墩长宽各15米多，即使两端为尖型，表面积也有200平方米左右。明代太史姚友直《广济桥记》载：“郡治东，并城之水曰恶溪。旧有修桥，垒石为墩二十有三，深者高五六丈，低者四五十尺，墩石以丈计者数千百万。上架石梁，间以巨木，长以尺计者四五十尺有奇。”按现在一丈等于3.3米计算，明宣德年间，桥墩高度在14~20米之间。清乾隆时期，古城外河床已较明代又高许多，乾隆《潮州府志·盐法》载：“东畔桥墩十三座，自墩脚起量，高三丈八尺，墩面横直各宽七丈二尺。”[9]清代量地尺1尺为34.5厘米，营造尺1尺为32厘米。以32厘米计算，乾隆时期东桥桥墩的高度都超过12米，长宽约为23米，一座桥墩的体积超过6000立方米。著名桥梁专家茅以升先生说，广济桥桥墩“庞大异常，闻所未闻”。[10]（图2-1.2 、图2-1.3、图2-1.4）

尽管广济桥的桥墩和横梁都如此庞大，但由于韩江洪汛的流量实

图 2-1.4　古石梁

在太大，桥墩和横梁还是常常被冲坏。康熙《潮州府志・艺文二》载："自乾道以来，且筑且增，有毁有复。"姚友直《广济桥记》载："自宋至是，因循不能修复者，殆百余岁。"[11]百余年无法修复，修复工作量之大、技术要求之高可以想见。清代黄钊《重修宁波寺碑记》载："道光壬寅（1842年）韩江水溢，东岸桥墩溃其九座，岁丁未钱塘吴公均以分转权郡事，自捐廉修复第三、第八、第九座，嘉应邱慎猷自修复第七座，潮郡城内布行修复第二座，米行修复第十二座，海运通纲修复第十三座，嘉应、平远、镇平各盐客修复第十座，潮嘉绅庶行户共修复第十一座。"[12]光绪《海阳县志・建置略六》载："清朝道光二十二年（1842年），七月大水，东岸石墩圮者六，损者二，圻者一。西岸石墩圮者三，木石桥梁，损失殆尽。铁牛失其一。"[13]仅仅一个雨季即有9座桥墩被冲坏，木石横梁全部被毁，可见韩江洪汛威力之大，也说明巨大的桥墩是非常有必要的。

著名桥梁专家罗英先生《潮州广济桥》中详细记录了1958年广济桥维修之前所见桥墩损坏的情况：一是裂缝，所有桥墩均出现裂缝。二是孔洞，知桥墩除了出现裂缝外，尚有大小不一、深浅不同的孔洞。这些孔洞大多是因墩石或为波浪冲击吸出，或为地震离心力抛去，或被木排撞击脱落所致。据1957年检查30余处，其中西六墩及东第五、第七、第十等4墩水下各有大孔洞一个，其宽度与高度可容一只小船入内。三是偏侧，东岸各墩有向上游东偏的现象。[8]从罗英先生的记录和分析可以看出桥墩所受的破坏力之大。如果没有如此庞大的体量，这些被冲出巨大孔洞的桥墩早就无法支撑。广济桥庞大的桥墩和巨大的石梁都是潮州古人智慧的体现。

3. 巨大的桥墩在防止水患方面意义重大

罗英先生言："这座桥不仅便利水陆交通，对于防止水患也有很大意义。"[8]韩江为千里大川，高屋建瓴，自源头至出海口，落差920米。[14]三河坝以下河段，河道没有比较大的弯曲。巨大的流量、巨大的落差和平直的河道产生巨大的冲击力，对下游堤岸和村庄形成极大威胁。广济桥桥墩的密度很高，除了西桥第六墩和第七墩之间的距离是17.5米外，其他桥墩间的距离大多在8～13米之间，大部分在10米以内，距离最小的甚至只有5.9米。密集排列的桥墩犹如在江中筑起一座拦河大坝，"息狂澜"和"杀水势"的作用非常明显。历代记录如下：

（1）清代胡恂《增修广济桥石墩记》：

> 予以菲才，承乏斯郡，相度川原，历览堤岸，深虑夫桥墩缺一，莫杀水势。下如东厢、西厢、登云、登隆诸堤，及饶平之隆都、澄海之苏湾、上、中、旧三外，岁有冲决，庐舍田禾，皆不能保。[15]

（2）清代杨钟岳《重刻广济桥记》：

> 中以流急，墩乃止，因设浮舫，系之铁缆，非为通舟楫，用杀水势也。[16]

（3）清代《重修广济桥东岸第十二墩并重建茶亭记》：

> 创于宋，历明代以逮。国朝废而复修者屡，盖中流激湍，所以障狂澜而通孔道，惟斯桥是赖。[17]

（4）《子来局修复广济桥第十一墩记》：

> 盖我潮郡东门外韩江绕城，江上有桥名曰广济，为行人孔道，缓水势而息狂澜，惟斯桥是赖。[18]

（5）光绪《海阳县志》卷二十五《前事略二》：

> 广济桥墩及凤凰台为韩江之冲，而鲤鱼沟一带古堤为海阳秋溪、东厢、水南三都之障，涸溪又鲤鱼沟之上流也。至是知府胡恂申请修渠。[19]

明代后期，由于上游山区无节制开发导致水土流失严重，洪汛时江水带来的大量泥沙在冲出山口之后淤积下来，加上巨大桥墩的阻隔，广济桥上游十几公里河段河床被迅速抬高。至20世纪初，古城北郊北门堤段河床已高出堤内，成为典型的地上河。在这种情况下，洪汛时堤溃桥塌的灾难日益增多，这也许是潮州先人所没有预料到的。

4. 桥屋的功能之美

广济桥桥屋的建造历史跟大桥历史同样长。历史上桥屋数量有增有减，但桥上建屋的历史从没有中断。桥屋能够增加桥墩重量，固定

图 2-1.5　当代桥屋

横梁，提高桥墩和横梁的抗击力。韩江径流冲击力很大，增加桥墩重量就是提高对径流的抗击力。韩江汛期水位很高，常有洪水越过桥面的情况，桥屋可以固定横梁，防止横梁被洪水冲走。广济桥建造之初，桥上横梁为木梁，元泰定三年（1326年）曾改其中4孔木梁为石梁，由于厚度不够，很快折断，于是重又改回木梁。后世维修时种种原因使得有改用石梁也有仍用木梁，直到20世纪初桥上仍保存一部分木梁。潮州处在南海之滨，夏季常有台风，韩江江面宽广，风大浪急，固定横梁非常重要。桥屋还有防腐防晒作用。潮州气候湿润，春季阴雨连绵，夏季烈日暴雨，防腐防晒对木质横梁都非常重要。广济桥桥屋具有防止雨水渗透腐蚀木梁，延长木梁寿命的作用。潮州夏季高温多雨，或烈日暴晒，或大雨倾盆，桥屋可以为过往行人提供一个遮阳避雨的地方。

广济桥是大陆东南沿海干线和韩江商路的交汇点，交通位置非常重要，人流量很大，是做生意的好地方，明清时期，依靠桥屋，桥上发展成桥市，远近闻名。广济桥桥市存在时间近500年，是潮州州城商圈重要的组成部分，也是潮州商业文化重要的组成部分，为潮州经济和商业文化发展做出了巨大贡献。（图2-1.5）

（二）和谐的人文环境

环境艺术的感染力，不仅产生于建筑与山河、气候等自然环境之间，同样存在于建筑与周边的人文环境之中，桥梁的造型和装饰，要与周边的人文环境互相协调，才能收到良好的艺术效果。

广济桥所处河段韩江两岸周边汇集了很多潮州重要的历史人文景观。东岸韩山韩祠，西岸古城古楼，东北金山北阁鳄渡，南望凤凰洲、凤凰塔，可谓人文荟萃，熠熠生辉。

东岸的韩山是潮州古城制高点，面韩江瞰潮城，蜿蜒连绵，郁郁葱葱。韩山原名双旌山，因形似笔架，潮人习惯称为笔架山。相传笔架山为昌黎文公旧地，韩文公常登临，建揭阳楼并手植橡木其上。后人敬仰文公，改其名为韩山。宋代咸平年间通判陈尧佐移城南“昌黎伯庙”于其上，后历代官员相继拓建，又陆续在周边修建其他先贤祭祠和文昌阁、书院、侍郎亭等建筑物。韩文公祠依山而建，古朴典雅，肃穆端庄。祠内立文公塑像，梁间遍挂历代名家题写的匾额楹联，沿壁环列历代碑刻，包括著名的“功不在禹下”和苏轼的《潮州昌黎伯文公庙碑》等，是潮州历史人文气息最为浓郁之地。（图2-1.6、图2-1.7）康熙《潮州府志·山川》所载《韩山小记》可以一窥韩山自然历史风貌：

> 其峙于城之东者有韩山，从昌黎而名之也。旧名双旌，其顶有三峰，形类笔架，韩愈刺潮时尝游览于此，后建祠其上。祠傍有木，为文公手植，郡人恒以花之繁稀卜科名盛衰云，因名韩木。《竹坡诗话》云：“韩木在文公祠，去祠十数步种之辄死。”宋学士郡人王大宝赞并序，载古今文章中。郭子章云：“木本橡木，潮无橡，橡始韩子，永其手植，木不可得。”今山中橡树亦是其遗种耳。宋陈尧佐、刘

允、杨万里皆有韩山诗。祠左有侍郎亭，亭左有陆忠贞祠，祀宋丞相陆秀夫。又虞山书院，祀海阳县教谕陈察，今废。中峰之北有巨石，曰双旌石，左峰之麓有宁波寺。康熙十九年知府林杭学重新昌黎伯祠、文昌阁及曲水流觞亭。二十年因山麓陆忠贞祠尽圮，鼎建前后堂二座，又修玉皇殿一座，重建拜亭，壮丽特甚。三处俱生员李奇俊躬董其役，著劳。[20]

韩文公祠为潮人所敬仰，山上橡木也为潮人珍重。潮州有韩木能卜登第之祥的传言，光绪《海阳县志·前事略二》载，乾隆“九年，韩祠橡树花，是科中谢文在等二十二人。潮郡乡榜之盛以此为最”[19]。潮州宋代名臣王大宝有《韩木赞》，曰：

潮东山有亭，唐韩文公游览所也。亭隅有木，蚪干鳞文，叶长而旁棱，耆老相传，公所植也，人无识其名，故曰韩木。旧株既老，类更滋蕃，遇春即华，或红或白，簇簇附

图 2-1.6　韩文公祠

图 2-1.7　韩文公祠

枝，如桃而小，每值士试春官，邦人以卜登第之祥，其来久矣。绍圣四年丁丑开盛，倾城赏之，未几捷报三人，盖比前数多也。继是榜不乏人，繁稀如之。[21]

潮州历代先贤和守潮官员、旅潮文人墨客多有咏韩山、韩祠或韩木诗。南宋诗人杨万里淳熙八年（1181年）冬因沈师之乱来到潮州，有诗《谒昌黎庙》《韩山》《题韩木》，其《题韩木》诗云：

老大韩家十八郎，犹将云锦制衣裳。
至今南斗无精彩，只放文星一点光。
笑为先生一问天，身前身后两般看。
亭前树子关何事，也得天公赐姓韩。[22]

"潮州八景"①之"韩祠橡木"，即在此。

金山屹立于韩江西岸，广济桥上游约1.5公里，高40余米，状如覆

① "潮州八景"：明清时期，潮州经济繁荣，潮州城外形成八大著名景观，分别是"金山古松""北阁佛灯""韩祠橡木""湘桥春涨""凤台时雨""龙湫宝塔""鳄渡秋风""西湖渔筏"。

釜，为潮州古城之镇山，与韩江东岸的韩山、古城西侧的西湖山以及韩江共同构成“三山一水护城郭”之势。金山史名金城山，潮州府旧治所在地，也是人文荟萃之所。宋绍兴年间进士郑厚《金山亭记》载：

须弥，天下之镇也。岱、华、衡、恒，中国之镇也。金山，潮郡之镇也。郡有镇山，犹人有元气，能卫生者。不问四肢九窍，五脏六腑，惟问元气盛衰，如此，则潮于金山何可忽诸？乡者潮之盛时，亭榭竹木奂蔚于其上。当其文物之美，版籍之饶甲于二广，抑有所率。兵戈以来，守郡者但务目前，推原之事所未暇举。亭榭圮于风雨，竹木残于斧斤，不恤也。地与时会，翁侯实来，儒雅饰吏之余，思所以为潮善后之方。乃致意于是举。即山之阳，为亭者三，曰凝远，曰成趣，曰披云。俯揖金城，万家于几席之中，红尘与车马分哗，苍木共闾阎间错，俯仰之际，形容不尽。循山而东，则列岫凝蓝，长江曳练，桑麻近落，烟雨平畴。目力交驰，景趣竞远。身居城郭中，然如在四旷之野。于兹作亭以临之，曰就日。其后绝山之冢，亭其上，曰一览。砌石为道，络绎其间，浇桃灌李，种竹植木，以足其景物。

夫潮之形势，不在金山，非金山无以为潮之形势；金山之壮观，不在于亭榭竹木，非亭榭竹木无以为金山之壮观。亭榭，金山之冠冕也；竹木，金山之襟袖也。冠冕严，襟袖整，然后见金山之气象焉。金山之气象，实潮之气象也。孰谓太守翁侯是役苟作云尔！亭成，太守暇日宴客于其中，邦人士女，操觚挈榼偕乐焉。惟兹邦人，见亭之成，宁知太守营亭之功，共亭之乐？宁知太守建亭之意？不敛一铢，不役一丁，鬻材僦工，筑亭宇如筑私室，此太守营亭之功也。粪本木盛，浚源泉长，提纲振领，类非俗吏所能为，此太守建亭之意也。农丰官达，爰自今日，补弊起仆，系属后人。绍兴戊辰郑厚记。[23]

宋代金山即为潮州名胜，山上有独秀亭、西晖亭、凤凰亭、一览亭等景观建筑，后又立“东南最胜”“第一山”二坊，有金山庵、横鹤桥以及各石刻名胜。明代王临亨《粤剑编》云：“濂溪先生拙窝在金城山之半。”“拙窝”是宋代廖德明以朱熹书“拙窝”二字所刻，至今犹存。《永乐大典》卷五三四三《潮州府·公署》载：“拙窝，在文惠堂之下，旧名遥碧，廖公明更今名，朱文公书扁，并濂溪《拙赋》刻诸岩石间，左右多前贤摩崖。”濂溪先生即《爱莲说》作者周敦颐，是北宋五子之一，宋神宗熙宁元年（1068年）任广南东路转运判官时，按部到潮，题诗大颠堂壁。其第七世孙周梅叟曾为潮州刺史，后落籍潮州潮阳县，是潮人比较熟悉的古代官员之一。周梅叟治潮时在金山建濂溪先生祠和元公书院（后改为金山书院）。明万历年间山上还有濂溪先生祠及超然台、凭虚阁可以览眺。宋末潮州名将马发抗元殉难，葬于山巅，潮人敬仰，建祠植松，喻高风亮节。青松傲然挺立山巅，枝叶繁茂，树影婆娑，为“潮州八景”之“金山古松”。墓旁古亭“一览”，衔远山，吞长江，蔚为壮观。

明代金山上有楼五层，高耸杰壮，无与为比，站在楼上，可以全收一郡之胜。金山东侧临江石壁有北阁，光绪《海阳县志》载：

北阁在金山东，有石跨城，特峙河干。明嘉靖中，巡道江汇铸“青天白日”四字于其上。国朝顺治间建阁。康熙中，知县颜敏又铸“砥柱”二字于阁后，阁旧悬佛灯，江船往来掩映如画，为郡城八景之一。乾隆中巡道康基田葺之，名曰“韩江楼”。其下为长寿庵，旁有石级回环，幽深如洞，上通杰阁，游客多登览焉。光绪十三年，知府朱丙寿重修。[24]

北阁下正是韩江自西北往东南进入潮州古城处，金山又是古城制高点，自古为潮州古城重要景区。（图2-1.8）潮城历代多有咏北阁诗作，清代潮州先贤陈衍虞《北阁诗》云：

振衣百尺眼荒荒，平楚风来送午凉。
天外何人看倚剑，阁中有客赋长扬。
浓云欲蔽将军柱，巨浪难沉刺史香。
此际牢骚销不尽，神州北望总苍茫。[24]

清代潮州先贤郑昌时《潮州二十四咏》有北阁诗，曰：

万水千山绕城廻，峥嵘峻阁倚末开。
窗摇石气干云上，木卷秋声破瞑来。
南海有人瞻北阁，瀛州无地隔蓬莱。
一灯空际（注）星辰朗，长放文光烛上衰。[25]

（自注：阁上灯光可见数十里）

图 2-1.8　金山北阁

清代康基田任潮州通判时修成韩江楼之后，题登临诗一首，曰：

一石回东注千山，积翠来涨随新岸。
阔门倚紫云开蹑，磴思层累沿波想。
溯回乾坤此身世，何处染尘埃？[24]

据清代潮州先贤林大川《韩江记》载，北阁即嘉应州宋湘所谓“十丈扶云石，三层俯水楼”也。宋湘为嘉庆年间翰林院编修，享有“广东才子”美名，据载湘某日过潮，潮郡人士饯于阁，湘醉成《韩江楼题壁》，曰：

十丈扶云石，三层俯水楼。
时常千树雨，日夜一江流。
有客来吹笛，看山不转头。
独怜僧茗意，留啸海天秋。[24]

宋湘曾题诗楼上，故言是宋湘所谓“十丈扶云石，三层俯水楼”。北阁依山临江，重檐叠阁，红墙黄瓦，金碧辉煌。缘壁而上，势险而壮。福建德化人，康熙十二年（1673年）进士，普宁县知县林模这首《韩江楼》诗为我们展示了北阁的雄伟气势。

立石高千仞，危楼俯大江。
山盘青入座，水合绿横窗。
鳄渚鱼歌月，湘桥客聚艭。
超然尘境外，形胜压南帮。[24]

北阁祀真武，极为灵验，光绪《海阳县志·杂录》载有神仙捐金铸像事：

潮北阁真武像，有明万历年间铸，其时几易铸，僧梦神语曰："明日午时有捐金入铸者，可成矣。"时至，一女人来缴铸叩所有，云："有渡钱一文，闻铸神像，乃绕道由桥来投焉。"果成，钱浮腰带间。[26]

铸成的真武铜像腰间衣带头悬有一枚康熙钱，据说就是绕道而来女人所捐那枚。阁前悬佛灯，为"潮州八景"之"北阁佛灯"。佛灯高耸于阁侧，塔座高7米，仿唐代的石经幢造型，三层六角，四周雕饰佛像、莲花、祥云纹。（图2-1.9）北阁佛灯传为唐时航标灯。潮州自古为商贸城市，面江临海，江中海上，商船渔舟往来如梭，金山上航标灯历来为各种船只所倚重，远近闻名。相传唐代有一皇帝在梦中见佛灯高照，经查访为南海之滨潮州的这盏航标灯，遂为胜迹。北阁负金山石壁，面浩渺烟波，绿树掩映，可游可憩。郑昌时《潮州八景》中有《峻阁星枢》：

曰北阁，祀玄武，临韩江，负城北金山石壁，石题"青

图 2-1.9　北阁佛灯灯

天白日”，驾回澜亭，其地绿树齐云，红栏照水，入画宜夏。旧云“北阁佛灯”。

石布星坦耀水滨，幽厓飞阁动嶙峋。
天如倚盖云垂海，地应旋枢山拱辰。
壁上龙蛇蟠白日，江间波浪滚红尘。
珠杓自运成古今，玉立回澜照八垠。[25]

岭南民间非常尊重玄武，乡间多有北帝爷宫。王临亨《粤剑编》载：“真武，北方之神也，岭南甚尊事之。四月十五日，人自为党，各出金钱，市花币、果酒之属以献，至有进蟒衣而焚之者。先二三日，满城已鼓吹不绝矣。”北阁香火一直兴旺。

金山北阁，皆为潮州著名景观，为《潮州八景》之“金山古松”“北阁佛灯”二景所在地。

北阁下江岸边，昔年有一小岛。岛上绿树掩映，雅致幽静，宋时即建有寺院石塔。因岛上有龙湫泉，故塔为“龙湫宝塔”，寺为“龙湫宝塔寺”。“潮州八景”之“龙湫宝塔”即此。光绪《海阳县志》有“龙湫宝塔”条曰：

龙湫宝塔，址在城东北北阁前地界，金山崖坳。韩江水曲，水流至此，回环泱漭，激石訇訇，每当月色澄涵，恍见波中塔影，为“潮州八景”之一。[27]

郑昌时《韩江闻见录》有“龙湫塔影”条和《龙湫听涛》诗。

龙湫塔影，金山东北城堞倚之，城外滨河，古之山麓也，今石根矗河干，云昔年有寺石上，因而起塔，曰龙湫宝塔寺，塔寺久废，而风定月明之夕，塔影隐现波心。[28]

《龙湫听涛》

界城东北，金山崖坳，韩江水曲，其地交流泱渫，激石訇訇，浪叠波旋，月中疑见塔影，入画宜夜，旧云“塔院维舟”，今圮，上流障也。

当年宝塔镇龙湫，此日龙湫水自流。
不改涛声吹地转，频添月影向人浮。
春来正噀桃花浪，秋到宜维竹叶舟。
几许豪情输枕畔，松风入耳夜飕飕。[25]

小洲峙江中，江水环绕，古塔屹立，境界开阔。北眺凤凰山高接云天，南望广济桥长虹跨江；隔江对岸韩山葱茏，韩祠隐隐；昂首金山屹立，古松婆娑，北阁巍峨，佛灯高照。岛上梵音悠悠，佛香袅袅，江涛击石，訇訇有声；江面白帆如梭，棹歌阵阵，可谓如诗如画。因为缺乏维护，清代岛上日渐破败，宝塔倒塌，寺院荒芜，残存的塔基和小岛后来因整治韩江航道而炸毁。后世以广济桥下游“凤凰古塔”替代“龙湫宝塔”为“潮州八景”之一。

广济桥下游约2公里处，东岸滨江有凤凰塔，江心有凤凰洲。凤凰塔建于明万历年间（1581～1585年），高13丈7尺（45.2米），基围14丈4尺（47.5米），九层八面，为潮州明代砖石建筑代表之作。塔中空，沿夹壁中螺旋阶梯可登顶层。塔门西北向，上有明万历潮州知府郭子章所书对联：“玉柱擎天，凤起丹山标七级；金轮着地，龙蟠赤海镇三阳。”古塔所处位置刚好是韩江分流要冲，江面开阔，舟船如梭。登塔远眺，潮州古城尽收眼底，视野极其开阔，令人心旷神怡。（图2-1.10）凤凰洲与凤凰塔隔江相对。江流经广济桥阻拦，流速降低，逐渐淤积而成，洲上有凤凰台等景观。明代潮州先贤林大春《凤凰台记》曰：

图 2-1.10　凤凰塔

郡治东南数里有洲，方广数百丈，隐起中流，为江城巨障。太守侯公筑台于其上，颜曰："凤凰"，以洲名也。洲故名老鸦，太守取凤山凤城之义，更名曰："凤凰洲"。以明凤凰千飞亦集爰止，所以覆庇我潮人者甚大，非昏鸦满林之目也，故谓其台亦如之。洲外为韩江，一曰凤水，源自凤凰山下，历十数舍而入于海。水道故东注直泻，少迴曲之势。自太守刺潮，水折而西，左掖沙壅城郖，望之如培塿。山若增而高，水若浚而深者，殆非人力所能为也。太守政暇登临凭眺，叹山河之增胜，乐海宇之改观，徘徊不能去。惟是台榭未备，非所以壮地形而收灵气也。谋诸僚友，以隆庆辛未春经始，及夏告成，属大春为之记。

夫国之有台，所以望氛祲，察灾祥，时观游，节劳逸，固长民者所重，而况有关地灵台之作，乌可有也？古者诸侯主封内山川，凡为流为峙，孕秀含精，能兴云物司赏罚者。侯实主之其钟为人文，产为麟凤，金玉珠玑，齿革羽毛，皆侯之德也。若夫草木无秽不治，多猛兽毒虫之害，则有作屏之令；川泽壅滞不通，为农商行旅之忧，则有疏凿之令。至于岳渎之位，号不严閟，以妥神灵一观听，则又有更新之令。凡以节宣气，化理幽，道和佐，一人承天出治而已。今潮山水皆以凤名，而洲之号犹因其陋。且河流西转，洲实砥柱，使亭台不建，形势不完，将何以体先王经国之制。故凤台之筑，匪独赞也，灵也。亦职守所不容废者耳。或曰："太守所肇建者台，所易者名，似未久作屏疏凿之事，而吾子侈言之，何也？"日作屏疏凿出于人力，若地道不言而功成，则天也。要必有潜乎默运者矣。不然，召信臣守南阳，王景守庐江，非不凿渠修陂，卓然称汉，循吏以视。夫德及重渊，功旋造化，俾没风气，所钟人文，宣鬯以翊我国家文明之运于未艾者，其气象固不侔矣。太守名必登，滇南人，由进士历南京兵部郎中，隆庆二年莅潮，寻擢广东参政分驻潮州。[29]

郑昌时《韩江闻见录》载："凤凰洲，古曰鸦洲，后定今名，洲上有台，前明太守侯公必登造。"[30]据传，当年太守侯必登多次登岛，认为岛上景色清静幽雅，是传说中凤凰栖息之所，而非老鸦投林之处。况潮州名凤城，韩江又有凤水之称，潮州西郊山名凤山，于是改"老鸦洲"为"凤凰洲"，并在岛上修筑凤凰台。侯之后又陆续有官员士绅在岛上修建了"十相祠""凤台书院""龙神庙""天后宫""镇洪寺""鲁公祠""周公祠""奎阁"等一系列建筑物，凤凰洲于是成为潮州又一人文荟萃之所。初春时节，烟雨蒙蒙，岛上绿树掩映，台阁隐隐，江面帆樯穿梭，实为宜书宜画之景。至若春和景明，波澜不惊，绿树繁花，流光溢彩。隔江古塔巍巍，北望长龙卧波，桥上亭阁高低错落，车水马龙，人影幢幢，宛若海市蜃楼。王临亨六月望后一日游此，认为“尤宜于月下观”，置身洲中，“长啸凌风，身如在广寒清虚府矣”。[32]（图2-1.11）郑昌时曰：“其地襟江几桥，山明水秀，入画宜春”，其《凤台观水》诗云：

悬河天半折三三，砥柱层台对碧潭。
逝者如斯无昼夜，观斯民止尽东南。
洲鸦远去风初集，壑水光腾春正酣。
有客凭栏濡巨笔，九苞流彩镜波涵。[25]

广济桥北望韩江北门堤有鳄渡，传为文公祭鳄处，堤上有“祭鳄亭”，亭中有“祭鳄碑”，上刻文公《祭鳄鱼文》。北堤段江面宽度超过1000米，渡口对岸即为蔡家围，韩江上游南下竹木产品聚集分销之地，常年竹排木排铺满江面，热闹非凡。春风轻拂之时，北堤红棉绽放，蓝天绿水红花，赏心悦目。秋风送爽季节，月朗星稀，渔舟唱晚，盐船驶风，令人心旷神怡。此处为“潮州八景”之“鳄渡秋风”。（图2-1.12）郑昌时《鳄渡乘风》诗云：

图 2-1.11　凤凰洲

图 2-1.12　鳄渡秋风

图 2-1.13 古城墙和广济门城楼

汇城东北，为唐韩文公刺帆驱鳄处，其地蜚帆贯碧，擢雏驰青，今犹踔万风发，入画宜秋，旧云“鳄渡秋风”。

直拥雷霆鼓浪来，九天阊阖望中开。

飞凫缥缈欲仙矣，徙鳄威灵真壮哉。

八月流风清海国，千秋元气涌江隈。

云涛驱驾潮阳笔，不数披韦《七发》枚。[25]

广济桥西岸正对面是广济门。广济门城楼高居古城墙之上，为三层歇山顶明代宫殿式建筑，面阔五间，进深三间，气势恢宏。（图 2-1.13）登楼远眺，韩江浩浩荡荡奔腾而来，凤凰山脉隐隐，清代潮州先贤周厚躬诗言“万峰当户立，一水接天来”。此为潮州重要地标性建筑，是观赏“潮州八景”之“湘桥春涨”最佳处。仲春豪雨，波急岸远，惊涛拍岸；长桥当锋，中流缺口处波涛翻滚如万马奔腾，东西梁桥傲然挺立，气势非凡。

广济桥周边韩江两岸汇集了韩山韩祠韩木、金山古松、北阁佛灯、龙湫宝塔、鳄渡秋风、凤凰洲、广济楼、古城墙等潮州著名历史人文景观。广济桥是一座500多米长的特大桥，巨大的体量非常自然地把一江两岸的景观联结在一起，古典的建筑风貌和两岸周边的历史人文景观完全融为一体，整个河段犹如一幅连绵不断的画卷，而广济桥则起到画龙点睛的作用。

参考资料：

[1] [德]黑格尔著，朱光潜译：《美学》第三卷，北京：商务印书馆，1979年，第27页。

[2] 樊凡：《桥梁美学》，北京：人民交通出版社，1987年，第1页。

[3] 唐寰澄：《桥》，北京：中国铁道出版社，1981年，引言。

[4] [德]黑格尔著，朱光潜译：《美学》第三卷，第29页。

[5] 金元浦、王军、邢建昌主编：《美学与艺术鉴赏》，北京：首都师范大学出版社，1999年，第164页。

[6] 唐寰澄：《中国科学技术史·桥梁卷》，北京：中国科学出版社，2000年，第660页。

[7] 梁思成：《中国古代建筑史》，天津：百花文艺出版社，1998年，第11页。

[8] 罗英：《潮州广济桥桥》，载《中国石桥》，北京：人民交通出版社，1959年，第199-216页。

[9] 乾隆《潮州府志》卷二十三《盐法》，广东历代方志集成本，广州：岭南美术出版社，2008年，第408页。

[10] 茅以升：《介绍五座古桥》，《文物》1973年第1期。

[11] 康熙《潮州府志》卷十二《艺文二》，广东历代方志集成本，第532页。

[12] [清]黄钊：《重修宁波寺碑记》，转引自饶宗颐、张树人编著：《广济桥史料汇编》，香港：新城文化服务有限公司，1993年，第

34-35页。

[13] 光绪《海阳县志》卷二十二《建置略六》，《中国方志丛书》第64号，光绪二十六年刊本影印版，台湾：成文出版社，民国56年（1967年），第207页。

[14] 曾昭璇：《韩江上游地形略论》，《华南师范大学学报》1958年第1期。

[15] 光绪《海阳县志》卷二十二《建置略六》，《中国方志丛书》第64号，第207页。

[16] [清]杨钟岳：《搴华堂文集》，康熙刻本，广东：澄海官沟门宗亲联谊会印，2010年，第70页。

[17] 《重修广济桥东岸第十二墩并重建茶亭记》，转引自饶宗颐、张树人编著：《广济桥史料汇编》，第36-37页。

[18] 《子来局修复广济桥第十一墩记》，转引自饶宗颐、张树人编著：《广济桥史料汇编》，第38-39页。

[19] 光绪《海阳县志》卷二十五《前事略二》，《中国方志丛书》第64号，第253页。

[20] 康熙《潮州府志》卷二《山川》，广东历代方志集成本，第54-55页。

[21] 嘉靖《潮州府志》卷一《地理志》，载饶宗颐编集：《潮州志汇编》第二部，香港：龙门书店，1965年，第57页上。

[22] 《永乐大典》卷五三四五《潮州府·题咏》，载饶宗颐编集：《潮州志汇编》第一部，香港：龙门书店，1965年，第47页上。

[23] 嘉靖《潮州府志》卷一《地理志》，载饶宗颐编著：《潮州志汇编》第二部，第56页上。

[24] 光绪《海阳县志》卷二十六《古迹略一》，《中国方志丛书》第64号，第265页。

[25] [清]郑昌时著，吴二持校注，《韩江闻见录》卷九，上海：上海古籍出版社，1995年，第282-284页。

[26] 光绪《海阳县志》卷二十六《杂录》，广东历代方志集成本，第448页。

[27] 光绪《海阳县志》卷二十六《古迹略二》，广东历代方志集成本，第279页。

[28] [清] 郑昌时著，吴二持校注，《韩江闻见录》卷九，第216页。

[29] 乾隆《潮州府志》第四十一卷《艺文·记》，广东历代方志集成本，第1053页。

[30] [清] 郑昌时著，吴二持校注，《韩江闻见录》卷六，第173页。

[31] [明] 王临亨：《粤剑编》卷一《志古迹》，载《贤博编·粤剑编·原李耳戴》，北京：中华书局，1987年，第58页。

二 广济桥的造型艺术

桥梁是实用建筑，为了满足人类生活中的某种需要而建造的，使用功能是桥梁建筑的核心。桥梁也是造型艺术，桥梁的造型结构需要符合特定自然环境要求。潮州广济桥的浮梁结合结构解决了跨越韩江天堑的陆路交通问题，实现潮州东西两部分的交流，扫除了沿海干线交通的障碍，同时能够确保韩江航道的通畅，保证韩江流域的持续繁荣。浮梁结合结构还很好地解决了韩江汛期排洪的问题，有效保障桥梁的安全。广济桥是一座500多米长的特大桥梁，气势雄伟，浮梁结合结构打破了桥梁结构的单一性，带来了一种别样的美，为桥梁建设者提供了借鉴，也丰富了桥梁造型的内容，同时为观赏者提供了一个自由想象的空间，正是善的内容和美的形式完美结合的典范之作。

（一）广济桥的雄壮美

广济桥长500多米，是河北赵州桥的10倍多、北京卢沟桥的2倍多。广济桥上游10多公里河段，江面宽度在1000米以上。由于地质方面的原因，广济桥附近河段，江面宽度急剧收缩，广济桥建造之时，江面宽约560米。后来因为河床淤积和沿江交通需要，江面宽度又有所减缩，至20世纪50年代末期，桥长为518米。广济桥虽然只有500多米长，但大桥上下游江面宽度仍然保持在1000多米，横跨在如此宽广而又波涛滚滚的江面，大桥显得雄伟而壮观，其气势动人心魄。（图2-2.1）

图 2-2.1 广济桥全景，肖东摄

广济桥桥墩体量之大世上罕见，据1958年维修前测量，桥墩长度最大的达22米，最短的为11米；宽度最小的为6米，大的达13米。桥墩的表面积最小的上百平方米，几座超过200平方米，其他在100 ~200平方米之间。桥墩高度从13米多到16米多。一座桥墩的重量达5000~6000吨。广济桥的桥墩和桥台都是历史上遗留下来的，全部由大型条石垒砌而成。每一条石长度在2米左右，宽度和高度都在50~60厘米之间。石条排列规整，成千上万根大条石整齐而紧密地垒砌在一起，显示了一种巨大的力量。每一座桥墩都像一个巨人站立在江中，气势昂扬，坚定刚强。广济桥横梁的体积也很大，一根石梁重量都在50吨左右，每一根石梁的开采、搬运、安装，都显示了潮州古代民众的智慧和才干。歌德说："凡是把许多灵魂团结在一起的就是神圣的。"为了建造和维护广济桥，800多年来，潮州民众紧密团结，顽强拼搏，前赴后继，不屈不挠。广济桥是神圣的，神圣的桥梁是伟大的。

广济桥上的桥屋既能增加桥身重量，又能防腐防晒，保护横梁，还能减少过往行人受日晒雨淋之苦，实用价值极高。桥屋为中国传统木构建筑风格，由粗大的石柱和厚重的大屋顶构成。木构大屋顶厚重坚实，稳定安全，支撑大屋顶的是直径或边长约40厘米的大石柱。韩江江面非常开阔，如果桥屋过于轻巧会显得弱小，缺乏安全感，厚重的大屋顶和粗大密集的石柱，很好地消解了桥屋处在广阔江面的不安全感。广济桥的桥屋都建在桥墩上，桥墩体量巨大，垒砌桥墩的条石琢磨得非常规整，石条之间砌合严密，整体显得坚固安全。桥墩的上游部分全部做成尖型，尖尖的桥墩，独立的桥屋①，一座桥墩犹如一座巨大的石舫。桥墩体积巨大，从上游看一座桥墩就像一艘巨大的战舰，迎着滚滚江流，昂首挺胸。20座桥墩整齐排列江中，犹如一支宽

---

① 两段梁桥各有一个通航孔，通航孔所处位置是梁桥的制高点，两个通航孔的高度分别是东桥 16.5 米，西桥 15.37 米。

500米，排列密集，整装待发的庞大舰队，气势雄伟，动人心魄。（图2-2.2）巨大的桥墩，粗壮的大石柱，厚重坚实的大屋顶，广济桥是牢固安全的。

图 2-2.2　巨大的桥墩整齐排列

马克思说：巨大的形象使人吃惊，震撼人心。美学家说："宏大的形状，纵使样子难看，然而由于它们的巨大，无论如何会引起我们的注意，激起我们的赞美。"[1]羊大为美，美在肥硕。古人云："宫室壮大于穴居，故制为宫室，取诸大壮也。""大壮"之所以为美，因为它显示了人类力量的强大。又长又大又雄又壮的广济桥，充分显示了潮州古人强大的力量、智慧和才干。

（二）广济桥的灵动美

广济桥是一座浮梁结合的大桥，两段梁桥中间夹着一段浮桥，梁桥稳定坚固，浮桥轻巧灵活，显得丰富而灵动。梁桥高悬空中，如复道行空；浮桥横卧水面，如巨龙卧波，整座桥高低起伏，带给人无限的联想和想象。梁—浮—梁的结构模式犹如蛟龙在两岸间漫游，灵动而活泼。单一的梁桥如果长度太大，会显得单调、呆板，所以桥梁建设者常在桥上增加装饰以消除其乏味。浮桥的介入使广济桥形成梁—浮—梁的结构形式，消除了单一梁桥的单调、呆板和乏味，显得丰富而开放。浮梁结合结构使广济桥多了一些象征性和暗示性，为观赏者提供了一个自由想象的空间，这种象征和暗示又引导观赏者调动自己的生活经验，用联想和想象去诠释这种造型的象征意义，从而使桥梁更具审美价值。浮桥给广济桥带来了一份灵动和刺激，整座桥提供的是开放、巧妙、灵动、刺激的情感体验。浮梁结合结构所带来的情感体验更加丰富，也更加复杂，相对于单一形式的桥梁或浮桥所产生的那种单调、平实来讲，审美效果提高了一个层次。灵动美是最能调动、最能激发审美主体审美潜能的审美内容，浮梁结合结构使广济桥能最大限度地调动观赏者的审美潜能，唤起观赏者独特的情感体验，使观赏者获得独特的审美愉悦。

“一块通体简单的大平面或一条简单的长线，看起来不如加一点变化或来一点中断时那么大、那么长，因为变化或中断就使观者的眼睛觉得有了一种较明确的尺度。但是这种划分和装饰如果弄得过分琐细，观者就只看到这种杂多的琐细方面，比例关系和体积方面的最宏伟的东西就显得遭到破坏了。”[2]广济桥长518米，东西梁桥和中间浮桥的长度分别是283.35米、137.3米、97.3米，在古代，任何一段独立都是一座规模不小的桥梁，不显琐细，不会给观者琐碎杂乱的感觉。恰恰相反，因为是一座500多米的大桥，单一的形式会显得单调。浮桥的介入打破了广济桥造型的单一性，使桥身变得蜿蜒曲折，给人绵延不绝之感，看起来更长更雄伟。浮桥处在两段石梁桥中间，整座桥形成以浮桥为中心的对称结构，显得均衡而稳定。美学家说：“凡是美的都是和谐的和比例合度的，凡是和谐的和比例合度的就是真的，凡是既美而又真的就在结果上是愉快的和善的。”[3]广济桥梁桥跟浮桥的比例是2.8：1：1.4，长度约为280米、100米和140米。500米的梁桥有点长，因为韩江的流量很大，汛期波涛汹涌，特别是洪峰过境时，巨大波浪疯狂地撞击桥墩，如果桥梁太长会有不安全感，分成两段不安全感就自然消解了。如果一直保留广济桥建造之初那样，整座桥为浮桥，那么岌岌可危的不安全感会非常强烈。100米的浮桥不算太长，加上有左右两段石梁桥的护卫，不安全感也被消解了。广济桥梁—浮—梁的结构不仅给人以稳定安全的感觉，梁桥跟浮桥的比例也是合度的，所以广济桥看起来是美的和谐的，它带给观赏者的感受是愉悦的。

广济桥独特的结构改变了潮州古城整体的格局，使古城成为一座巨大的园林。广济桥位于古城东门外，原来目的只是连接韩江东西两岸，消除两岸交通的障碍，浮梁结合结构使连接的目的性降低，多了一些天然之趣和自然之美。高悬空中的梁桥气势恢宏，横卧江面的浮桥灵活巧妙，高低错落使桥梁多了一些灵动，少了一些单调和呆板。梁桥上的桥屋为行人遮阳挡雨，为游客提供观景休憩的场所。桥屋中的石凳为行人提供了休息条件，栏杆给人以安全感，让休息、观景多了一份闲适和自在。亭台楼阁式的桥屋灵巧别致，形象鲜明而丰富，令大桥变得妩媚而多姿。亭阁上的匾额楹联为桥增添了一份诗意，使桥更具人文色彩。广济桥本身就是一道美丽的风景，在一江两岸无限风光中，桥是一个观风赏景的绝佳位置。漫步桥上，韩江两岸风光尽收眼底。梁桥高悬，适合远眺；浮桥卧波，可以近观。浮梁结合结构使广济桥在连接韩江两岸的作用之外多了些游憩、休闲、观赏的功能。这种可观、可赏、可憩让广济桥多了一份中国古典园林的韵味。中国古典园林中的桥就是集沟通、观赏、休憩等功能于一体的建筑物，不仅起着沟通园中水域两岸的作用，还有造景、游憩的功能。古典园林中的桥造型别致，蜿蜒曲折，能给游人带来视觉上的美感和精神上的满足，是园林中的重要景观。漫步桥上观景，游览的空间扩大了，游览的层次增加了，游览的内容增多了，故桥又是重要的观景点。广济桥可眺、可览、可憩，无疑具有古典园林中桥梁的特点。这座桥的存在，除了解决韩江两岸之间的交通问题，更是把潮州古城和韩江两岸连接成为一体，共同构成了一座可观可游的园林。在潮州古城这座巨大园林中，有山、有水、有街道、有民居，有殿堂、有楼阁、有桥梁、有庙宇。北京已经被毁的圆明园中特别建造了象征热闹街市的“买卖街”，是为了增添这座皇家园林的民间性，也使园林内容更加丰富；而潮州这座巨大的园林中有真正的商业街，有各种各样真正对外营业的商铺，有琳琅满目的商品，有络绎不绝的购物游览人

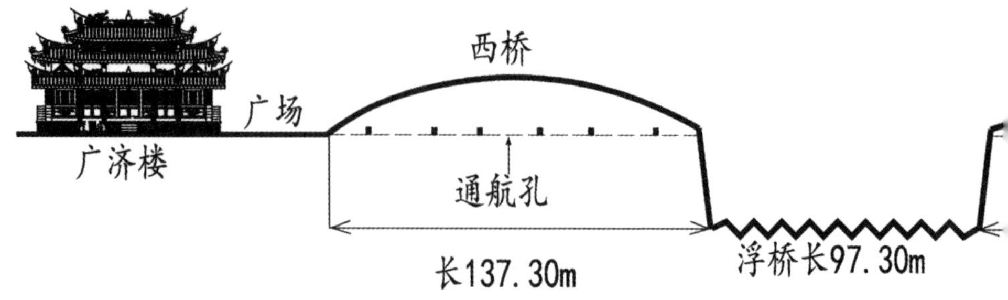

群，比圆明园中的“买卖街”多了一份真实和亲切。江南的园林靠假山湖石造景；而潮州这座巨大的园林中，山巍峨苍翠，水开阔壮观，桥高低起伏，街市真实亲切，比江南园林多了一份雄伟和壮观。潮州这座巨大的园林具有丰富的意境内涵，能够激发人们无限的想象。广济桥独特的浮梁结合结构为潮州古城带来了一种别致的情趣。

“有一种运动比休息更使人松弛舒畅，那就是一种时上时下的和缓的摇摆的运动。” “而松弛舒畅却是美所特有的效果。”[4]梁桥高悬，浮桥低卧，广济桥的桥面高低相间，上下起伏，走在桥上就像在做“和缓的摇摆的运动”，感觉“松弛舒畅”。浮梁结合结构在安全灵动之外还多了一份自在舒适，这种自在舒适让过往行人自然而然地产生了对桥梁建设者才智的欣赏和敬仰之情。这种欣赏和敬仰让桥梁变得不再是冷冰冰的，而是一种激情和灵气的象征，广济桥独特的结构成为潮州人智慧和才干的象征，体现了潮州的文化特色和潮州人的文化追求。

（三）广济桥的韵律美

建筑的韵律美是音乐家、建筑家和美学家都津津乐道的话题。音乐家说“建筑是凝固的音乐”（小提琴家谢林语），又说“音乐是流动的建筑”（德国音乐家普德曼语）。美学家说：“建筑空间和形象中的抑扬顿挫、比例结构的和谐变化，体现了音乐的旋律。”[5]建筑学家说：“节奏和韵律是构成一座建筑物的艺术形象的重要因

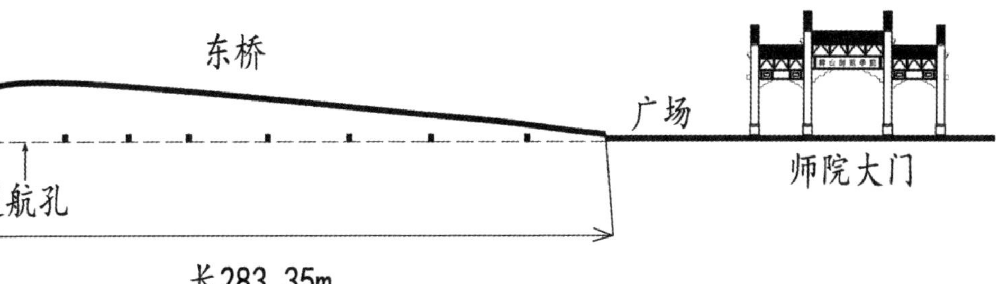

图 2-2.3　石现画

素。”[6]是的，“造型艺术到了最高度完美时，就必须成为音乐，以直观感性的生动性来感动我们”[7]。建筑的点、线、面、体，色调、光影、质感，建筑物的结构和空间组织形式的有规律的重复、有组织的变化，建筑物各部分比例的有秩序的和谐的变化，在透视效果的作用下，能产生有规律的动感，从而形成韵律美。在桥梁造型中，桥梁的整体结构、桥墩和桥孔的结合、桥面上建筑物的造型和空间组合形式都是产生韵律美的重要元素。桥墩有高低，桥孔有起伏，桥梁的旋律也就有了变化。一般桥梁就一起一伏，广济桥由于独特的结构，起伏变化多种多样，相应的韵律也较一般桥梁丰富。

广济桥的整体结构是梁—浮—梁组合，东西为梁桥，中间为浮桥，梁桥长浮桥短，两边稳定中间灵活，两头重中间轻，两端刚中间柔。稳定灵活、轻重刚柔相配合，犹如一首曲折婉转的乐曲。梁—浮—梁的结构使桥面连线呈现高低起伏的变化，东西二段梁桥高，中间浮桥低，整座桥连线起伏明显。两段石梁桥中间各有一个通航孔，通航孔处桥面高度略有上升，由此两段梁桥中各有一个比较低缓的小坡度。于是，整座桥桥面形成了一种运动态势：平缓上升，缓慢回落，迅速下降，平移，快速提升，接着又是一个缓坡慢慢升起再缓缓回落。这样波澜起伏所形成的节奏自然而然会产生活泼而富有活力的运动感，同时会使方向明确起来，形成一定的导向。在这种运动感和方向感的暗示下，走在桥上，会有愉快的和连续的趣味。（图2-2.3）广济桥东西两端各有一个广场，东桥广场结束于百年学府韩山师范学院，西桥广场止于有600多年历史的广济楼。学院大门为牌坊式，四柱三门，翘角飞檐，绿色琉璃瓦搭配黄色门柱，古朴别致。广济楼是广济门城楼，矗立于城墙之上，飞阁流丹，朱栏槅窗，雕梁画栋，别致典雅。（图2-2.4、图2-2.5）古朴刚劲的广济桥与典雅精致的城楼和牌坊完全融为一体，蜿蜒起伏宛如一首弹奏了千年的古曲。这首曲子主题明确、节奏鲜明、高低起伏，有轻快有舒缓，有序曲有尾声，有始有终，非常完美。梁桥上的亭台楼阁高低错落，亭阁顶端的连线高低起伏，舒缓自如，连绵不断；桥上亭阁虚实相间，时而浑厚，时而轻快，充满韵律之美。广济桥梁桥的栏杆为白色石柱，形式一样，高度相同。浮桥上的栏杆为原木，褐色立柱，也是大小一样，高度相同。远远望去大桥的栏杆就像一条白色的飘带轻轻盘绕在桥身，随着桥面的高低起伏而飘动，富有韵律美。韵律能够产生情趣，桥面连线的高低起伏和栏杆连线的轻柔飘逸使广济桥有了一种连绵不断的美感。韵律是感性的，韵律美使广济桥显得趣味盎然。（图2-2.6）[8]

图 2-2.4　韩山师范学院校门

图 2-2.5　广济楼

韵律的形成离不开节奏。“从节奏而来者，如相同几点在一相同距离内之轮回也，此种周期式的轮回，能使人得到一致的、全体的印象，其在空间亦有表示轮回之暗示，如音乐之有节奏者。”[9]有规律的重复可以产生节奏，在艺术形象中，形式相同、距离相当的周期式

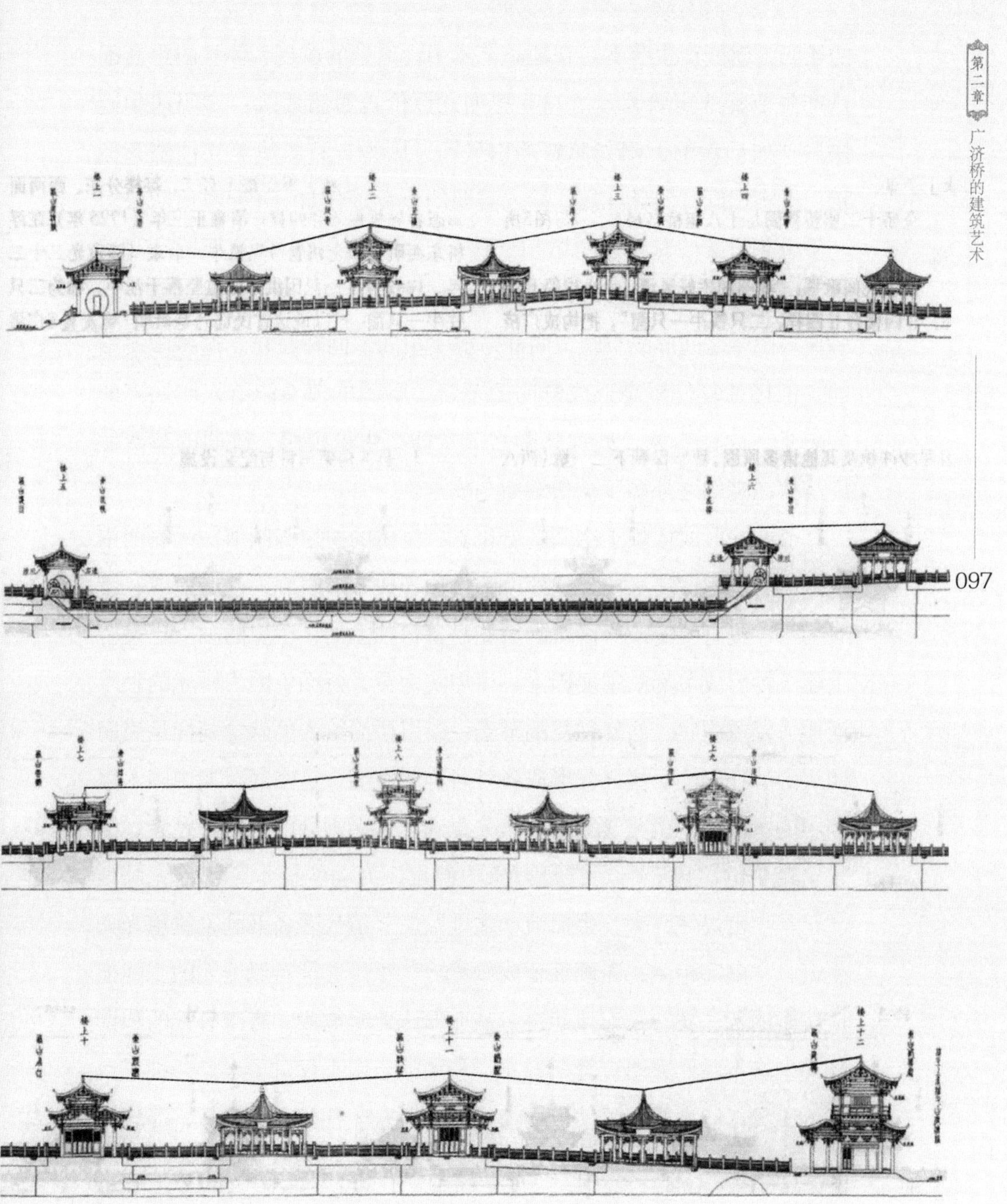

图 2-2.6 桥屋立面图

的轮回，就能产生节奏。在建筑艺术中，造型的重复、体量的重复都是产生节奏的重要因素。马克思如此评价古希腊建筑："明朗和愉快""如灿烂的、阳光照耀的白昼"，因为古希腊建筑立柱整齐稳定，虚实相间，回环往复，给人鲜明的节奏感有如阳光照耀般明快。广济桥东边梁桥有12座桥墩和1座桥台，12个桥孔，西边梁桥是7孔8墩。虚实相间，回环往复。广济桥的桥屋都建在桥墩上，各自独立，桥屋与桥屋之间形成空隙，同样是虚实相间，回环往复。这些虚实相间、回环往复使桥身形成鲜明的节奏。鲜明的节奏能给人明快爽朗的感觉，如沐春风，如迎朝阳。节奏能产生稳定感，鲜明的节奏使广济桥在爽朗之外多了一份稳定与安全。

节奏的形成依赖于空间的变化。广济桥的桥屋与闽浙山区和西南地区的廊桥不同。廊桥是整座桥的桥屋连成一道长廊，没有隔断，没有变化，没有节奏。广济桥的桥屋是各自独立的，桥屋的独立正是桥上建筑物形成节奏的主要因素。桥屋实而重，桥面上因为桥屋的独立而形成轻重虚实、回环往复的节奏，所以桥面给人的感觉同样是爽朗明快的。独立的桥屋之间形成各种各样的空间，这空间有如中国水墨画中的留白，著名美学家宗白华先生说"这无画处的空白正是老、庄宇宙观中的'虚无'。它是万象的源泉，万动的根本"，这无画处"正是宇宙灵气往来，生命流动之处"。[10]清代著名书画家笪重光先生云："虚实相生，无画处皆成妙境。"正是这种看似虚无的空间把广济桥的各"实"处连接起来，从而形成此起彼伏、有张有弛的和谐韵律。古希腊作家朗吉驽斯说："和谐的乐调不仅对于人是一种很自然的工具，能说服人，使人愉快，而且还有一种惊人的力量，能表达强烈的情感。"[11]广济桥鲜明的节奏、和谐的韵律给人带来愉悦的情感体验。

参考资料：

[1] [英]荷迦兹：《美的分析》，中国社会科学院文学研究所编：《古典文艺理论译丛》第5期，北京：人民文学出版社，1963年，第33-34页。

[2] [德]黑格尔著，朱光潜译：《美学》第三卷上册，北京：商务印书馆，1979年，第75页。

[3] [英]夏夫兹博里著，朱光潜译：《杂想录》第三部分第二章，载北京大学哲学系美学教研室编：《西方美学家论美和美感》，北京：商务印书馆，1980年，第94页。

[4] [英]博克：《论崇高与美》，中国社会科学院文学研究所编：《古典文艺理论译丛》第5期，第33-34页。

[5] 朱光潜：《西方美学史》上卷，北京：人民文学出版社，1979年，第53-89页。

[6] 梁思成：《中国建筑艺术二十讲》，北京：线装书局，2006年，第二讲。

[7] 朱光潜：《西方美学史》下卷，1979年，第451页。

[8] 图片来自吴国智：《广济桥亭台楼阁复建设计》，《古建园林技术》2008年第2期。

[9] 宗白华：《美学散步》，安徽：安徽教育出版社，2006年，第147页。

[10] 宗白华：《艺境》，北京：北京大学出版社，1987年，第83页。

[11] [雅典]朗吉弩斯著，朱光潜译：《论崇高》，载北京大学哲学系美学教研室编：《西方美学家论美和美感》，北京：商务印书馆，1980年，第49页。

三 广济桥的装饰艺术

中国古桥自来就是一种实用性和观赏性并存的建筑物。唐寰澄先生说：“桥梁艺术，要求美的形式，结合善的内容，文采和实质相协调，取得和谐的效果。”[1]这里所讲的“桥梁艺术”包括桥梁的结构形式和装饰。中国人很重视桥梁的装饰，古人尤甚，古桥建设者大多把建造实用美丽的桥梁作为奋斗目标，所以中国古桥的观赏性都很强。

正如唐寰澄先生所言：“桥梁文化是民族文化中一区艳丽的花圃。”[1]中国古桥装饰内容丰富多彩，有寄寓玄意的，有表达禅思的，有借助神力以弥补人力不足的，有展示当地民俗风情的，也有表达各民族独特文化的。装饰的方法也多种多样，文字、图画、雕塑、建筑等都是古桥装饰中常见的形式。装饰不仅提高了中国古桥的审美价值，也为人们提供视觉的享受和心灵的美感愉悦，为地方社会提供亮丽的风景。

古桥装饰材料和题材的选择、装饰的手法以及装饰的技术水平，都是一个地区人们信仰追求和审美意识的反映，也是一个地区人们的艺术创作水平和艺术欣赏水平的反映。广济桥是潮州历史文化重要的载体，其装饰体现潮州民众的审美理想和艺术欣赏水平。

（一）广济桥的古代装饰

1. 桥屋

潮州广济桥最初为浮桥，一座大石墩加上86只梭船，以实用为主。南宋淳熙元年（1174年）知州常祎修桥，“役毕，余力犹裕，遂创杰阁于西岸，以镇江流，名曰仰韩，以韩文公遗迹，实与是阁对也”[2]。此时的仰韩阁为观风赏景，更为镇水，同时还有纪念韩文公的意义。史载：“东顾则闽岭横陈，西望则浰江直泻。南连沧海，弥漫而莫睹津涯；北想中原，慷慨而益增怀抱。势压滕王阁，雄吞庾亮楼。檐牙共斗柄争衡，砌玉与地轴接轸。树木张四时之锦，屋庐环万叠之鳞。溪流滉漾以连空，山色回环而入座。登高寓目，足以豁羁客之愁；对景赋诗，庶几动骚人之兴。固一方之壮观已。”[2]气势雄伟，装饰精美。滕王阁是江南三大名楼之一，位于江西省南昌市赣江东岸，楼前江面开阔，气势雄伟，唐代王勃名篇《滕王阁序》名扬天下。庾亮楼在湖北省鄂州市，据《武昌县志》载，楼原为三国时吴王孙权之端门，气势高阔雄浑，唐代诗人李白曾为楼题诗，历代名人墨客也咏叹不绝。“势压滕王阁，雄吞庾亮楼”，作者以滕王阁、庾亮楼两大著名建筑的雄伟壮观反衬仰韩阁，仰韩阁之雄壮不言自明。据南宋潮州先贤张羔《仰韩阁记》载：“……复计余缗，创杰阁于岸右。赎地辟基，甃石捍溢，隆栋修梁，重檐迭级。游玩览眺，遂甲于潮。”[3]其时现在粤东的潮州、汕头、揭阳、梅州4市都为潮州府辖区，所以“甲于潮”即为粤东第一，是粤东地区的地标性建筑。自古名胜有赖诗文流传，滕王阁“遇到”王勃，而仰韩阁缺“王勃”，所以没能够像滕王阁那样名扬四海。建筑艺术比其他任何艺术形式与经济的关系更加密切，重要建筑是地区社会经济水平的反映，从装饰可以看出南宋时期潮州社会经济非常繁荣。

桥屋是广济桥装饰的重要内容，从淳熙元年建造仰韩阁之后，每次造新桥墩，都在墩上建桥屋。桥屋的形式也多种多样，或楼或阁，或亭或榭。潮州历史典籍记载如下：南宋淳熙元年，“创杰阁于西岸”；淳熙六年，西岸建登瀛门，“左掖曰三已亥堂，右掖曰南州奇观。增石洲二，筑亭其上，东曰冰壶，西曰玉鉴，中曰小蓬莱”；淳熙十六年，“絙（大绳索）以坚木，石覆以华屋”；绍熙五年，“蟠石东岸，结亭于前，扁曰挹秀，与登瀛门对峙”；庆元二年，“更挹秀亭曰济川亭，以止过客，亭之后曰见思庵”；嘉泰三年，“东岸增崇石洲故址，屋覆其上，砖甃其下，面桥为亭，名悉仍旧。大书题匾，侍郎陈说笔”；开禧二年，“接济川桥之西，增筑石洲五，修其旧者一，亦屋覆而砖甃之。沿用旧名，曰小蓬莱”；端平初年，“以桥屡经溪洪风飓之余，亭屋俱弊，悉整而新之。中匾玉鉴，与小蓬莱对。辟二亭，面北曰飞跃，为祝圣放生之所；面南曰盍簪，为礼贤宾饯之所”；景定三年，“修缮桥屋四十间，桥舟二十四。邦人建游侯生祠于济川桥”；宣德十年，“累石为墩二十有三，上架以巨木，架亭屋百二十六间”；弘治十年，“重修石洲三而梁之，建亭屋二十间”；嘉靖九年，“立桥东西二亭，以息过客”；万历三十四年，“缀梁以木，结栏以砖，而浮桥楼亭，一一缮治”；康熙六年，“重建宁波寺”…… 可见桥屋一直是广济桥装饰的重要内容。

桥屋的装饰也一直深受重视，几乎每次维修或重建桥屋，都命名题匾。题名题匾的人都是当时地方主要官员或德高望重的乡贤，如淳熙元年题“仰韩”阁匾的是当时福建市舶使虞似良；南宋嘉泰三年大桥发生火灾，维修后匾额是侍郎陈说所题；元至正六年维修时题“仰韩”阁匾的是当时任佥都御史周伯温。南宋时期国家鼓励外贸，海外贸易兴盛，福建是当时对外贸易最兴旺的地区，泉州是当时世界第一大港，福建市舶使是南宋非常重要的官职。福建市舶使为仰韩阁题匾，除了因为当时潮州多数官员来自福建之外，应该还有当时潮州在对外贸易中占有重要地位的原因。

桥屋的作用多种多样，有“镇江流”“祝圣放生”“宾饯”“止过客、息过客”，有作为祭祠的，也有专门为观风赏景或专门用于装饰的。如淳熙元年所建的仰韩阁，后来的宁波寺、巧圣寺，都寄予“镇江流”的期盼。景定三年建的游侯祠、宣德十年建的王公祠，都是纪念为潮州社会做出杰出贡献的父母官而建的。庆元二年的济川亭、嘉靖九年的东西两亭，则用于“息过客”。端平初年所建放生台，为的是给民众提供一个“祝圣放生”的去处，与之相对的盍簪亭，则是为送别之人提供的饯别场所。

桥屋的建筑和装饰极大提升了广济桥的观赏性。嘉靖《潮州府志》载："亭榭楼园皆足为形胜之助，自越王埒①以下何其盛也。"[4]这里"越王埒以下"即指韩江潮州古城段，此记载显示古城所处河段两岸周边景观不仅盛而且美，其中广济桥是一江两岸景观的核心。"南州奇观"是广济桥重要的装饰，始建于南宋淳熙六年，在西桥入口，面向大江，有衔远山吞长江之势。据《永乐大典》卷五三四三《潮州府·桥道》载："南宋淳熙六年（1179年）知州朱江建登瀛门，左掖曰三己亥堂，右掖曰南州奇观，增石洲二，与旧为三，筑亭其上，东曰冰壶，西曰玉鉴，中曰小蓬莱。"

中国神话中有海外仙山的传说，据传海上曾有岱舆、员峤、方壶、瀛洲、蓬莱5座仙山。《列子·汤问》载："渤海之东不知几亿万里，有大壑焉，实惟无底之谷，其下无底，名曰归墟。八纮九野之水，天汉之流，莫不注之，而无增无减焉。其中有五山焉：一曰岱舆，二曰员峤，三曰方壶，四曰瀛洲，五曰蓬莱。其山高下周旋三万里，其顶平处九千里。山之中间相去七万里，以为邻居焉。其上台观皆金玉，其上禽兽皆纯缟。珠玕之树皆丛生，华实皆有滋味，食之皆不老不死。所居之人皆仙圣之种；一日一夕飞相往来者，不可数焉。而五山之根无所连着，常随潮波上下往还，不得暂峙焉。"据言，后来岱舆、员峤两山流于北极，沉入大海，剩下方壶、瀛洲、蓬莱3座山。后世，海上三仙山成为仙境的代名词，象征自由美好和长生不老。西汉武帝在长安建造建章宫时，在宫中挖太液池，池中堆筑3座岛屿，取名为"蓬莱""方丈""瀛洲"，象征仙境。广济桥桥屋名为"冰壶""玉鉴""小蓬莱"，即象征海外仙山，蕴含潮州是人间仙境之意，极大提升了广济桥和潮州的文化意蕴。南宋淳熙八年

① 王埒，即越王走马埒。嘉靖《潮州府志》卷一《地理志》载："越王走马埒，在县北十里，南汉刘鋹祖安仁为潮长史时筑。"

（1181年）冬杨万里来到潮州，对广济桥美景大加赞赏，作有《登南州奇观》二首：

前临大江浮桥，江心起三石台，皆有亭。

其一

海边楼阁海边山，云竹初收霁日寒。
看着南州奇观了，人间山水不须看。

其二

玉壶冰底卧青龙，海外三山堕眼中。
奇观揭名浑未是，只消题作小垂虹。[5]

韩江江面宽广，水深流急，桥墩正是人类智慧和力量的结晶，“玉壶冰底卧青龙，海外三山堕眼中”，正是着眼这三大人类力量的成果。江面开阔，三山屹立，苍龙飞腾，气势磅礴，诗人忍不住发出“看着南州奇观了，人间山水不须看”的赞叹。

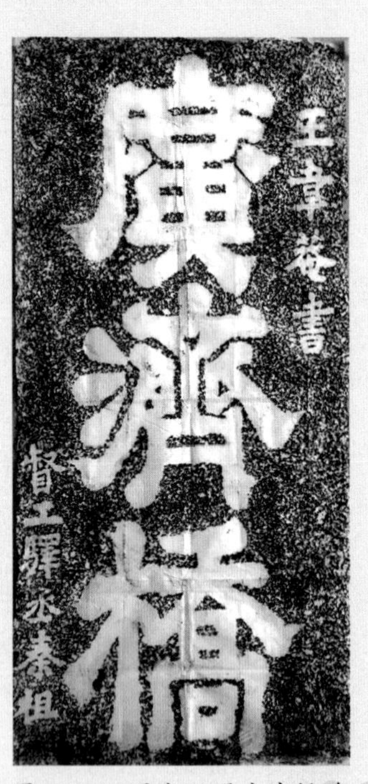

图 2-3.1 明代王源广济桥碑拓片

明宣德十年（1435年）知府王源修桥，造屋126间，其中高楼12座，横跨桥面，分别命名题匾，东西两端楼上重檐，为联为匾。（图2-3.1）整座桥环以栏槛，五彩装饰，美轮美奂。时会稽人，太史姚友直写下名篇《广济桥记》[见附录（一）[6]]，成为后人了解这座千年古桥的重要文献。

明代潮州先贤，时任江西提学佥事李龄作有《广济桥赋》，通过李龄的文章我们可以进一步了解当时这座桥的富丽堂皇：

巍乎高哉，寥兮如飞梁度江，恍乎若长龙卧波；复道行空，俨然如乌鹊横河。鞭石代柱，崇台峨峨，西跨瀛城，东襟鳄渚，直走于韩山之阿。方丈一楼，十丈一阁，华棁彤橑，雕榜金桷，曲栏横槛，丹漆黝垩，鳞瓦参差，檐牙高琢。起云构于鸿蒙，倚丹梯于碧落；朱甍耸兮欲飞，龙舟萦兮如束。琐窗启而岚光凝，翠纷开而彩霞簇；灵兽盘题而蹲踞，青鸾舞栋以翱翔。天吴灵胥，拥桥基于水府；丰隆月御，列遗象于回廊。石苔斑兮欲驳，激琼波兮响琳琅。金浦烂其浴日，瑶珹灿以凝霜。虽琼楼玉宇，不足以拟其象，而蓬莱方丈，适足以并其良。陋崔公之微绩，视洛桥兮有光。[7]

桥上五步一楼，十步一阁，鳞瓦参差，檐牙高琢，曲栏横槛，丹漆黝垩，长桥卧波，复道行空，不是仙境胜似仙境。

2. 厌胜

厌胜即厌而胜之之意，为旧时我国民间一种避邪祈吉习俗，如桃符、门神、八卦避凶避邪的做法。

洪涝灾害是桥梁安全最大的威胁，往往费尽千辛万苦建造的桥梁，一场洪灾就冲垮。保护桥梁最重要的是镇水，所以厌胜是中国古桥装饰的主要内容。在桥上、桥边安置镇水神兽，或在桥身雕刻神兽是镇水常用的方法。四川都江堰建成之后特别雕刻了5头石犀置桥边水边，河北赵州桥桥身雕刻蟠龙，北京卢沟桥栏杆雕刻石狮，颐和园十七孔桥边安放铜牛，以及黄河沿岸险要处安置铁牛等做法，都为镇水。我国东南和西南地区在廊桥上安置神龛，也为镇水保平安。

由于地理位置、气候和地形等因素的影响，韩江流域降水量特别大，洪涝灾害频繁，广济桥与大多数中国古桥一样，以厌胜为装饰的主要内容。广济桥第一座楼阁“仰韩阁”即为“镇江流”而建。早年桥边有宁波寺，后来移到桥上，同样为“镇江流”，后世每加维修，清代寺中还祀有十八罗汉及二十四桥墩神。屡坏屡修说明潮州民众对其非常重视。广济桥边原来立有“洪水止此”碑，据传为韩湘子亲笔书写。雍正《海阳县志》有“广济桥石碣”条曰：“广济桥畔旧有大碣，镌‘洪水止此’四字，传为韩湘子笔，故从前少水患。康熙年间，郡守张自谦建榷馆其上，为董工役所占，已连年水灾，撼城折桥，当事觉之，遍求不得，盖已为役盗鬻，石工琢灭。”[8]清代寓居潮州的安徽贵池人姚竹园《湘桥》诗有“清夫赫然下一碣，气蹑水族皆逃藏”句，说的是石碣镇水的意义。有学者指碑为韩湘笔是“讹言”，笔者认为与其说是“讹言”，不如说是潮州民众借以表达对韩文公的敬仰和怀念之情。饶宗颐先生《广济桥志》有“近岁重修凰凰台，于近台基水处，得一缺石，篆书‘洪水止’三字，不箸书者姓名，当即此碑。志谓为石工琢灭，殊属虚构。今石移置凤凰台下”的记载。因为张自谦建榷馆之后洪灾频发，又刻一碑重置桥边，所以后来有学者认为凤凰台所得碑为后刻。虽然关于“洪水止此”碑至今说法不一，但是希望借碑镇水的愿望则是相同无疑。

“洪水止此”碑丢失后洪灾频而且烈，张自谦又铸了两只铁牛放置桥上，希望能够压住洪魔。光绪《海阳县志》载：“清雍正二年（公元1724年），知府张自谦，倡缙绅士庶，修石墩一，铸铁牛二，列东西岸，以镇水患。”[9]两只铁牛在桥上站了100多年后，其中一只在清道光二十二年（1842年）七月一次洪峰过境时被冲入江中，故潮州童谣唱道：“潮州湘桥好风流，十八梭船廿四洲。廿四楼台廿四样，二只铁牛一只溜。”光绪《海阳县志》载：“广济桥东西有铁牛二，铸自雍正二年，取丑艮土止水之义，尝闻金入水逆游，铁牛昔沉于江，溯数仞得之。”[10]关于两只铁牛的去向，民间有说20世纪50年代潮州制鼎厂为完成某一任务缺少原材料，被当成原料处理；也有说

图 2-3.2　清代铸造的铁牛，图片来自潮州市大桥办公室

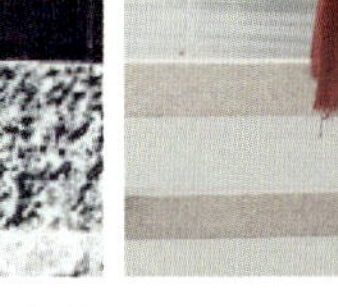

图 2-3.3　新铸造的铁牛

"文革"时被当成"四旧"送进铸鼎厂熔炉，不管怎么说，两只铁牛是特殊历史原因而失去。改革开放初期，潮安县政府重新铸造一只铁牛放置桥上，牛为站立姿势，面向上游，昂首挺胸，目视前方神态刚毅，牛背上镌"镇桥御水"四字，显示镇水保平安的期盼，"二只铁牛一只溜"景观重回潮人视野。（图2-3.2、图2-3.3）

用牛镇水在我国有很长的历史，传说大禹治水就曾使人刻牛置水旁。北京颐和园十七孔桥的铜牛背上刻有铭文："夏禹治水，铁牛传颂，义重安澜，后人景从。制寓刚戊，象取厚坤，蛟龙远避，讵数鼍鼋。溕此昆明，潴流万顷，金写神牛，用镇悠永。巴邱淮水，共贯同条，人称汉武，我慕唐尧。瑞应之符，逮于西海。敬兹降祥，乾隆乙亥。"[11]从这段铭文看，铜牛的设置是依大禹铸铁牛治水说而为，说明古代人们深信铁牛能治水。李冰治蜀，刻石犀置水旁。汉代扬雄《蜀王本纪》载："江水为害，蜀守李冰作石犀五枚，二枚在府中，一枚在市桥下，二枚在水中，以厌水精。"东晋常璩《华阳国志》载："李冰昔作石犀五头，以厌水精，穿石犀渠于江南，命之曰犀牛里。后转二头府中，一头府市桥门，二头沉之于渊。"明代高韶《都江堰铁牛记》载："灌有都江堰，自秦蜀李公冰，合其子二郎，凿离堆创筑之，以障二江水。爰作三石人，五石犀以镇江水，以厌水怪。"犀也是牛，说明早在李冰时代人们就深信牛能镇水。2013年

初，四川天府广场附近出土一头石犀，考古学家断其年代上限在战国末期，据史料推测为李冰所刻五石犀之一，进一步证明史籍所载的真实性。据宋代欧阳修《集古录》载："（李冰）刻石为五犀，立于水旁，与江誓曰：'后世浅无至足，深无至肩。'谓之誓水碑。""与江誓"看起来是与江约定，实际上告诫后人水至足时要及时筑坝或下闸蓄水，水深近肩时要及时起闸泄水。后来，石犀测水的作用被人遗忘，"厌胜"法则广为流传。

牲牛镇水取的是牛力气大，所谓"寓精奇物，壮趾坚贞，首有如山之正，角有不崩之容"。牛不仅力大，更能克水。中国古代五行学说认为金、木、水、火、土五行之间相生相克，金生水，水生木，木生火，火生土，土生金；金克木，木克土，土克水，水克火，火克金。牛属土，《易经·说卦传》曰："坤为地，为母，为布，为釜，为吝啬，为均，为子母牛，为大舆，为文，为众，为柄，其于地也为黑。"就是说，坤为地，也为牛，牛代表土，按五行相生相克理论，土可克水，所谓水来土掩，是也。用牲牛镇水，除了土可克水外，还有水是龙，龙畏铁之意。《荆州万城堤志》载："清乾隆五十三年（1788年）十一月，上谕：'向来沿河险要之区，多有铸铁牛安镇水滨者。盖因蛟龙畏铁，又牛属土，土能制水，是以铸铁肖形，用示镇制。'次月，湖广总督毕沅铸造镇水铁牛九具，置放于险要堤段。"明代于谦《镇河铁犀铭》言："百炼玄金，熔为真液，变幻灵犀，雄伟赫奕。镇御堤防，波涛永息。安若泰山，固若磐石，水怪潜形，冯夷敛迹。"说明铁牛镇水运用广泛。广济桥置牲牛镇水既为古制，也表达了潮人征服自然，祈求大桥平安的愿望。

（二）广济桥当代装饰的审美特点

1. 多样性

2003年的维修在加固桥墩横梁的同时，也恢复了广济桥"十八梭船廿四洲，廿四楼台廿四样”的历史风貌。此次维修，共在桥上造屋30间，分殿式阁和桥亭两种，其中殿式阁12座，桥亭18个。殿式阁为方形，或正方或长方，一阁独占一墩，横跨桥面。桥亭两亭合一墩，依地形而为，或曲折或高耸，形态各异。阁皆东西向命名，匾额楹联，合“廿四楼台廿四样”古韵。12座殿式阁有12种屋顶形式，西桥自西往东分别是“丁字歇山顶”“歇山重檐攒尖顶”“歇山重檐出拜亭顶”“歇山出抱夏卷棚顶”“跌落三山式歇山顶”；东桥自西往东是“跌落木星歇山顶”“西出抱夏十字歇山顶”“重檐十字歇山顶”“前后抱夏十字歇山重檐攒尖顶”“重檐歇山出抱夏卷棚顶”“前后敞廊重檐歇山顶”“周迴廊出卷棚抱夏二层平座重檐歇山顶”，皆庄严而不失精彩。桥亭分立大桥中轴线两侧。相对殿式阁而言，桥亭显得灵活多样。首先是形态各异，有三角、四角、六角，也有八角。有长且曲，有小而高，也有宽敞通透；有方有圆，或上圆下方以法天地，都因地制宜，顺势而为。桥亭屋顶形式也多种多样，如西桥第二墩，设南北两亭，面宽各为三开间小三角，屋顶为“五角攒尖顶”；西四墩，墩南侧为“跌落三山式悬山顶”，墩北侧为“曲拐翼廊跌落式五角攒尖顶”；西七墩两侧都为三开间之“三角攒尖顶”；东十二墩南侧为“跌落岔角悬山顶”，北侧为“歇山连攒尖顶”；等等。30间桥屋，屋顶形式超过20种，充分体现了中国传统建筑屋顶形式多种多样的特点。[11]（图2-3.4）

图 2-3.4　广济桥上的木雕

桥上的亭台楼阁，或巍峨壮观，气势磅礴；或因地制宜，顺势而为；有刻意缩小内部空间以显精致，也有用曲折的办法增加亭子的长度；有就势围合宽敞明亮，也有利用重檐或建个小楼增加高度。既有庄严肃穆，也有灵动活泼。如东桥第十二墩，分南北各造一亭，北面迎水坡为分水尖，南面背水坡为斜平直长尖形墩，故墩南侧是面宽三间、单间进深的“跌落岔角悬山顶”亭屋，北侧是面朝向桥中间三角攒尖朝外侧、面宽三间的“歇山连攒尖顶”亭屋。东桥第十墩南北两面都有分水尖，南面的分水尖比北面尖短而且两侧斜边呈西长东短的歪斜尖形，依墩形南北两侧的亭子都是五开间的“曲拐翼廊跌落式五角攒尖顶”。[12]种种因地制宜、顺势而为使桥上建筑在庄严之外多了活泼灵动，给人赏心悦目之感。

中国传统建筑最突出的特点是墙倒屋不塌，砖木结构，木柱、木屋架、卯榫拼接，墙只起围蔽作用，没有支撑功能。大屋顶是中国传统建筑最醒目的部分，在建筑外观中占据最重要的地位。原来的屋顶只有直线形成的面，显得沉重而呆板，后来经过匠人苦心钻研，在屋顶加入翘角，创造了弧线，使沉重呆板的大屋顶有了灵动的感觉。日本学者称中国屋顶为“盖世无比的奇异现象”，本来应该笨重、呆板的大屋顶却有飘逸感，这正是中国建筑屋顶奇异的地方。桥屋飘逸而又灵活多样的屋顶给广济桥带来了灵动的气息，如跂斯翼，如矢斯棘，如鸟斯革，如翚斯飞，整齐排列的亭台楼阁犹如一队排列整齐的飞鸟在江面展翅翱翔，非常壮观。

国外学者研究显示：“多样性是整个中国艺术的特征，无论是在王朝统治时期还是王朝统治之前。风格的变化来自技术的发明或文化的偏好。”[13]广济桥桥屋一致的风格和多样的造型、多样的屋顶形式，正体现中国艺术多样性的特征。“统一和变化”也是古典建筑的重要特点之一。梁思成先生说：“翻开一部世界建筑史，凡是优秀的个体建筑或者组群，一条街或者一个广场，往往都以建筑形象重复与变化统一而取胜。说是千变万化却又千篇一律。”[14]这样的变化和统一看似复杂却又秩序井然，在不雷同和不杂乱之间展现出丰富的层次和内涵，正如德国著名桥梁专家莱翁哈特所说，美可以在变化和相似之间、复杂和有序之间展示从而得到加强。《易经·系辞》曰：“物相杂，故曰文。”意思是说，整体中不同部分，错杂而有规律地组合起来，可以产生文采。艺术中这种同中有异，又相辅相成，协调一致的组合同样能产生美。广济桥丰富多彩的桥屋呈现的正是不同层次的美。

2. 简朴的风格

与中国许多古桥一样，广济桥装饰也离不开石雕和木雕。桥上亭台楼阁中藻井、斗拱、雀替、出檐等部位，都有或深或浅的木雕装饰，但是都很简单。浅浮雕只简单摹其轮廓，深雕也是粗略凿出形状，都不做精细打磨。（图2-3.5）栏杆是中国古桥装饰的重点，但广

图 2-3.5　造型多样的亭台楼阁

济桥的栏杆也非常简单，无论梁桥还是浮桥，都是“直栏横槛”，如果说装饰，也只是梁桥栏杆柱头削成花瓶状而已。（图2-3.6）“民不能忘”坊是桥上装饰的重点之一，但也是简单处理。两柱单间，没有斗拱楼檐遮盖，仅在柱间穿以祥云刻板，柱头以石雕花瓶装饰，夹杆石削成半葫芦状而已，简洁朴素。（图2-3.7）这些装饰都为表达吉祥美好，福泽绵延的愿望。

图 2-3.6　广济桥的梁桥栏杆

图 2-3.7 “民不能忘”坊

精细是潮州文化突出的特点。绣花式种田，潮绣繁多的技法和丰富的色彩组合，抽纱的抽通重结，石雕、木雕的精雕细刻，工夫茶的繁琐讲究，潮菜的粗料精做以及多样的制作方法，一菜一酱碟的要求，无不精细。距离广济桥不到500米的唐代古寺开元寺中，石雕、木雕、潮绣等装饰皆极其精致，其精美程度堪称无与伦比。这些与广济桥的简单形成鲜明对比。广济桥装饰的简单看似有违潮州文化传统，但正是潮州人务实精神的表现。广济桥处在风口浪尖，洪水冲击，台风侵蚀，桥的构件和装饰都很容易损坏，过于精雕细刻有违潮人节俭务实的品质。（图2-3.8、图2-3.9、图2-3.10）

广济桥装饰简约但不是简陋，题材的精心选择、构图的饱满均衡、雕刻方法的多种多样都说明建造者非常用心。如“直栏横槛”，看似很简单，但四条横放的条石中，第三条采用侧放，一下子栏杆就多了些灵动的气息，内容也变得丰富了。又如，在桥屋的屋顶中安排了一个藻井，这样亭台楼阁的中心就显示出来了。雀替有承重的功能，所以用浅浮雕祥云装饰；垂花柱主要起装饰作用，没有承重功能，因而用深雕。这些都可以看出建造者的用心。

图 2–3.8　潮州古建筑装饰木雕

图 2–3.9　潮州古建筑装饰石雕

图 2-3.10　广济桥的浮桥

艺术之美在手法，更在格调，简约之美，美在格调。“美学之父”鲍姆嘉通说：“艺术最忌有多余的东西，只要不妨碍美，应当把不必要的东西尽量去掉。”我国当代著名建筑家熊明先生说：“简约意味着表现力更丰富，格调更高。”[15]正如日本学者岩山三郎所说：“西方人看重美，中国人看重品。西方人喜欢玫瑰，因为它看起来美，中国人喜欢兰竹，并不是因为它们看起来美，而是因为它们有品。”我国著名学者季羡林先生认为：“这种看重品的美学思想，是中国精神价值的表现，这样的精神价值是高贵的。”[16]唐寰澄先生说：“桥头或桥上雕镂刻凿，似乎是可有可无，完全为了装饰。若赋予雕镂一定的积极的思想内容，装饰便具有生命力。……从艺术观点看，一座朴实无华的桥梁，在适当的部位，如近人、近水、较大的板实平面、建筑部件的首尾等加以雕琢，增加了刚柔、虚实、简繁、华实、阴阳（光影）等变化，使桥梁更具魅力。”[17]装饰的简单并没有影响广济桥的美观，反而使桥显得更为淡雅朴实，更具想象空间，格调更高。

在桥上建“民不能忘”坊是沿袭广济桥旧制。光绪《海阳县志》载：“民不能忘坊为太守刘浔、分司吴均建。”[18]“道光二十二年大水，决东岸石墩，圮者六，损者二，坏者一。决西岸石墩，圮者三，木石桥梁，损失殆尽。……于是知府吴均捐廉续修石墩三……吴均去任，知府刘浔捐金足之，以二十九年五月桥成。”[19]林大川《韩江记》载：“道光间桥坏，郡守吴均为起大工，彻底修造，廿九年己酉夏五月告成，万民德之，建‘民不能忘坊’于桥上。”[20]此坊初建于1849年，2003年维修时重建。

牌坊源于唐代，原为街区的标志。唐代的街区称坊，坊口树牌以标坊名，此为牌坊的由来。牌坊的建筑结构雏形是衡门及华表柱。[21]衡门造型为立两柱上架以横木，“因其形制象车衡，所以古称‘衡门’”。华表，又叫桓表或桓木。《汉书·尹赏传》有载：“……便舆出瘗寺门桓车。”注文为：“如淳曰：旧亭传于四角面百步筑土四方，上有屋，屋上有柱出，高丈余，有大板贯柱四出，名曰‘桓表’，县所治夹路两边各一桓。”师古说：“即华表也。”在许多汉画像石刻和元代画作中可以看到华表的形状，为木柱上两块十字交叉的板。华表主要立于官署、驿站和路口、桥头两边，作为一种识途的标志。《中国大百科全书》关于牌坊的解释是：“牌坊又称牌楼，是一种只有单排立柱，起分划控制空间的建筑。”牌坊以简单而细致的手法形成独特的建筑形式，在中国古代建筑中独树一帜。中国古代建筑多以群组出现，规模宏伟、气势磅礴，作为单体建筑，牌坊在建筑布局中起到重要作用。“民不能忘”坊立于亭台楼阁之间，其作用不在标志，而在纪念，表达了潮州民众对刘浔、吴均的纪念和敬仰之情。造型的简朴体现了潮州人重品务实的性格特点。

参考资料：

[1] 唐寰澄：《中国科学技术史·桥梁卷》，北京：科学技术出版社，2000年，第660页。

[2] 《永乐大典》卷五三四三《潮州府·桥道》，载饶宗颐编集：《潮州志汇编》第一部，香港：龙门书店，1965年，第9页。

[3] 陈香白辑校：《潮州三阳志辑稿　潮州三阳图志辑稿》卷十二《文章·碑刻》，广州：中山大学出版社，1989年，第75–76页。

[4] 嘉靖《潮州府志》卷一《地理志》，载饶宗颐编集：《潮州志汇编》第二部，香港：龙门书店，1965年，第62页。

[5] 陈香白辑校：《潮州三阳志辑稿　潮州三阳图志辑稿》卷四《艺文》，第128页。

[6] 嘉靖《潮州府志》卷一《地理志》，载饶宗颐编集：《潮州志汇编》第二部，第61页。

[7] [明]李龄：《广济桥赋》，转引自饶宗颐、张树人编著：《广济桥史料汇编》，香港：新城文化服务有限公司出版，1993年，第48–49页。

[8] 雍正《海阳县志》卷八《杂记》，广东历代方志集成本，广州：岭南美术出版社，2008年，第399页。

[9] 光绪《海阳县志》卷二十二《建置略六》，《中国方志丛书》第64号，光绪二十六年刊本影印版，台湾：成文出版社，民国56年（1967年），第207页。

[10] 光绪《海阳县志》卷四十六《杂录》，《中国方志丛书》第64号，第452页。

[11] 唐寰澄：《中国科学技术史·桥梁卷》，第715页。

[12] 吴国智：《广济桥亭台楼阁复建设计》，《古建园林技术》2008年第2期。

[13] [英]C. A. S. 威廉斯著，尹定邦主编，李宏、徐燕霞译：《中国艺术象征词典》，湖南：湖南科学技术出版社，2006年，第4页。

[14] 梁思成：《梁思成文集》（四），北京：中国建筑工业出版社，1986年，第258页。

[15] 熊明：《建筑美学纲要》，北京：清华大学出版社，2004年，第59页。

[16] 季羡林：《中国文化的内涵》，2007年12月。

[17] 唐寰澄：《中国科学技术史·桥梁卷》，第706页。

[18] 光绪《海阳县志》卷二十《建置略四》、卷二十二《建置略六》，《中国方志丛书》第64号，第195页。

[19] 光绪《海阳县志》卷二十《建置略四》、卷二十二《建置略六》，《中国方志丛书》第64号，第207页。

[20] [清]林大川编著，彭妙艳校点：《韩江记·湘子桥》，郑州：中州古籍出版社，2000年，第23页。

[21] 刘致平：《中国建筑类型及结构》，北京：中国建筑工业出版社，2000年，第42页。

CHAPTER 3

第三章 广济桥蕴含的中国传统文化意蕴

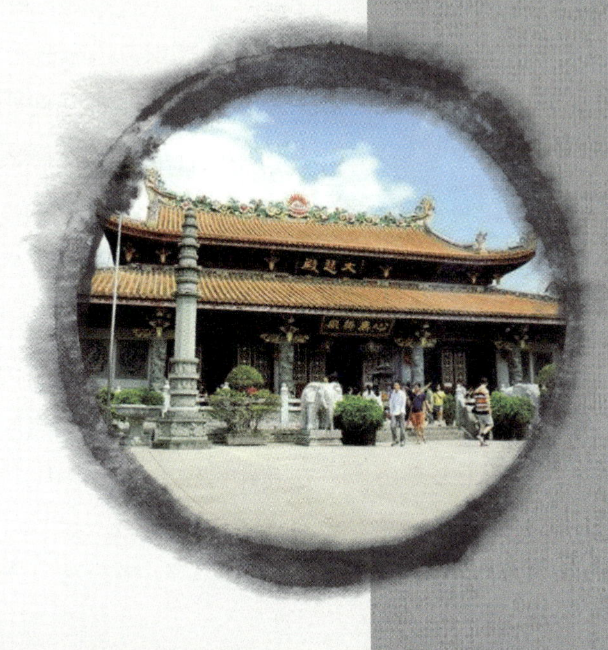

建筑是文化的产物，它以物化的形式保存着历史时期深层的文化内容，俗称“石头书写的历史”，也有人称其为人类历史文化的纪念碑。建筑是一个时期社会经济、生产力和技术水平的反映，也是社会意识形态的反映。建筑的建造过程、规模、结构、装饰等内容都是历史的记录，透过建筑物我们可以看到其建造时期社会经济水平、建筑的制度以及社会的技术水平和艺术水平，看到建造时期的主流意识形态，如哲学理念、价值观念、审美意识，以及伦理道德观念等内容。桥梁是建筑的重要内容，是一种既普遍又特殊的建筑物，既是实用的，又是公共的。我国可考的桥梁建设历史与我国的历史一样长，浙江河姆渡氏族遗址、陕西半坡村新石器时代遗址都发掘过可以建造跨水建筑的构件。古桥既是我国传统文化的重要组成部分，也是传统文化的重要载体。

中国文化源远流长，博大精深，汉魏以降，儒、道、释三大流派逐渐成为中华传统文化的主流，三者之间相辅相成、相反相补，成为中国古代思想的主要内容，渗透并凝聚在中国社会生活的各个方面。儒家的宗法思想、仁爱思想、礼乐思想、中庸思想，自强不息、厚德载物的文化精神，以及天人合一的生命意识；道家道法自然的境界，无为的原则，万物齐一的辩证思维模式，海外仙山的理想；释家的因果、轮回思想，善恶观念等，都对中国社会的影响非常深刻。中国传统建筑文化深受儒、道、释文化濡染，呈现出独具特色的魅力。桥梁建设在中国有2000多年的历史，在遗留下来的古桥身上到处都能触摸到传统文化的脉搏。中国古桥建设，从造桥意识的产生，到桥梁结构的设计、装饰的题材和内容，装饰技巧，乃至桥梁的命名等，无不深受儒、道、释三大家文化的影响。潮州是一个深受传统文化浸润的地方，广济桥有800多年历史，在其建设和发展过程中，深深地烙上了儒、道、释文化的印迹。

一 广济桥的儒家文化意蕴

以孔子为代表的儒家文化诞生于公元前500年，在中国古代社会具有正统地位，儒家的哲学思想和伦理道德观念渗透到中国古代社会生活的各个领域，规范和引领着中国人的思想和生活。在中国古典建筑中，儒家思想一直占据主导地位，儒家主张的入世、仁义、礼乐、中庸，以及天人合一等思想主导着中国传统建筑的造型、结构和装饰，在中国传统建筑风格的保持和发展中起着决定性作用。中国建筑的整体布局、空间排列、形制装饰等无不体现儒家文化的天人关系、宗法意识、伦理观念和价值理念。潮州素有“海滨邹鲁”之称，儒家思想在潮州有很深的根基，影响非常广泛。潮州广济桥的建造过程、结构以及桥上建筑物的布局等，都深深地镌刻着儒家文化的印迹。

（一）迎难而上体现积极入世精神

《礼记·大学》曰：“古之欲明明德于天下者，先治其国；欲治其国者，先齐其家；欲齐其家者，先修其身；欲修其身者，先正其心…… 心正而后身修，身修而后家齐，家齐而后国治，国治而后天下平。” “修身、齐家、治国平天下”是儒家的理想人格，儒家提倡积极入世，从自身做起，进而建设好家庭乃至为天下人谋幸福。努力克服困难，积极改善民生、促进社会进步，都是儒家积极入世思想的体现。

广济桥建造难度之大世上罕见。从修筑第一座桥墩至完成“十八梭船廿四洲”的整体结构，费时350多年，单建造时间之长就无可比拟。广济桥桥墩的建造顺序是：先在中间修筑一座大石墩，然后从西岸自西往东筑7墩，再转向东岸，从岸边慢慢向江心延伸，修筑1座桥台和11桥墩之后，又转向西岸，增筑2墩之后，又转向东岸增筑1墩。

这样的建造顺序显然不合常规，这么长的建造时间也超乎想象。那么为什么有这么多的不合常理呢？结合韩江的水文特点，我们可以看到，异常的原因无非是建造难度太大。古代在大江大河建桥，需要先造浮桥以测水势，但韩江江面宽度太大，只有浮桥缺乏稳定性，所以先在江中修一座大石墩以固定浮桥。韩江在潮州古城外形成弯月形，环抱古城，主流靠东，西岸流速较慢，深度相对也小些，建造难度相对小些，所以先在西岸建墩。渐往中流，水渐深流渐急，修完第七墩后，按当时的技术条件无法继续建墩，只好转向东岸。东桥筑了11墩之后，水太深流太急，无法施工，只好停下来。此时相对东桥11墩之后的情况而言，西桥建造的难度相对小一些，所以又转向西桥，再建2座新墩。筑东岸1台11墩耗时13年，从东岸第十二墩至完成西岸最后两墩又耗时13年，其间在完成西岸第八墩至修筑东岸桥墩之间又花6年做准备工作，而最后一墩则是在明代中期建成。这座桥就是这样慢慢拼凑出来的。明代太史姚友直言："中流湍急尤深，不可为墩，设舟二十有四为浮梁。"长期以来学界也存在中流不建墩架梁是"不能"还是"不为"的争议。"那时虽在枯水季，水深也有20公尺以上，流速也接近1公尺/秒，其施工难度之大可想而知。"在水深20米的急流中建墩，即使按现代的技术也不容易，所以姚文的"中流湍急尤深，不可为墩"是有道理的。从宋代能够建墩可以知道，当时韩江还远没有明代中流这么深。东西两岸建墩后，水流集中在中流未建墩处，自南宋绍定元年（1228年）完成第二十三墩，至明宣德十年（1435年）知府王源修缮，经过约200年的冲刷，中流部分已是深不可测，按当时的技术条件根本无法建墩。著名桥梁专家罗英先生说："这座桥的修建历时数十年①，足以证明当时施工的困难，工程艰巨，非一般桥梁工程所可比拟。"[1]

---

① 指南宋时期，不包括明代的情况。

广济桥不仅建造难度大，损毁的频率也很高，正如著名桥梁专家茅以升先生所言："湘子桥的创建，费时之久，固所罕见，而历代修理的频繁，也很惊人。"[2]在潮州历代典籍中，有明确记录的大型损毁达22次。最早的记录是南宋淳熙元月（1174年），即太守曾汪康济桥建成的第四个年头，《永乐大典》卷五三四三《潮州府·桥道》载："甲午夏，韩江水涨，康济桥桥舟漂没者半。"据《桥道》载，南宋还有嘉泰三年（1203年）、绍定六年（1233年）、景定三年（1262年）等几次大型损毁。宋元之交，"桥厄于兵火"。元代大德二年（公元1298年）总管大中怡里（蒙古人）修造桥亭，"寻复为洪流所坏"。另外，元代泰定三年（1326年）、天历二年（1329年）、至顺三年（1332年）又都有折石板的记录。明代有弘治八年（1495年）"韩江大水，东西石洲，坏者四，梁断亭毁"，弘治十年（1497年）"东洲坏者，水尤深浚，甃未竟而复坏"，以及崇祯十一年（1638年）"桥上大火，百年楼阁，一时俱尽"的记录。在明清之际的各方交锋中，"桥毁于兵火，亭屋石梁存者仅十分之一"。清代，韩江下游淤积逐渐严重，河床抬升速度很快，洪涝灾害更加频繁，广济桥损毁记录更多，每次损害程度也更大。典籍中有这样的记录：康熙十二年（1673年），八月，飓风毁屋坏垣，水涨，广济桥圮；康熙十六年（1677年），八月二十四夜，西岸桥下吼声如牛，石墩忽倒其一；康熙五十四年（1715年），三月，广济桥东石墩倒塌二座，淹毙三十余人；康熙五十九年（1720年），五月大水，十九日北门堤决，广济桥崩塌石墩三座；道光二十二年（1842年），七月大水，东岸石墩圮者六，损者二，坏者一，西岸石墩圮者三，木石桥梁，损失殆尽，铁牛失其一；同治八年（1869年），大水，东岸桥墩复圮其一。至于零星的记录则难以统计。其实，南宋时期，在增筑新墩的过程中就夹杂着多次修复被损旧墩的工作。广济桥的建造就是在这样增建和修复的过程中一步步艰难地走过来的。艰难的建造，苦苦维护，在广济桥的身上可以看到潮州人的执着和积极。

韩江自古有“恶溪”之名，江宽水深流急，江中更有悍鳄横行，船翻人溺之事时有发生，严重威胁潮州民众的生命财产安全。广济桥的建造对于改善潮州民众的生活条件，促进潮州社会的繁荣发展意义重大。广济桥为东南沿海交通干线上的咽喉，这座桥的建造对粤桂与闽浙京津的交流，以及东南沿海各省的经济文化发展同样具有举足轻重的意义。广济桥的建造和维护必须面对一系列巨大的困难，但是潮州先人没有退缩、没有躲避，而是迎难而上，积极寻找科学有效的办法，变天堑为通途，表现出睿智的眼光和强烈的社会责任感，这是儒家文化积极入世精神的良好诠释。

（二）灵活应变体现“通权达变”思想

《论语·微子篇》曰：“天下有道则现，无道则隐。”孟子云：“穷则独善其身，达则兼济天下。”（《孟子·尽心上》）为人为国，可现可隐，穷的时候要做到“独善其身”，达的时候则要想到黎民百姓、家国大业。为人处事、治家治国要知法度而不拘泥于法度，明事理而不淤滞于事理，要根据实际情况灵活应对，而不是死守某一理论。通晓理论但要懂得权宜、变通，不死守理论，能够根据客观情况适当变通。这样的观点其实就是“通权达变”思想。在建筑上，“因地制宜”，“灵活变通”都是“通权达变”思想的体现。建筑受到所处位置自然条件的制约，建筑结构、建筑方式不可以一成不变，而是要根据建筑物所在地的自然和人文环境，根据实际需要选择适当的形式和适当的方法，才能收到最佳效果。桥梁是一种与环境关系极其密切的建筑门类，由于所处气候、地形、地质、水文、交通条件等因素的不同，桥梁的造型结构、建筑方法和使用材料也不同。桥梁的造型结构深受所处自然环境的制约，只有适合自然条件的桥梁才有可能取得成功。桥梁的造型又为河道交通所制约，造型的选择必须充分考虑水运的通畅，这样的桥梁才有利于社会发展。江南水乡河道上的桥梁多为拱桥，就是为河道交通而选择的。

广济桥建造之初采用的是“围堰建墩”的方法，利用韩江径流季节变化大的特点，在枯水期把墩位处围起来，清干围圈内河水，再投放乱石作基础，然后在石基上建墩。这是建造桥墩原始的方法，适合水比较浅的河道。韩江在潮州古城外形成弯月形，主流靠东，西岸附近流速较慢，河岸附近形成一定的淤积，深度较东岸和江心浅，加上枯水期韩江整体水位较低，故西桥前几墩可以采用“围堰建墩”法。但是随着桥墩的增加，墩位越来越靠近中流，河水深度也越大，“围堰建墩”法就不合适了，所以工程只能停下。修建东岸第一墩是在7年之后，其时福建泉州“睡木沉基”法已取得成功，所以东桥采用的是先进的“睡木沉基”法建墩。具体做法是：先在江中墩位处抛乱石定基，再造几层大木筏，利用水位上涨时的浮力，把木筏牵拉至墩位处固定，然后在木筏上码好巨大条石，让其沉放在石基之上，然后在这个基础上建造桥墩。“睡木沉基”法使东岸的桥墩得以建造。2003年维修时，东桥部分墩基中还能发现南宋时所沉木基残件，可见“睡木沉基”的方法给广济桥打下了牢固的基础。建造方法的改善使建墩速度得到很大提高，从建造历史上看，东桥的建造速度明显比西桥提高很多。木筏墩基的发现也说明“睡木沉基”是一种很牢固的方法，说明这样的改变是正确的。不固守一种方法，而是根据实际情况灵活变通，正是儒家“通权达变”思想的体现。

韩江江面宽广，水深流急，中流难以建墩。韩江水道需要通行大型船舶和巨大的竹排木排，中流如果建墩架梁，大船难以通过桥梁。潮州先人采用浮梁结合的办法，中流不建墩不架梁而是接以浮桥，在解决两岸交通问题的同时，也保障了韩江水道的通畅。同时，中流不建墩还有利于快速排洪，极大降低径流对东西梁桥的冲击，有效提高了大桥的安全性。韩江流域夏季高温多雨，雨量集中，韩江汛期径流量非常大，而且常有暴流，对桥墩形成巨大冲击。广济桥桥墩的异常庞大正是为了应对暴流。广济桥的桥墩有两种造型，两头尖的船型墩和上尖下平的半船型墩。罗英先生认为其原因是："全桥桥墩形状各不相同，由于桥梁建成之后，桥墩先后损坏，修理时期不同，又未照顾到原来的规格。"[1]该桥建造之初，桥墩还受到海潮冲击，所以下游也做成尖形，以减少海潮对桥墩的冲击。后来随着海潮离桥日远，桥墩下游部分已无需做成尖形，所以后来修的桥墩下游就做成平的。在广济桥的建造过程和后期的维修中，潮州古人没有固守单一结构的规矩，而是根据韩江水文特点和水道通行大型船舶的需要，选择浮梁结合结构；没有坚守前人使用的船型墩，而是根据后世海潮远离大桥的实际情况改用半船型墩，这些做法都是灵活应变的结果。至于根据韩江汛期会出现阶段性暴流而特别加大桥墩体量的做法，当然也是灵活应变的体现。这种根据具体情况灵活应变的做法，体现了儒家文化的"通权达变"思想。

（三）礼制性建筑突出崇礼规范

"礼"作为一种社会行为规范由来已久。《说文解字》曰：礼，履也，所以事神致福也。《释名》曰：礼，体也，得其事证也，人事之仪则也。进退周旋得其体，乃是正人身之法也。"仁义礼智信"是儒家"五常"，"礼"是儒家思想的重要内容。孔子说："夫礼，天之经、地之义也，民之行也。"（《礼记·曲礼》）荀子云："礼者，治辨之极也，强国之本也，威行之道也，功名之总也。"（《荀子·议兵》）在儒家经典中，关于礼的阐释很多，如"礼者，天地之序也"（《乐记·乐论》）。"夫礼者，所以定亲疏、决嫌疑、别同异、明是非也"；"道德仁义，非礼不成。教训正俗，非礼不备。分争辩讼，非礼不决。君臣、上下、父子、兄弟，非礼不定"（《礼记·曲礼上》）。儒家视礼制为维系天地人伦、上下尊卑的秩序和准则，历代王朝都充分利用礼制来巩固宗法制度、强化封建统治。这种尊卑意识和等级制度不仅贯穿于国家的政治生活中，也渗透到社会生活的各个领域。家庭中以及社会生活中人与人之间的关系、日常生活中的衣食住行，都要遵循礼的规范。中国传统建筑具有浓烈的伦理色彩，从一座城市的规模、布局到具体建筑物的大小、类型、结构、布局乃至建筑物屋顶的形式，处处体现儒家的天人关系、人伦关系和统治秩序，是儒家礼制思想一种直接的具象化手段。

在日常行为规范中，“礼”的外在形式包括祭祀、军旅、冠婚丧葬、朝聘、会盟等礼节仪式。“礼有五经，莫重于祭。”（《礼记·祭统》）祭祀是华夏礼典的一部分，儒家礼仪的主要内容。祭祀为祈福、为纪念。远古时期，先民把祭祀天神、地祇、人鬼之礼称为“三礼”。（《史记·五帝本纪》）《左传》云：“国之大事，在祀与戎。”（《左传·成公十三年》）西汉司马迁言，“上事天，下事地，尊先祖而隆君师”是“礼之三本”。（《史记·礼书》）礼制建筑就是指满足古人祭祀礼仪需要的建筑物，如天坛、地坛、社稷坛、神庙、宗庙、祠堂等。礼制建筑遍布中华大地的各个角落，是建筑中的最高等级，其地位远远高于实用建筑。

古代广济桥上有多处礼制性建筑，宁波寺、韩湘子庙、巧圣庙、王公祠、“民不能忘”坊等都是其中比较突出的。这些礼制性建筑有的用于祭祀天地山川各神灵，如宁波寺，祀宁波神、二十四墩神和十八罗汉，表达潮州民众对自然神灵的敬畏和对借助神力战胜洪灾的祈盼；有的用来纪念为潮州做出杰出贡献的先人，如韩湘子庙表达潮州民众对韩文公的纪念和崇敬之情，王公祠表达民众对明宣德年间知府王源的感激和纪念之情，“民不能忘”坊表达对清道光年间太守刘浔和分司吴均的敬意；巧圣庙是表达对木匠的祖师、古代著名“建筑师”鲁班的尊敬，也希望借祖师爷之力保佑大桥平安。事天、事地，崇祖尊师，都是儒家礼制文化的体现。

牌坊最初是为了街区的治安管理而建造的，若坊中居民在伦理道

图 3-1.1　潮州牌坊街

德或科举方面有杰出表现，值得他人学习，地方官或朝廷就张榜于坊门上加上表彰，称为“表闾”。后世牌坊的作用又拓展至旌表、纪念、装饰等方面，如《宋史·孝义传》就记载了这样一件事，江陵有个叫庞天佑的人，父亲得了一种怪病，他割自己的股肉为父治疗。后来父亲双目失明，他又用舌头每天为父舐治病眼，使父亲活到80多岁。父亡后他在坟前搭建草屋守孝。知府陈尧咨知道此事后，将其事上奏，皇帝下诏建坊表彰他。

建牌坊嘉奖道德模范是儒家文化的重要表征，统治者通过对有杰出表现的人的表彰以弘扬儒家伦理道德规范。潮州是国家历史文化名城，自唐代韩愈倡导儒学以来，儒家文化已深入民心，成为潮州文化的重要组成部分，是名闻海内的“海滨邹鲁”。在潮州，儒家文化氛围非常浓烈，潮州海阳县儒学宫是潮州保存最完善的古建筑之一。历史上潮州海阳县境内曾有牌坊154座，仅古城区就有97座，其中中心街太平路（笔者按：现在的牌坊街）有47座，其他街巷50座。[5]（图3-1.1）潮人认为，“章服之锡在一身，百绰楔之建，没世犹以为荣，此名器之最重者也。”能立坊是一件很光荣的事，后世子孙引以为殊荣，乡族也感光彩，地方官员以此为楷模。广济桥的“民不能忘”坊属德政坊，是表彰地方官员政绩的牌坊。清道光年间潮州大地数次遭遇洪灾，民不聊生，广济桥多座桥墩被损毁。当时刘浔和吴均两位官员捐金捐俸，又发动潮城各商行以及上游汀、梅地区在潮商户共同努力，至道光二十九年（1849年）四月，损毁桥墩终于全部得以修复，大桥恢复通行。潮州民众感恩刘、吴的无私奉献，在桥上建"民不能忘"坊表达对两位父母官的敬意。2003年大桥恢复旧制，桥上再次修建了"民不能忘"坊。此坊的重建表达了潮州民众对刘浔和吴均的怀念之情，也显示儒家文化在潮州影响深远。

中国封建礼制通过以中为尊来强调等级秩序，"礼乎礼，夫礼所以制也"（《礼记·仲尼燕居》）。受儒家思想影响，中国传统建筑以中轴对称布局来表达等级的尊卑。北京紫禁城就是这样的布局。宫中最重要的建筑太和殿、中和殿、保和殿、乾清宫、交泰殿、坤宁宫等重要宫殿都布局在中轴线上，起着统领整个建筑群的作用。北京老城则以故宫为中心，以故宫中轴线为轴向东西两侧延伸。广济桥上的建筑物也是沿中轴线对称分布的。殿式阁一墩一阁，东西向，横跨桥面，纵向排列。桥亭两亭合占一墩，分立大桥中轴线南北两侧，形成南北对称。桥屋的排列基本是一殿配两亭间隔分布，一座殿式阁和两个亭台搭配就形成一个单位，犹如四合院中"一中堂配二厢房"的格局。整座桥有12个殿式阁，就像一座十二进深的大宅院，这种庭院式的组合正是中国传统宗法制度的体现。（图3-1.2）

图 3-1.2 庭院式布局

自然崇拜和祖先崇拜在中国传统文化中占有非常重要的地位，“凡治人之道，莫急于礼。礼有五经，莫重于祭”（《礼记·祭统》）。祭祀天地山川、祭奠祖先都是古代经国大事，被列在国家大事之首。在广济桥上建庙立坊是潮人崇礼思想的体现。自韩愈废奴兴学以后，潮州的教育得到很大发展，儒家文化得到大力弘扬，后世更成为“岭海名邦”“海滨邹鲁”，礼制、宗法思想已深入民心。广济桥上礼制性建筑的兴建正是儒家文化在潮州影响深远的体现。

（四）和谐之美源于“中庸”之道

“中庸”之道是孔子思想最重要的方法论，也是儒家最高的道德标准。子曰：“中庸其至矣乎！”（《中庸》）又曰：“中也者，天下之大本也；和也者，天下之达道也，致中和，天地位焉，万物育焉。”（《中庸》）在儒家经典中，“中庸”是指宇宙和世间万物存在和运行的基础与规律，它的内容包含了孔子关于自然界和人类社会的理性认识。在建筑方面，“中庸”之道强调的是中和之德、和谐之美。建筑物的结构形式、空间布局，建筑形式的统一均衡，各方面的比例和谐一致都是中庸思想的体现。潮州广济桥无论是结构形式还是建造方法，都具有强烈的取“中”意识，表现出中和之美。

广济桥的整体结构为浮梁结合形式，中间部分是浮桥，东西两边各有一段石梁桥，以浮桥为中心左右平衡。桥上亭屋之间的分布也很注重中轴线两侧的平衡，一侧高而窄，另一侧必是低而宽；一侧体量宽大，另一侧就采用转角的形式增加长度。桥屋虽然各具特色，但中轴线两侧的体量始终保持均衡之势，充分体现和谐之美。东桥第一墩为“仰韩阁”，楼高3层，隆栋修梁，重檐迭级；西桥第一墩为“南州奇观”阁，高大宽敞，庄重威严，东西两端互相呼应。

广济桥在高度、大小、粗细、色彩等细节方面同样非常注意搭配的和谐。两段石梁桥的长度分别是283米和137米，梁桥桥面距水面高度一般为6～7米，桥面宽度为5米。如此长如此高的桥，桥面宽度却只有5米，走在桥上会有一种高悬空中的不安全感，遇到水位下降，不安全感更加明显。在桥梁建设中，化解这种不安全感的办法是设置护栏。修筑桥栏杆的规律是："小桥设高不及膝的矮栏，长桥或高桥有高及腰际或乳下间的扶栏。"[6]卢沟桥长约270米，高悬空中，栏高0.85米，望柱高1.4米。江南小桥多是高只及膝的矮栏。广济桥梁桥栏杆高1.2米，望柱高1.5米，较一般桥梁栏杆高出许多。栏杆高度的增加有效化解了桥面太高而宽度过于狭窄造成的不安全感。广济桥上大部分亭台楼阁高度为5～7米，桥屋的高度与桥墩出水高度差不多，这是一个安全的比例，桥上建筑物没有高悬空中的不安全感。（图3-1.3）广济桥的桥墩都是由采自韩江东岸的笔架山和古城西侧西湖山的青麻大条石垒成的，石条规整，石质密实，几千条大石条整齐而紧密地结合在一起，形成稳定牢固的气势。桥上亭台楼阁的大屋顶庞大

图 3-1.3　广济桥桥屋比例合度

而厚重，与巨大的桥墩互相呼应，没有头重脚轻或下半部分笨重而上半部分轻飘飘的感觉。桥墩表面积很大，一部分超过200平方米，如果全部上盖的话，200多平方米的亭阁会显得很空旷，过于空旷的建筑物会让人产生渺小和恐惧的感觉。广济桥的建设者没有盲目追求宽阔，而是做了很人性化的处理，把面积太大的桥墩一分为二，在中轴线左右分建两个亭子，或者缩小亭阁围拢上盖面积，这样就有效化解了因空旷而带来的恐惧感，既和谐又有人情味。亭台楼阁的造型和材质、柱子的粗细之间也处处体现和谐的理念。庞大而厚重的屋顶需要强有力的支撑，桥亭的柱子都是承重能力强劲的花岗岩石柱，圆柱直径为45厘米，方形柱子的边长为40厘米，8～16根这样粗壮的柱子足以支撑屋顶的重量，密集而粗壮的石柱能给人以安全感。

桥屋的柱子高约4米，这是一个安全的高度，太高会给人苦苦支撑、摇摇欲坠的感觉，太矮会有压抑感。4米的高度对于观赏者来讲也非常合适，漫步桥上用不着刻意抬头，很自然就能观赏到亭阁的正面，柱子上的楹联、屋檐下的牌匾都能一目了然，给人自然亲切之感。广济桥梁桥和浮桥的色彩不同。浮桥只上清漆，保留木料本色，显得温和、亲切。梁桥的桥墩是青麻石，经过上千年江水的冲刷，在原来的青白色中多了一份岁月的痕迹，犹如一个中年汉子，显得刚强而稳重。横梁、栏杆和亭台楼阁的立柱都是花岗岩，白色中带着一点点的粉红，与汉白玉相比多了一份自然和质朴，少了一些刻意和张扬，自然而然散发出和谐的气息。

人类社会的发展需要跨越江河湖海等交通障碍，桥梁建设就成为必须，但是在河中造桥必然会堵塞河道，阻碍排洪和通航。可启可闭的浮桥犹如给桥梁装上一扇门，需要通行大型船舶时解开浮桥，让出航道；需要排洪的时候，解开浮桥，让出排洪通道。人类在利用自然资源的同时也要尊重自然、保护自然，人与自然之间才能和谐，也才能让自然为人类谋幸福。在广济桥的建设中，潮州人没有把自己的意志强加在大自然之上，而是尊重自然规律，实现了人类与自然之间的和谐共处，这是儒家中庸思想所带来的。

（五）儒家“天人合一”思想对广济桥影响深刻

“天人合一”思想是绵亘中国数千年的民族文化基本精神，中国古代对自然的审美观，就是建立在“天人合一”的哲学基础之上的。在中国传统文化中，“天”与“人”是相互依存、相互影响、相互促进的，具有血肉相连的关系。中国传统文化中的儒、道两家都非常重视天人关系，都把天与人的和谐统一看作二者关系的最高境界。透过儒家经典我们可以看到儒家关于“天人合一” 的思想。《周易》曰：“夫‘大人’者，与天地合其德，与日月合其明，与四时合其序，与鬼神合其吉凶。先天而天弗违，后天而奉天时。”[7]《中庸》语：“自诚明，谓之性。自明诚，谓之教。诚则明矣，明则诚矣。唯天下至诚，为能尽其性；能尽其性，则能尽人之性；能尽人之性，则能尽物之性；能尽物之性，则可以赞天地之化育；可以赞天地之化育，则可以与天地参矣。”[8]《礼记》言：“礼也者，合于天时，设于地财，顺于鬼神，合于人心，理万物者”[9]；“乐者，天地之和也；礼者，天地之序也……乐由天作，礼以地制……明于天地，然后能兴礼乐也”[10]。可见，儒家文化认为天与人之间必须和谐，才能够造福人类。把儒家“天人合一”的思想用在建筑上，则建筑物要遵循自然规律，要顺应自然物性，只有重视建筑物与所处自然环境之间的和谐一致，才有可能让建筑物发挥最大的作用，处于大自然之中的建筑物也才能牢固安全长久。

儒家“天人合一”思想对广济桥的影响首先体现在浮梁结合结构上。浮梁结合结构保证了广济桥成功连接韩江两岸，同时也能够保障韩江航道的通畅，体现了人类尊重自然而终能造福人类的思想。关于广济桥浮梁结合结构的起因，古代有“无奈说”，当代有“通航说”。古人认为“中流湍急尤深，不可为墩，设二十四舟为浮梁”，这点上文已作分析，这里不再赘述。罗英先生认为是因为通航之需，他说：“修桥人们在工作时，看到这些大型船舶和木排往来均需经过这座大桥，若按原来规定的孔径和净空，航道将受阻碍，因而变更设计，在中流留一缺口，接以浮桥，以备启合来通航。”[1]罗英先生的结论显然是来自韩江航运的历史。韩江是我国东南沿海地区重要的河流，历史上是闽粤赣边区人员和物资进出最重要的通道，是韩江流域的生命线。流域内陆山地缺粮食、鱼盐和棉布等物资，依靠韩江输入；闽粤赣边区山地盛产竹材、木材、茶叶、香菇、竹笋干、茶油、蓝靛、桐油等山林产品，通过韩江水道送到潮城分销或转运。上游的梅江沿岸、汀州以及大埔县、饶平九村等地在历史上都是外销瓷重要产区，宋代以来汀江流域造纸业、刻书业繁荣，明清时期上游汀、梅地区制烟业繁荣，大量手工业品都需要输出。河流是天然的运输通道，是大自然赐予人类的礼物，借助河流，船舶可以上溯下行，物资可以自由流通。正是拜韩江所赐，上游山区的土特产品和手工业产品能够输出，下游平原和沿海地区的农副产品以及海产品能够输入内陆山区。桥梁建设虽然解决了陆路交通障碍的问题，却有可能切断水道，影响水路交通的通畅。如果把广济桥建成一座完整的石梁桥，其结果将是韩江航道衰落，韩江流域民生艰难。广济桥东西两段梁桥桥墩宽度的总和已达大桥全长的40%，根据桥梁建设理论，桥墩宽度总和占水面宽度30%是桥梁安全的极限，超30%就是不安全的。广济桥梁桥桥墩宽度的总和已经突破安全极限，如果继续在江中建墩架梁，就是激化矛盾。激化矛盾的结果是过江民众时刻处在危险之中。浮梁结合结构既满足跨越韩江的陆路交通需求，也保留了宽阔的水道，能够快速排洪，也能通行大型船舶，很好地化解了桥梁建设与河流排洪、河道通航之间的矛盾。浮梁结合结构保留了宽阔的水道，满足了河流快速排洪的需求，体现了人类在发展过程中对自然规律最大的尊重。这种对自然的尊重反过来也造福人类，有了浮桥这个巨大的排洪口，大桥的安全有了保障，城市和堤围的安全也有了保障；有了浮桥这个巨大的通航口，下游上溯的大型船舶和上游下行的竹排木排可以非常轻松地通过大桥，上下游物资的交流顺畅了，作为上下游物资集散地和港口的潮州，社会经济文化发展得到持续和发展。可见无论是因“无奈”，还是因“通航”之需，都体现了对自然的尊重。

广济桥上的桥屋既能够增加桥身重量，提高大桥安全性，又能给桥身和过往行人提供遮阳避雨的方便，非常适合潮州雨季长、夏季高温多雨的气候特点。桥屋几乎都是独立、通透的，为亭榭形式。这种造型也非常适合潮州和韩江的情况。潮州濒临南海，夏季常有台风，韩江江面开阔，台风对桥梁的冲击力很大，桥屋的独立通透可以降低台风对桥身的冲击。汛期韩江流量很大，洪峰过境时，水位很高，常会出现洪水漫过桥面的情况，桥屋的独立通透为洪水迅速通过桥面提供了条件，符合快速排洪的要求。在广济桥上，自然物性与人类的巧思匠心完美地融合在一起，达到天性与人工浑然一体的境界。

参考资料：

[1] 罗英：《潮州广济桥》，载《中国石桥》，北京：人民交通出版社，1959年，第199-216页。

[2] 茅以升：《介绍五座古桥》，《文物》1973年第1期。

[3] 乾隆《潮州府志》卷十一《灾祥》，广东历代方志集成本，广州：岭南美术出版社，2008年，第93-126页。

[4] 光绪《海阳县志》卷四十六《杂录》，《中国方志丛书》第64号，光绪二十六年刊本影印版，台湾：成文出版社，民国56年（1967年），第451页。

[5] 黄梅岑：《潮州牌坊纪略》，潮州市文化局文艺创作基金会编印，1994年，第2页。

[6] 唐寰澄：《中国科学技术史·桥梁卷》，北京：中国科学出版社，2000年，第695页。

[7] 陈戍国：《四书五经校注本》，长沙：岳麓书社，2006年，第827页。

[8] 陈戍国：《四书五经校注本》，第45页。

[9] 陈戍国：《四书五经校注本》，第483页。

[10] 陈戍国：《四书五经校注本》，第585页。

二 广济桥的道家文化意蕴

以老庄思想为核心的道家哲学，生于斯长于斯，在中国有很深的根基，是中国传统文化最基本的精神，在中国文化史、哲学史、技术史上都占有重要地位。道家的思想观念广泛渗透到中国传统文化和社会生活的各个方面，对艺术、科学和技术的影响极其深远。道家思想以自己独特的方式影响着中国的传统建筑，中国建筑的选址、朝向、空间结构以及建筑物的结构方式都深受道家文化的影响。道家文化中的自然崇拜、神仙幻想、“天人合一”等思想观念对中国古桥建设的影响非常深刻，在桥梁的选址、结构、装饰和桥梁的意境、寓意，以及与桥梁相关的各种传说中都能看到道家文化的印迹。

（一）风水文化对广济桥选址的影响

风水是中国传统文化关于自然的认识，《周易》云：“仰观于天文，俯察以地理。”风水学在中国有悠久的历史，《诗经》《史记》《晋书》《汉书》等文献都有关于风水的记载。《诗经·大雅·公刘》载：“笃公刘，既溥既长，既景乃冈，相其阴阳，观其流泉。其军三单，度其隰原，彻田为粮。度其夕阳，豳居允荒。”[1]这段文字描述了周族英雄公刘带领部族自邰迁至豳地时查看风水的情况。公刘通过看风水来确定豳这个地方是否适合居住。他们先看山，确定所选的位置在山的南坡还是北坡；再看水，确定所选的地方有没有水，水的来源和去向如何；再看周围是否开阔，出产是否足够。公刘这些观山察水的做法后来就发展成为风水术，后世筑城、定都，以及动土兴木迁居等重大活动，在位置、朝向、营建的时间等方面都要做严格的勘测和选择。《史记·周本纪》就有“成王，使周公卜居”的记载。[2]《晋书·元帝纪》中也有这样的记载：“始皇时，有望气者称，五百年后金陵有天子气！故始皇东游以压之，改其地曰秣陵，堑北山以绝其势。”[3]风水术在后世逐渐形成五间相宅、四象五行等方法并广为流传，成为中国传统建筑的思想和灵魂，在建筑选址、朝向、布局等方面起着决定性作用。

根据风水文化理论，建筑选址包含觅龙、察砂、点穴、观水、取向五大要素，吉地要求为这五大要素的最佳组合，即“龙要真、砂要秀、穴要的、水要抱、向要吉”。[4]“龙”是指山之脉。清代《阴阳二宅全书》云：“地脉之行止起伏曰龙。”[5]清代叶九升《地理大成》言：“土乃龙之肉，石乃龙之骨，草乃龙之毛。”[6]觅龙就是对周围山脉的观察选择，所谓“吉龙”，应当势雄力足，形神厚重，绿树掩映，气象万千。“砂”指的是建筑物周围的山或突出物，从城市的角度来说是统指城市周围的群山。“砂”以端庄方正、秀草茂林为吉，而以破碎尖削、奇形怪状为凶。方圆饱满的砂为吉，歪斜碎砂为凶。所谓“山厚人肥，山瘦人饥，山青人秀，山浊人迷，山驻人宁，山走人离，山雄人勇，山缩人痴，山顺人孝，山逆人亏”。可见又“肥”又“青”的山即为“秀”。“穴要的”，说的是穴位定点要准确。“水要抱、向要吉”，抱水即指河流要向内弯曲，《堪舆泄秘》曰：“凡到一乡之中，先看水域归哪一边，水抱边可寻地，水反边不可下。”吉的朝向是“负阴抱阳”“背山面水”，前面开阔又有些许低矮的凸起。人们认为风水宝地从外形上看应该像一把“太师椅”，后面有靠山，左右有低山，与靠山形成扶手状，这样的地势四平八稳又能藏风聚气。村庄位置的选择要这样，城镇位置的选择也要这样。

桥梁是建筑主要的类型，也是风水文化中重要的内容。清代林枚《阳宅会心集》中“筑埂造桥说”言：“埂以卫局，桥利往来，处置得宜，亦足以固一方之元气。” 埂原指田间稍稍高起的小路，如田埂；又指长条形的突出地面的地方，如山埂；也指用泥土筑起的堤防，如埂堰。意思是说埂和桥如果位置得当都有“固一方之元气”的作用，所以选址是桥梁建设中最重要的事。桥梁位置的选择除了考虑河道走向曲直之外，还要立足于所处区域的大环境，如一个村庄一座城市中桥梁的位置，需要根据村庄或城市的整体环境去确定。

广济桥处在潮州古城东门外，看看潮州古城的位置和地形特点，乾隆《潮州府志·形势》载：海阳县“后依山陵，前临水泽，南多平畴沃壤，北皆崇岗叠嶂”；“城跨金山，贻临凤渚，韩江承汀赣之水如高屋建瓴”。[7]志书中的海阳县城即今天的潮州古城。从大环境看，潮州古城位于粤东地区，粤东的地势是北高南低，北部群山连绵，东西两侧为低山，南部是广阔的韩江三角洲平原，整体地势呈簸箕形。潮州古城位于韩江三角洲平原北部，北有金城山，东有笔架山，西有葫芦山，南面平原。由于处在丘陵地带，古城以南平原上，零星有一些低矮的小山丘，青龙、白虎、朱雀、玄武都有，韩江从城之东流过，对古城形成半环抱之势，正是“三山一水护城郭”之势，为大吉之地。（图3-2.1）

在风水理论中，水主财，形家常言：“登山看水口，入穴看明堂。”又说：“有山无水休寻地，有水无山亦可截”，“得水为上，藏风次之”。形家坚信“无水则气散，无水则地不养万物”。关于水的来与往又有严格的要求。《入山眼图说》言：“凡水来处谓之天门，若来不见源流之谓天门开；水去处之谓地户，不见水去之谓地户闭。夫水本主财，门开则财来，户闭财用不竭。”叶九龙《地理大成》说：“源宜朝抱有情，不宜直射关闭，去口宜关闭紧密，最怕直去无收。”风水中讲究“曲水有情”，水曲才能够留住财气，忌直冲湍急之水。韩江是潮州的母亲河，自北往南纵贯潮州，在潮州古城东面形成弯月形，对古城形成环抱之势，上不见来源，下不见去处，符合风水理论对吉地的要求。但是，韩江是一条千里大川，高屋建瓴，潮州古城上下河段江面宽广，气势恢宏。韩江的水量非常丰富，水流异常湍急，汛期波涛汹涌，横冲直撞。从风水学的角度看，韩江水太

图 3-2.1 清代国画《潮州城图》

急，不利财气贮留。如果古城下游河段夹岸有低山，则能够起到关闭地户的作用。但是，潮州古城以南河段夹岸刚好没有低山，就是说潮州古城的地户没有很好关闭，从风水学角度看，古城风水还不完美。

大自然姿态万千，并非都是佳境，面对不理想的地形，风水理论认为“以地气之兴，虽由天定，亦可人为”，即可以利用人工手段来弥补自然的不足和强化风水的优势，使地形趋于理想模式。根据风水理论，在河流的下水处建桥造塔，具有关闭地户的意义，至于桥和塔的具体位置，则要看水的流向以及河的走势。韩江在潮州古城外形成半环抱之势，从古城的西北进，往东南走，在广济桥所处位置转弯，由西南出。广济桥所处位置刚好是韩江转弯的地方，桥上游河段，河水西北进东南出；桥下游河段，河水东北进西南出。桥的上游为来水，下游为去水，桥所处位置刚好是“地户”，在此建桥恰好起到为古城关闭地户的作用，能留住财气，给潮州带来福祉。清代先贤杨钟岳《重刻广济桥记》载，“形家言：洩而不蓄，宜有飞梁为绾带，庶足障回波砥狂澜也”。此桥之成，“岂夫徒度世有津梁，亦形胜藉锁钥畴，能辅相天地，竖百世功，无扰于民”。[8]说明广济桥的位置确实是经过精心选择的。

（二）道家自然观与广济桥建设

道家自然观包含敬畏自然、崇尚自然、顺应自然、道法自然等方面内容。崇尚自然是道家思想的精髓。在中国传统文化中，道家自然观浸润到美学、文学、艺术以及生活各领域，其丰富的内涵对中国传统艺术产生了深远的影响，“自然”成为中国传统艺术的审美理想，以“自然”为镜、以“自然”为尚深入到中国艺术的方方面面。中国传统建筑根植于中华民族传统哲学和传统美学之中，道家自然观对建筑创作和建筑审美的影响同样是深刻而广泛的，在广济桥的建设中，道家崇尚自然的思想起着极其重要的作用。

1. 广济桥结构蕴含道家“天人合一”思想

老子认为天下万物，各有其道，故人们应顺其道而行，而非反其道而为。《道德经》开篇即言：“道可道，非常道；名可名，非常名。无名天地之始，有名万物之母。” 老子说，“道生一，一生二，二生三，三生万物”，认为道能化生万物，是万物的根源和存在的依据，但却“生而不有，为而不恃，长而不宰”；认为“道常无为而无不为”，“无为”则听任万物之自然，人能顺乎道、顺乎自然之常就是“无为”，而无为就能做到“无不为”。[9]道家提倡“道法自然”，以自然为宗，敬天顺天法天同天，言：“夫大人者，与天地合其德，与日月合其明，与四时合其序，与鬼神合其吉凶。先天而天弗违，后天而奉天时。天且弗违，而况于人乎？况于鬼神乎？”（《周易·乾言》第九四）“人法地，地法天，天法道，道法自然”（《道德经·道经》第二十五章）；“以通神明之德，以类万物之情”（《周易·系辞》下）。在天与人、天与万物之间，道家认为天具有不可逾越的权威和无与伦比的神性。

广济桥为浮梁结合结构，中流不建墩不架梁，而是用浮桥连接，古人云：“中流急湍尤深，不可为墩，设舟二十有四为浮梁。”中流水太深流太急，故不建墩不架梁，这显然是“无为”之举。1958年维修时钻探结果显示，中流古河床高程为-15米，罗英先生据此推测古代即使在枯水季节，大桥中流水深20米以上。[10]这样的深度在没有现代技术和现代机械的情况下建墩，难度之大可想而知。史载，明代弘治十年（1497年），同知车份“重修石洲三而梁之，建亭屋二十间，其东洲坏者水尤深浚，甃未竟而复坏，亭屋仅有存者”；清代同治十年（1871年），总兵方耀“修东岸一墩，欲易木以石，以墩高水深而止”。东桥西端桥墩被洪水冲坏后没能及时修复，最终被完全冲毁。水太深流太急，维修尚且不易，建新墩更难。

中流不建墩不架梁看似不作为，实际上传达的是对上天的敬畏之情。建造难度如此之大，建造技术又没能达到相应要求，这样的情况下刻意建墩架梁是逆势之为，不是明智之举。中流不建墩不架梁的做法恰恰符合韩江的水文特点。韩江是岭东大川，集粤东、闽西、赣南广大地区的降水，水量非常丰富。韩江流域处在东南季风区，受季风影响流量季节变化很大，枯水期和汛期流量相差超过百倍。韩江汛期常有暴流，对桥身和两岸堤围威胁很大。水疏则通，堵则溢，在江上建桥，势必堵塞河道，是违反自然规律的行为，所以桥梁建设要充分考虑河道通畅问题，一定要保证汛期洪峰能够顺利过境。韩江汛期流量巨大，广济桥巨大的桥墩严重堵塞河道，阻碍排洪，不利于大桥和两岸堤围安全。大桥中部不建墩不架梁可以最大限度减少桥梁对河流的堵塞，减轻洪流对桥身的冲击力。洪流迅速过境也可以减轻洪水对韩江两岸堤围和潮州古城的压力，使河堤和古城得到更好的保护。中流不建墩不架梁还能确保韩江航道的通畅，从而保证韩江商路的繁荣，保证潮州和韩江流域社会经济的持续发展，所以中流接以浮桥不是“不为”，而是顺势之为，是更好之“为”。

2. 建筑结构细部体现道家崇尚自然理念

道家崇尚自然，老子说：“人法地，地法天，天法道，道法自然。”老子认为道能化生万物，道是博大的，能消解万物间的各种矛盾，使世间万事万物和谐发展，是完美的。三国时的王弼这样解释老子的这句话，他说：“道不违自然，乃得其性，‘法自然也’。法自然者，在方而法方，在圆而法圆，于自然无所违也。”庄子在老子的基础上提出“天地有大美而不言”，从美学角度阐释崇尚自然的理念。道家认为，人与自然相比是极其渺小的，用以天地为中心的态度去接纳自然、顺应自然，才是最佳的。老子和庄子都认为自然才是最美的，都极力追求物质和精神上的自由。中国古典园林追求“虽由人作，宛自天开”，实际上就是道家崇尚自然思想的体现。

广济桥建筑结构细部一大突出特点是不讲究数术规范。东边梁桥长283.4米，西边梁桥长137.3米，浮桥长97.3米。这三个数字没有任何规律，也不符合营造法则，完全就是建到哪停到哪。再看桥墩之间的距离，东桥自东往西桥孔的宽度依次是：12.5米、11.9米、10.4米、9.4米、11.6米、12.1米、10.6米、11.4米、11.85米、12.9米、11.65米，西桥自西往东桥孔的宽度依次是：10.5米、9.5米、8.8米、8米、9.7米、17.5米、11.2米。再看桥墩的大小，东桥自东往中心桥墩的宽度分别是：13米、12.65米、13.85米、12.8米、13.45米、12.2米……西桥自西往中心桥墩的宽度分别是：5.9米、8.7米、9米、9.6米、9.5米、10.3米、8.1米。[10]这些数字之间毫无规律可循。桥墩的建造始于南宋，后世又多有修缮，桥墩的体量有增大也有缩小，可以说这些数据来自南宋以后的各个朝代，可见广济桥一直以来都没有遵守数术规范。

数字在中国文化中有非常重要的意义。《易经·系辞》中，把奇数一、三、五、七、九称为“天数”，也叫“生数”，把“偶数”二、四、六、八、十称为“地数”，也叫“成数”。中国传统文化把数字和五行对应起来，一、六属水，二、七属火，三、八属木，四、九属金，五、十属土，所以有“天一生水，地六成之”之说。浙江宁波著名的藏书楼“天一阁”之名正是取此意。藏书楼最怕火，楼主希望借上天之力保佑藏书楼平平安安，故名“天一”。数字在中国建筑中既可代表建筑的等级，也有避凶趋利的意义。《礼记·正义·坊记》云：“天子万乘，诸侯千乘，大夫百乘。”又云：“天子城九里，公城七里，侯、伯之城五里，子、男之城三里。”九象征至高无上，故皇帝称九五之尊，与帝王有关的建筑或最高等级的建筑物都取九或九的倍数。北京天坛以九为基数，故宫中大小房间总数是9999，太和殿、中和殿和保和殿高度都是9丈9尺。这些数字都是等级的象征，违反了这些规定等于犯上。在数术文化中，奇数对应天，属阳，象征着吉祥和幸福。古代桥梁的桥孔为奇数，如赵州桥5孔，卢沟桥11孔，颐和园玉带桥17孔，苏州宝带桥53孔。偶数对应地，属阴，在大自然中表现为大地和山川的都用偶数。北京的地坛各数都采用偶数，祭台上层方6丈，下层方10丈6尺，均高6尺，中心墁石为36块方石，纵横各6块；围绕着中心点，上台砌有8圈石块，最内者36块，最外者92块，每圈递增8块；下台同样砌有8圈石块，最内100块，最外156块，亦是每圈递增8块；上层共有548块，下层共有1024块，两层平台用8级台阶相连。中华大地上的藏书楼都取偶数开间，如“天一阁”就为六开间。一、六属水，藏书楼最怕火患，故一和六两个数是藏书楼最常用的，有些藏书楼甚至连房间的高低深广，书橱的尺寸也都用“六”。这些数字的运用都表达了避祸祈福的愿望。

广济桥为什么没有遵守数术规范？是有意为之还是无意之举？从浮桥和梁桥的长度看，“中流急湍尤深，不可为墩”是古人关于大桥中段以舟为桥的解释，就是说这段缺口是因为技术原因无可奈何留下来的。这是“无奈”说，说明结构上的不遵守数术规范是无意之举。罗英先生的“通航”说同样认为这些数字没有规律，他说：“修桥人们在工作时，看到这些大型船舶和木排往来均得经过这座大桥，若按原来规定的孔径和净空，航道将受阻碍，因而变更设计，在中流留一缺口，接以浮桥，以备通航。”[10]说明舟梁结合的做法是临时决定的，浮桥和梁桥的长度同样是无意之举。不管是无可奈何之举，还是为了通行大型船舶的有意之为，都说明大桥中间缺口的长度是随意的，是自然形成的，不是按照数术的规范刻意留下的。

除了没有遵守数术规范，广济桥的建设中还有很多随意的做法。“全桥桥墩形状各不相同”，“该桥各桥墩的形式、大小悬殊，奇形怪状”；“二岸石桥的中线（不在一根直线上）相交成一个小角，中间稍向下游弯出”；桥墩“边线不整齐，或凸出一块。或凹进一点”；“这座桥的桥墩高低不一，桥面坡度不甚顺适，东西二段各有一通航孔隆起，中部浮桥又随水位高低而变化”。[10]这是 1958年维修前的情况，没有任何规律可言。不遵守规范、不遵守规则使广济桥多了一份天然之趣。走在桥上，一会梁桥，一会浮桥，一会高悬空中，一会漂浮江面，少了匆匆赶路的急切，多了蜿蜒迂回的乐趣。空间的变化能引发更多的想象和不同的情感，如“飞梁度江”“长龙卧波”“复道行空”“彩虹高挂”等。因为桥墩高度不同，两段石梁桥的桥面因此也变得高低不平，漫步桥上时没有走在人造路桥上所特有的那种单调枯燥，而是犹如行走在山乡村野，充满自然趣味。浮桥直接飘浮在江面，给行人提供了与江水亲密接触的机会，就像园林中“浮”在水面的小桥一样，在过江的同时犹如在休闲游乐，跨越的目的性降低了，多了享受生活的闲适和乐趣。这种精神的自由解放，正是道家所提倡、所追求的逍遥。

3. 装饰艺术体现道家崇尚自然理念

广济桥装饰中最突出的是桥屋。广济桥上的桥屋与闽浙、西南地区的廊桥不同。“覆盖全桥长为廊”，廊桥的桥屋完全连成一片，把人与自然隔绝开来。而广济桥的桥屋只建造在桥墩上，桥屋之间没有连接，都是各自独立的。与长廊相比，独立的桥屋与自然之间少了些隔阂，多了些亲近。广济桥的每一座桥屋其实就是一个亭子，只是大小和屋顶形式不同而已，潮州民间习惯称为桥亭。苏轼《涵虚亭》曰：“惟有此亭无一物，坐观万景得天全。”张宣题倪云林《溪亭山色图》云：“江山无限景，都聚一亭中。”亭子四壁通透，无遮无挡，可以纵览湖光山色，吐纳云烟雾气。在亭中可以休息，也可以观览，甚至随时可以走出亭子融入自然之中。广济桥横跨江面，人在桥亭中，远山近景，尽收眼底。抬头可见明月星空，移步亭外则随时能感受阳光雨露，与大自然没有任何隔阂。道家追求“天人合一”，在建筑中追求内外空间的相通，希望能将自然风光引进建筑之中，亭子正是一种能最大限度把建筑空间和大自然融为一体的建筑物。广济桥桥屋这种独立通透的建筑形式带有鲜明的道家崇尚自然的色彩。

广济桥的装饰风格以质朴淡雅为主。桥屋屋顶用潮州传统的灰陶瓦铺设，屋脊是贝灰加水泥，所以屋顶呈现的是深灰色。（图3-2.2）桥上所用石材都选用潮州本地的花岗岩，整体呈白色，近看在白色中带着淡淡的花纹。与汉白玉相比，花岗岩少了些精致和富贵，多了一份自然和朴素。桥屋木构架不做彩绘，全部保持木材的自然本色，也不做精雕，潮州木雕常用的圆雕、通雕、透雕等方法都没有用，几乎都用浅浮雕。只有屋檐的垂花柱用深雕，但没有精细雕琢，有朴拙之感。（图3-2.3）屋顶所用木料都是坤甸木，深栗色，给人以沉稳质朴之感。坤甸木来自东南亚的原始森林，散发出一股自然远古的气息，给广济桥带来一种宁静的气质。深灰色的屋顶，白色的石柱和栏杆，

图 3-2.2　桥屋的颜色清雅

褐色的桥墩，广济桥在精致中有一种清新淡雅之美。道家以清为雅，以淡为高，贵淡不贵艳。《道德经》言："五色令人目盲，五音令人耳聋，五味令人口爽，驰骋田猎令人心发狂，难得之货，令人行妨。"从道家文化的角度看，华美虽佳却易俗，淡雅虽朴却隽永，建筑装饰上雕梁画栋、金碧辉煌或五彩缤纷都有些俗气，都有违自然，这样的装饰"令人目盲"，质朴、古拙、清新才是高雅的，才是天然之大美。广济桥装饰上的素淡朴实，正体现道家文化尚清淡朴实的审美风格。

图 3-2.3　朴拙的木雕

精细是潮州文化的突出特点，潮州雕刻艺术以精雕细琢著称，但是广济桥上的木雕、石雕装饰都以简朴为主，大部分装饰部件、装饰图案的雕刻都只是简单的勾勒，如藻井四壁的如意纹和雀替上的祥云、卷草纹都只是浅浅勾勒出轮廓。即使偶有需要深雕的，也只是粗略雕出形状而已，没有精细打磨。栏杆本是中国古桥装饰的重点部位，河北赵州桥的石栏板，雕龙刻狮，惟妙惟肖；北京卢沟桥栏杆望柱的狮子，栩栩如生，活灵活现。而广济桥栏杆的装饰很简单，仅由“直栏横槛”组成，只是把栏杆的望柱头雕成花瓶状以寄寓吉祥平安而已。道家强调“清心寡欲”，在建筑装饰上表现为朴素、简约，广济桥装饰质朴淡雅的风格正是道家文化与潮州文化融合的体现。

（三）道教神仙信仰与广济桥

神仙信仰是指人们对神仙的信奉、崇拜和追求。神仙信仰是道教信仰中重要的组成部分，也是中国民间信仰的核心内容之一。东晋葛洪《抱朴子》中明确说道：“虽有至明，而有形者不可毕见焉。虽禀极聪，而有声音不可尽闻焉。虽有大章竖亥之足，而所常履者，未若所不履之多。虽有禹、益、齐、谐之智，而所尝识者未若所不识之众也……夫目之所曾见，当何足言哉？……况乎神仙之远理，道德之幽玄，仗其短浅之耳目，以断微妙之有无，岂不悲哉？……故不见鬼神，不见仙人，不可谓世间无仙人也。”[11]道教认为神仙无处不在，掌管着自然界的万事万物，人们的生活和行为也是受神仙主宰。神仙长生不死、神通广大、无拘无束、自由自在。道教相信“仙学可致”，相信人与神仙之间没有不可逾越的鸿沟，通过修炼，凡夫俗子也可成仙。“得道成仙”是道教徒终身追求的目标。桥梁跨越河流峡谷，因此被作为人间和神界之间的纽带和中介，在道教和民间信仰中被视为众神往来升降的必经之路。道教羽化升天的神仙传说，几乎都与桥有密切关系。广济桥文化中同样充满着神仙信仰。

1. 广济桥建设中的“海外仙山”思想

道教传说海上有神山。司马迁《史记·封禅书》载：“自威、宣、燕昭使人入海求蓬莱、方丈、瀛洲三神山者，其传在渤海中，去人不远。患且至，则船风引而去。盖尝有至者，诸仙人及不死药皆在焉。其物、禽兽皆白，而黄金白银为宫阙。未至，望之如云。”据司马迁所言，海上有三座仙山，为蓬莱、方丈、瀛洲，山上有珍禽异兽，有金银砌成的琼楼玉宇，有长生不老药。仙山云雾缭绕，在阳光照射下就像一片闪着金光的云霞，生活在上面的人自由自在，长生不老。海上仙山是道教修行者追求的归宿，是中国人憧憬的乐园，神仙的生活是中国人追求的人生目标。

道家关于“海外仙山”的思想对中国传统建筑的影响主要在园林，其表现为筑三仙山和再现仙山琼楼玉宇、高低冥迷的意境，如皇家园林“一池三山”的建构模式就源自道家“海外仙山”思想。中国神话中称海上三仙山为“三壶”，南朝梁萧绮《拾遗记》载：“海上有三山，其形如壶，方丈曰方壶，蓬莱曰蓬壶，瀛洲曰瀛壶。”在中国传统园林文化中，造亭榭楼阁、名方壶仙山即象征仙境，如西汉上林苑挖太液池，池中设三座小山就是用来象征仙境。南朝宋文帝时期的真武湖，唐代大明宫后苑的太液池，清代圆明园中的“福海”“方壶胜境”“凤麟洲”，苏州留园湖心岛上的“小蓬莱”，拙政园远香堂前的“荷风四面亭”“雪香云蔚亭”“待霜亭”等园中景观都寄寓海上仙山的理想。乾隆皇帝在《圆明园四十景·方壶胜境·诗序》中写道：“海上三神山，舟到风辄引去，徒妄语耳，要知金银为宫阙，亦何异人寰？即境即仙，自在我室，何事远求？此方壶所为寓名也。”明确表达了方壶即为人间仙境的建造理念。广济桥的建设也是以“海外仙山”思想为导向。桥屋不是覆盖全桥，连接成片的长廊，而是各自独立，形成高低错落的建筑群。桥屋形态多样，有高大宽敞，有小巧玲珑，高低错落、参差冥迷而又绚丽多姿，正是人们想象中仙山的景象。与廊桥相比较，广济桥桥屋少了规范、少了禁锢、少了人为的痕迹，多了自由、开阔和随性。这一建筑群多姿多彩，而且充满神秘色彩，没有走到眼前，你永远不知道下一楼下一阁是什么样子。桥上亭台楼阁的命名也以创造仙境为导向，“凌霄”“登瀛”“得月”“朝仙”“蓬莱”“麟州”“摘星”“凌波”“飞虹”“观滟”“升仙”“骑虹”“紫霞”“青霭”“引凤”“寻麟”“浴云”“荡月”等都带有浓浓的“仙气”。联匾具有提示引导作用，是中国古典建筑创造意境的重要手法，亭阁命名的“仙气”能引发人们关于神仙世界的想象，漫步桥上犹如穿行在神界的琼楼玉宇之间。广济桥上共有匾额43块，楹联25对，其中有将近一半的内容是引领游人把思绪投向神界，如：“凌霄—登瀛”阁，配联是“凤台霭隔三千界，鳄浦波分廿四洲”。“得月—朝仙”阁，配联是“沧海月明吹笛去，瀛州景美赋诗来”，展示了一幅韩湘子在明月清风中吹着洞箫，悠然升天的景象。（图3-2.4）“云衢—冰壶”阁的配联“云绕瀛州，江流天外；衢通蓬岛，阁耸日边”和“蓬莱—麟州”阁

图 3-2.4　广济桥桥屋的匾额楹联

的配联“触目有情皆胜景，放怀无处不仙山”，以及“瀛州”“蓬岛”“胜景”“仙山”等匾额，这一切共同创造了一种海上仙山烟波浩渺，云雾缭绕，琼楼玉宇若隐若现的情景，营造出了不是仙境胜似仙境的意境。

2. 广济桥传说中的“神仙情结”

有桥就有神仙，这是中国古桥文化突出的特点。古代造桥极其艰难，无论是财力、物力还是技术，在古代要达到都是非常困难的，关于造桥的各种传说也就应运而生。中华大地上的古桥几乎都有关于神仙的故事传说。潮州俗谚云：“凤凰山头无日无云烟，湘子桥上无日无神仙。”广济桥同样有很多关于神仙的故事传说，“仙佛造桥”“王源除怪石”“三斗汉搬石梁”“醉汉骑牛升天”“仙乞巧钉府楼猴”“桥洲神鱼”“洪水止此”“二铣牛一只溜”等传说都比较有代表性。

苏州人说造桥造塔都离不开神仙帮忙，泉州人说洛阳桥的成功建造得益于海神的指示，潮州则流传着“仙佛造桥”的故事。据传韩愈当年因谏迎佛骨，被贬为潮州刺史。到潮之后，他首先祭鳄驱鳄，解除了威胁潮州民众千百年的鳄害。看到潮州人渡江艰难又危险，便命侄孙韩湘和潮州的活佛广济和尚一起造桥。广济和尚负责西岸工程，韩湘负责东岸工程。韩湘觉得工程量太大，担心以一己之力难以完成，便请来何仙姑、蓝采和等神仙帮忙。神仙活佛各显神通，广济和尚跑到潮州西南方的桑浦山，把满山的石头变成一群羊，赶回工地；八仙则跑到潮州东北的凤凰山，把山上石头变成一群猪，也赶回来。八仙人多，猪分成几批分别上路。别人都走了，铁拐李腿脚不好，落在最后，正急匆匆赶路的时候，遇到一个孝妇在一座新坟前啼哭。这丧气一冲，铁拐李法术失灵，他赶的那群猪变成了一座山。现在韩江东岸的归湖有一座猪山，据说就是当年铁拐李的那群猪变成的。广济和尚一个人赶羊，顾此失彼，到潮州时发现少了两只，急忙沿路回去寻找。羊是找到了，但在回来的路上遇到一个贪心的财主，一再说羊是他家的，死活不让走。广济和尚被纠缠得不耐烦，便说："既然是你家的羊，便赶到你家地里去吧!"地主刚把羊赶到自家地里，羊就变成一堆石头，把他家的良田给压坏了。相传这就是潮汕公路中段乌羊山的由来。八仙少了一群猪，广济和尚少了两只羊，大桥便没能合拢。这时眼看天就要亮了，再不想办法桥就建不成。大家正不知如何是好，何仙姑急中生智，把手中的宝莲花抛下，花瓣在江心散开来，变成18只梭船。对岸广济和尚明白她的意思，连忙把手杖丢下江中，变成一根大藤，把梭船连成一座浮桥。所以广济桥就成了"十八梭船廿四洲"。韩江的惊涛骇浪时刻威胁着渡江民众的生命财产安全，在韩江上造桥是潮州人世代的理想，但是韩江江面宽广，波涛汹涌，造桥难度之大世上罕见。"仙佛造桥"传说表达了潮州民众对安全渡江的期盼，也表达了民众对桥梁建设者的崇敬之情。神仙幻想中神仙虽然法力无边，但神仙的法力在某种特殊情况下会失灵，广济桥中间部分用浮桥连接，传说中用施法建桥和法力失灵解释了中流部分没有建墩架梁的原因，非常巧妙，体现了潮州民众的睿智。

在道教文化中，桥是神圣的，造桥不仅会得到神仙的帮助，造桥还能所向披靡，任何妖魔鬼怪都无法阻挡。在广济桥的传说中，"王源除怪石"就是这样的故事。光绪《海阳县志·杂录》载有这样一件事：

> 西湖山有怪石二，一大十数围，高数丈；一仅及其一半，屹立湖滨。形状酷似蟾蜍，俗因名蟾蜍石，时常作怪。宣德间王源奉敕守潮，命百夫扑碎，琢为广济桥用，怪遂息。源乃为记而勒诸石。[12]

王源琢西湖山蛤蟆石修广济桥的事在历史上确实存在。光绪《海阳县志·金石略二》载有《王源除怪石记》：

明宣德乙卯，源奉敕祛除民害，指挥李侯通、陆侯雄等佥曰："城西山屹立二石，一大数十围，高数丈，一仅及其半，世号二蟾蜍。形家以白虎瞰城，主嚚讼火灾，欲去之，虽千夫力不能胜。"源曰："昌黎驱鳄，吾能除此。"腊月既望，命检校谨孚典史王礼、驿丞秦祖，粮老彭剡等率百人扑碎，琢为广济桥用。其下有一石盘，盘下有一白物，眉目口鼻类人形，是其为之作妖，明矣。父老曰："此旁边一石常自露出，上有回风字，民以为怪，因有恶俗，去美风回之谣以压之。今公除此石，不阅月，火讼息，其与昌黎驱鳄无异。"源谢而铭诸石，是时正统元年七月七日，龙岩王源启泽韦庵题。[13]

广济桥桥墩之大世上罕见，造桥需要大量石料，石料主要来自大桥东岸的韩山和古城西侧的葫芦山。葫芦山隔护城河与潮州古城相望，是古城的天然屏障。据晚清民国潮州先贤饶锷先生《西湖山志》载："其山孤拔特起，高不百仞而上多寻丈之石，穹谷湛岩纵横相错。"山虽不高，但有很多巨石，临古城一侧有两块石特别巨大，形如蛤蟆，潮人俗称蛤蟆石。巨石屹立湖边，犹如两只大蛤蟆俯瞰古城，形家言此为"白虎瞰城，主嚚讼火灾"，因此长期没有人敢动它们。王源之所以成功扑石，是因为琢石造桥，顺应天意，能得天之助。

广济桥的石梁巨大无比，小则30～40吨，大的可达50～60吨，古代搬运和安装这些石梁都非常困难，所以广济桥也有神仙搬运石梁的传说。清代潮州先贤林大川《韩江记》载有《三斗汉》的故事，曰：

弘治间，郡守谈伦修桥，石梁长三丈余，宽、厚皆三尺，工构天架，数十人挽石一条，而莫能上。一日正在用力挽石时，而三斗汉适至。身长一丈，黑面虬须，势若奔马。从旁笑曰："如许众人，赤面汗背，犹不能升一条石块

> 耶？”众众怒其妄，命试之。遂登架独挽而上，毫不吃力，众股栗，而闻于官。后遂用三斗汉尽挽其余。桥成，赏钱数十千，食尽而去，莫知所终。[14]

据载三斗汉虽是人，其力气之大却有如神仙。乾隆年间诗人袁枚志怪小说《子不语》中载有一则名《三斗汉》的传闻：

> 三斗汉者，粤之鄙人也，其饭须三斗粟乃饱，人故呼为“三斗汉”。身长一丈，围抱不周。须虬面黑，乞食于市，所得莫能果腹。一日，之惠州，戏于提督军门外，双手挈二石狮去。提督召之，则仍挈双石狮而来。提督命五牛曳横木于前，三斗汉挽其后，用鞭鞭牛，牛奋欲奔，终不能移尺寸。提督奇其力，赏食马粮，使入伍学武。乃跪求云：“小人食须三斗粟，愿倍其粮。”提督许之。习武有年，驰马辄坠，箭发不中，乃改步卒，郁郁不得志而归。游于潮州，值潮之东门修湘子桥。桥梁石长三丈余，宽厚皆尺五。众工构天架，数十人挽之，莫能上。三斗汉从旁笑曰：“如许众人，赤面汗背，犹不能升一条石块耶！”众怒其妄，命试之。遂登架，独挽而上，众股栗。桥洞故有百数，辛卯年圮其三，郡丞范公捐俸倡修，见此人能独挽巨石，费省工速，遂命尽挽其余，赏钱数十千。不一月，食尽去，莫知所之。或云饿死于澄江。[15]

袁枚是浙江人，生活在乾隆年间，可见《三斗汉》故事流传时间很长，也很广泛。两人所载三斗汉都是人，但又异于常人。造桥是济世利民、功德无量的善举，道教相信神仙是向善的，他们常常铲恶除害、济世救民。人间的善举也能得到神仙帮助。三斗汉搬石梁的故事无疑是告诉人们广济桥的建造得到上天的帮助。

俗话说，水火无情。河流为人类的生存提供了必要的保障，但洪水也会带来毁灭性的灾难。古人认为洪灾是水怪造成的，水怪桀骜不羁，只有镇伏水怪，才能锁住洪魔，所以镇水是中国水文化的重要内容。桥梁横跨江河湖海，洪灾是桥梁损毁最主要的原因，故镇水也是桥文化的主要内容。韩江是一条典型的季节性河流，汛期的韩江犹如一群脱缰的野马，横冲直撞，严重威胁潮州民众的生命财产安全。韩江从前河床较深，水患没有那么多，入清以来，水灾频发，破坏巨大。潮州人认为从前少水患是“洪水止此”碑的力量，雍正《海阳县志·事集·杂记》载：

> 广济桥畔旧有大碣，镌“洪水止此”四字，传为韩湘笔，故从前少水患。康熙年间，郡守张自谦建榷馆其上，为董工役所仆，已连年大灾，撼城折桥。当事觉之，遍求不得，盖已为役盗鬻，石工琢灭矣。[16]

韩江下游各河段自唐宋修筑堤围之后，河水不再泛滥，宋代以来韩江三角洲成为宜耕宜居之地。明代中后期，上游山区人口快速增长，茶叶、烟草、蓝靛等经济作物大规模种植，导致水土流失，在下游形成淤积，所以水患频现。可见韩江下游从前少水患是因为上游水土保持良好，下游堤围完善，但潮州人深信这一切是因为韩湘子的神力，把“洪水止此”碑奉为神物。至于后来的遗失，估计是一时的失误。饶宗颐先生民国所成《广济桥志》录下光绪《海阳县志》所载“广济桥石碣”条，下加按语曰：“近岁重修凤凰台，于近台基水处，得一缺石，篆书‘洪水止’三字，不著书者姓名，当即此碑。志谓为石工琢灭，殊属虚构。今石移置凤凰台下。”[17]民间也传言后来重刻了一块，而凤凰台所得正是后者，此事至今未明，但潮人重视“洪水止此”碑却是不争的事实。

尽管学界一直有韩愈的侄孙韩湘是不是道教八仙中的韩湘子的争

议，但潮州人对韩湘是神仙的说法是深信不疑的。光绪《海阳县志》有这样的记载：

韩湘，字清夫，愈犹子，落魄不羁，愈强之婚宦，不听，学道仙去。愈谪潮至蓝关，湘来迎，同传舍，愈仍留之，作诗云："才为世用古来多，如子雄文世孰过。好待功名成就日，却收身去卧云萝。"湘答曰："举世俱为名利醉，伊予独向道中醒。他时定是飞升去，冲破秋空一点青。"湘答此诗，竟去。[18]

当然，志书中关于韩湘的记载也是潮州人纪念韩愈的一种方式。

"桥洲神鱼"的传说是伴随广济桥的神圣出现的。清代潮州先贤郑昌时《韩江闻见录》有"桥洲神鱼"条言：

广济桥分东西洲，其东来第三洲，有神鱼。洪水至洲若干尺，则神鱼出。仅见其尾长尺许。摆弄波心。有戏取之者，高罾网捞之，见已得矣，出水无有。[19]

从记载中可见"桥洲神鱼"很有灵性，不仅能戏弄捕鱼人，更能预测洪汛。林大川《韩江记》载：

初起湘桥，匠人刻一石鲤于桥墩，而咒咀之后，遂出鲤，鲜美异他处，为潮品第一。[20]

民间传言桥边产鲤是因为有匠人刻石鲤放在桥墩边并念了咒语才有的。不管怎么说，广济桥边产鲤鱼，这是事实，鲤鱼味道特别鲜美，也是事实。但郑、林两人的记载无疑都在突出其神性，可见关于"桥洲神鱼"的传说其实是在表达潮州人对广济桥的崇敬之情。

桥是神界与人间往来的通道，神仙通过桥来到凡间，得道成仙的人在桥上升天，"醉汉骑牛升天"和"仙乞巧钉府楼猴"两传说讲的就是关于广济桥上升天和下凡的故事。郑昌时《韩江闻见录》有“骑牛朝斗”条言：

韩江有谚曰：“凤凰山头，无日无云烟；湘子桥上，无日无神仙。”盖桥上北望，乃凤凰山。山极高，瞬息烟云百变。而虹桥卧水，若贯霄汉。人迹往来辐辏，不无仙人混俗也。

桥东西共廿四洲，相传昔时有一醉客，日携酒十八梭船上，既醉酊，或随卧东西两洲铁牛侧，中酒，歌曰：“骑马不及骑牛好，陆马难追水牛走。湘子桥头春水生，骑牛翻身朝北斗。”一日水涨，客且醉，未醒。忽水面浮一大水牛至，客翻身骑之，北望冲凤凰山顶云路冉冉飞去。人始知其为仙。[21]

成仙可以不愁温饱，没有饥寒之忧，能够超越社会束缚，自由自在，超越自然约束，长生不老。得道成仙是道教信徒极力追求的人生终极目标。“醉汉骑牛升天”的传说既表达了潮州民众对自由美好生活的向往，更是道教羽化升天理想在广济桥文化中的体现。

由于对神仙世界自由、富足生活的幻想，一般民众也有成仙的渴望，“仙乞巧钉府楼猴”的故事就属此类。潮州有镇海楼（笔者按：潮人俗称府楼），楼上栏杆的柱头以木猴装饰，每柱一猴，大楼3层共有木猴108只。猴子形态各异，皆栩栩如生，活灵活现。相传府楼前有一卖绿豆汤小贩，一天午间在府楼上仰卧歇息，朦胧间听到耳边有人说话，其中一人说：“明日午时，湘子桥第三洲头，当有乞仙到。”另一人说：“乞仙既到，便可同游。”小贩闻言惊醒，环顾四周，并无他人，只有两只木猴相对而蹲。原来木猴长期吸取日月光华，已然成仙。此人知有异，按神猴提示第二天午时来到桥第三洲，果见一乞丐在洲头乞食。小贩赶紧来到乞儿跟前，倒地长跪，求其超度。乞丐问："你何以知我是仙？"小贩没办法只得如实回答。乞丐拿出一包槟榔果对他说："既是木猴告诉你的，你理应感谢他们。把这包果子拿回去，在每只猴子头上放一颗，然后再回来见我。"小贩按乞丐所言，把槟榔放在木猴头上。槟榔随即化为铁钉把木猴牢牢钉在木柱上。小贩回到桥头，乞丐已无踪影。这就是在潮州流传甚广的"仙乞巧钉府楼猴"的故事。（图3-2.5）潮州俗语有"灵活过府楼猴"，歇后语有"府楼猴——无变走"，前者意为人非常机灵，后者意为跟府楼猴一样被钉住，动不了。镇海楼上的木猴雕刻得非常生动形象，潮州人都很喜欢，把府楼猴神化正是潮州民众喜欢它们的表现。神猴有神性，小贩渴望升天，表达了普通民众期盼超越人类自身局限，崇尚自由的心理。在广济桥的传说中，还有很多充满神仙幻想的故事，林大川《韩江记》所载的这则《竹节连环》也流传甚广。

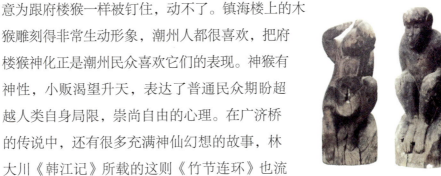

图 3-2.5 潮州府楼猴

相传，湘子桥昔有卖竹节连环者，一圈套一圈，久无人买，适巡道少君过，以三文买一归署。巡道见之，骇曰："凡物那得有此！此殆仙人之游戏也。"再往湘子桥，杳无踪迹矣，方知真仙。乃作歌曰："若说无仙缘，何又桥头遇？若说有仙缘，何到桥头去？有缘与无缘，吾甚昧其故。功德积三千，再盼仙来度。"心殊怏怏，数日不怡。[22]

"神仙信仰是人们崇尚自然，顺应天道的心意现象，是一种民俗心理的积淀，是社会发展的心意链。"同样的，"道教的神仙信仰，是人类不甘于自身能力的局限和生命的有限，追求更高的人生境界的反映"。[23]潮州人深信广济桥是神圣的，具有无限神力，能够战胜一切邪恶力量。由于广济桥在潮州乃至东南沿海交通上的重要地位，20

世纪30~40年代日寇进犯潮州时，不知针对大桥投下多少炸弹，1958年维修时还可看到桥上布满炸弹伤痕。但是这样的狂轰滥炸也仅损坏西桥第十墩一角。2003年维修时，在桥下沙石中还发现2枚外表锈迹斑斑的炸弹，经潮州市有关部门鉴定是日寇空袭时尚未引爆的哑弹。这些事实让潮州人更加相信广济桥是神圣的，一切邪恶力量都无法损害它。广济桥民间传说中的神仙信仰，体现了潮州人崇拜神秘强力的心理。

参考资料：

[1] 王秀梅译注：《诗经》，北京：中华书局，2006年，第341页。

[2] [汉]司马迁著：《史记·周本纪》，北京：中华书局，1959年，第112页。

[3] [唐]房玄龄等著：《晋书·元帝纪》，北京：中华书局，1974年，第85页。

[4] 李非：《地理五诀白话评注》，郑州：中州古籍出版社，1994年，第38-39页。

[5] 《阴阳二宅全书》卷一《龙说》，上海：江左书林石印本，宣统元年孟秋印，著作者不详。

[6] [清]叶九升：《地理大成：山法全书》，清康熙三十五年（1696年）刊本（油印，无页码）。

[7] 乾隆《潮州府志》卷五《形势》，广东历代方志集成本，广州：岭南美术出版社，2008年，第62页。

[8] [清]杨钟岳：《重刻广济桥记》，载《搴华堂文集》（康熙刻本），广东：澄海官沟门宗亲联谊会印，2010年，第70页。

[9] 张世英：《中国古代“天人合一”思想》，《求是》2007年第7期。

[10] 罗英：《潮州广济桥》，载《中国石桥》，北京：人民交通出版社，1959年，第199-216页。

[11] [东晋]葛洪：《抱朴子内篇》《论仙卷二》，转引自王明：《抱朴

子内篇校释》，北京：中华书局，1986年版，第12-21页。

[12] 光绪《海阳县志》卷四十六《杂录》，《中国方志丛书》第64号，光绪二十六年刊本影印版，台湾：成文出版社，民国56年（1967年），第447页。

[13] 光绪《海阳县志》卷三十一《金石略二》，《中国方志丛书》第64号，第319页。

[14] [清]林大川编著，彭妙艳校点：《韩江记》卷二，郑州：中州古籍出版社，2000年，第26页。

[15] [清]袁枚：《子不语》卷四，载王英志主编：《袁枚全集》（四），南京：江苏古籍出版社，1993年，第69页。

[16] 雍正《海阳县志》卷八《事集·杂记》，广东历代方志集成本，第97页。

[17] 饶宗颐、张树人编著：《广济桥史料汇编》，香港：新城文化服务有限公司出版，1993年，第40页。

[18] 光绪《海阳县志》卷四十三《列传十二·释仙·唐》，《中国方志丛书》第64号，第417-418页。

[19] [清]郑昌时著，吴二持校注：《韩江闻见录》卷七，上海：上海古籍出版社，1995年，第217页。

[20] [清]林大川编著，彭妙艳校点：《韩江记》卷二，第26页。

[21] [清]郑昌时著，吴二持校注：《韩江闻见录》卷五，第148页。

[22] [清]林大川编著，彭妙艳校点：《韩江记》卷二，第28页。

[23] 叶春生：《道教的神仙信仰释例》，《粤海风》2014年第4期。

三 广济桥的释家文化意蕴

（一）释家文化的主要思想

西汉末年释家文化通过丝绸之路传入中国，与中国本土文化相结合，融入中国社会生活的各个层面，影响中国文化的很多领域，对中国传统文化的发展起着举足轻重的作用。

释家文化的核心思想是“痛苦论”和“解脱论”，基础是“因果”和“轮回”。释家认为一切事物都是由多种原因和条件构成的，同时处于不断变化、不断流动的过程中。人生也是如此。人有生老病死的自然变化，有对自由、幸福、永恒的强烈追求，有从自我出发的无穷欲念，但是与不断变化的客观现实相矛盾、相冲突而不能得到满足，因此人生是痛苦的。人会根据生前的行为表现，死后转生为相应的生命体，这就是“生死轮回”思想。人的理想、生存的目标是解除痛苦、超脱生死轮回，此为“解脱”。释家强调因果关系，认为“善有善报，恶有恶报”，或报在自身，或报在来世，有“祸及子孙”之说。认为悔罪能植福，有延寿荐亡、修德禳灾、设供祈愿等观念。[1]

（二）释家文化对中国文化的影响

释家文化有“佛法无边”之说，意思是释家的智慧非常博大，无边无际。释家文化对中国的影响非常广泛，中国传统文化在思想、艺术、文学、语言等诸多方面都不同程度上受到释家文化的影响。

在思想上，释家的“人生痛苦论”和“解脱论”对中国人的价值观念影响深刻。中国传统文化中儒家的价值观具有鲜明的人格意识，提倡刚毅，强调自强不息，积极向上。儒家肯定人生是快乐的，主张等级制度。道家以个人的自由超脱为人生理想，庄子主张人要各任其性，取消差别，超然物外。释家的“痛苦论”和“解脱论”与中国传统文化中的儒道两大流派有同有异，从意义上讲有加强也有补充。从思维方式上看，释家以直觉思维、否定思维和具象思维为主，与中国传统文化的思维方式，既有相同性又有相异性，既有相容性又有不相容性。释家强调“三观”，即禅观、现观和观心。禅观，要求一边坐禅，一边观照特定的对象；现观，要求运用般若智慧直接观照对象，并合而为一；观心，则是返观自心，显示本性。禅宗还提倡禅悟，要求在日常行为中，排除妄念，体证禅道。这样的思维方式具有直接切入性、整体契合性和神秘意会性等特征。中国传统文化中的儒家和道家也都重视追求人生的最高理想境界，强调把握天道、天理，也重视和运用直觉思维，但儒家和道家直觉思维的内容与释家直觉思维的内容有很大差异。儒家和道家的直觉思维是对现实生活的超越，或追求理想人格，或追求精神自由，带有平实性。佛家的直觉思维是追求对现实生命的超越，终极目标是超越人而成为佛，带有神秘性。这些相同和相异、相容和不相容，为释家文化与中国传统文化带来互斥，也带来互补，从而促进了释家文化的中国化和中国传统文化的开放与变化。[1]

有道是：“不懂禅，不足以言诗；不懂禅，不足以论书画。”此话看似有些夸张，其实很有道理，因为释家文化在中国文学和书画等艺术形式方面影响都很大。释家文化那种天地生死间无尽的想象，对中国传统文学浪漫主义风格的形成和发展具有极大推动力。释家追求自我解脱，主张离尘恬淡的思想境界，促进中国文学清淡悠远艺术流派的产生。王维诗画的曲径通幽，苏轼、白居易等人创作中的幽静恬淡，都是释家文化影响的结果。文学作品中有很多与佛教有关的经典之作，《西游记》就是其中的典型。《西游记》中所展示的思想，就是佛学思想。鲁迅在《中国小说史略》中说：“六朝尤其是唐以后的文学作品，其中源于佛教的成语几乎占了史上外来成语的百分之九十以上。”可以说明释家文化对中国文学的影响之大。佛教典故是历代画家创作的源泉，吴道子、顾恺之等著名画家皆以擅长佛画闻名于世，敦煌石窟壁画的内容主要是佛学道理。佛教音乐是中国传统音乐的重要组成部分，对中国民间说唱音乐、音韵学以及乐律、音阶和字谱学的发展，均有重要影响。

释家文化对中国建筑的影响同样是巨大的，佛寺、佛塔、石窟等建筑类型就是释家文化的产物。佛寺的空间布局是四合院，沿中轴线分布。大寺院由两进到三进加两侧若干小院组成，这种布局与中国传统民居中的四合院基本相同，这是释家文化与中国传统建筑相结合的产物。我国著名建筑学家梁思成先生说：“我国寺庙建筑，无论在平面上、布置上或殿屋的结构上，与宫殿住宅等等，素无显异之区别，盖均以一正两厢、前朝后寝，缀以廊屋为其基本之配置方式也。其设计以前后中轴线为主干，而左右交轴线，则往往忽略。交轴线之于中轴线，无自身之观点立场，完全处于附属地位，为中国建筑特征之一。故宫殿、寺庙，规模之大者，胥在中轴线上增加庭院进数，其平面成为前后极长而东西狭小之状。其左右若有所增进，则往往另加中轴线一道与原中轴线平行，而两者之间，并无图案上关系，可互不相关焉。”[2]在建筑物内部构造上，佛教建筑中常用的木雕斗栱、木雕垂花、彩绘天花、藻井等早就成为中国建筑内部构造的重要内容。释家文化中的吉祥八宝、莲花、忍冬藤、卷草纹、如意纹等吉祥图案也完全融入中国传统建筑装饰之中。

（三）释家文化在潮州的影响

长期以来，中国文化都以儒、道、释三大家为主体，但不同地区各有侧重。在潮州文化的形成过程中，儒释两家所起的作用、所占的比重相对比较大。在关于潮州文化源头的问题上，饶宗颐先生的观点是“儒佛交辉”，其中释家文化进入潮州要比儒家早，他说：“论潮人学术，唐世先得禅学之薪传，继起乃为儒学，在韩公未谪潮之前。

已卓然大有成就，是即潮人文化——传统之源头，儒佛交辉，尤为不争之事实。”[3]学者研究显示，佛教在南朝刘宋年间（457—465年）已传入潮州。[4]《潮阳县文物志》载，潮阳西岩的佛教寺院建于晋代（265—420年）。[5]光绪《潮阳县志·山川》载：“西山，一名塔山，距县西5里，与东山对峙。山麓曰‘海潮岩’。山巅有砖塔，久废。寺内有井，味清洌。其脉通潮，潮长则泉倍，潮消则泉微。唐僧惠照尝居此，大颠与药山并师事之。”[6]惠照是禅宗南宗六祖惠能的传人，精于佛学，擅长诗书，在传道方面也卓有成效。大颠和尚和药山惟严都颇有盛名，两人皆曾拜惠照为师。可见，潮阳西岩寺在唐初即闻名遐迩。

潮州自来有“岭东佛国”之称，是一个佛教信仰氛围浓烈的地方。潮州文化中释家文化的影响非常广泛，方言、戏剧、音乐、绘画、雕刻、饮食乃至思想观念和民情风俗都有释家文化的印迹。潮州民间“善恶”“因果”“感恩”“积德”“慈善”等思想非常盛行。潮州古城有多处放生地，唐肃宗乾元年间（758～759年），皇帝下诏天下临池带郭处设置放生池81处，潮州西湖便是其中之一。过去西湖山麓尚有“放生”石刻，湖心亭南侧称为放生池。潮州的慈善文化很兴旺，遍布潮州大地的善堂，其历史可以追溯至宋代大峰和尚的善举。潮州很多民俗节日是佛教节日，很多祭祀活动与佛教有关，如“阿嬷生”（阿娘诞辰纪念日）、中元节、施孤等都是。潮州人的诞生和丧葬等礼仪，也属佛化的祭祀仪式。潮州的素食文化很兴盛，素食历史悠久，素菜品种繁多，素菜馆生意兴隆。潮州很多老人和家庭定期吃素，每月农历初一、十五两天是许多老人固定吃素的日子。潮州戏剧中有多部作品表达因果报应思想，潮州民间音乐中的庙堂音乐在全国佛教音乐中占有重要地位。[7]

佛教建筑在潮州遍地开花。据学者考证，在潮州境内，有名字和地址可考的寺庙，原有200座以上。小小的潮州古城就有寺庙近百座，现在古城很多民居的前身是佛教寺庙。潮汕大地有很多著名寺院，潮州古城的开元寺和潮阳的灵山寺都是其中的佼佼者。乾隆《潮州府志·寺观》载，“开元寺在城内甘露坊，创于有唐”，元代改为“开元万寿禅寺”，明代称“开元镇国禅寺”，又称“镇国开元禅寺”，加额“万寿宫”，为粤东地区第一古刹。[8]（图3-3.1）开元寺原占地100亩，为四合院式佛教建筑群，气势恢宏。寺中保存有珍贵历史文物多种，包括开元寺始建时所造石经幢4座、唐代唯一由不空和尚翻译的密宗石幢、宋代政和四年（1114年）铸造的大铜钟、元代泰定二年（1325年）用疑似陨石雕就的大香炉、元代至正六年（1346年）制作的铜质大云板、明代万历七年（1579年）雕刻的金漆木雕千佛塔、迄今罕见保存完整的清代乾隆年间的《龙藏经》一部、日寇霸占潮州时开元寺智诚禅师闭关三年刺舌血写成的《大方广佛华严经》等。寺中还有一座刻有“开元寺禅堂香炉一座永远供奉三韩弟子任国祚”字样的红铜香炉，此香炉据传是唐代来此参学的韩国僧人所捐，刻文中的三韩即为新罗、百济、高句丽，即今之韩国与朝鲜，此为唐代中韩文化交流的重要物证。潮阳的灵山寺为惠能大师嫡传第三

图 3-3.1　潮州开元寺

图 3–3.2　潮阳灵山寺

代弟子——大颠禅师开创于唐贞元七年（791年），唐穆宗李恒于长庆二年（822年）钦赐为“护国禅院”。大颠禅师是韩愈谪潮时的至交，韩愈在给孟简的信中说：“潮州时有一老僧号大颠，颇聪明，识道理，远地可与语者，故自山招至州郭，留十数日，实能外形骸以理自胜，不为事物侵乱。与之语，虽不尽解，要自胸中无滞碍，以为难得，因与来往，及祭神至海上，遂造其庐。及来袁州，留衣服为别，乃人之情。”[9]寺中原藏有大颠著述多部。寺院自唐代以来多有封赐，如唐长庆二年（822年），穆宗赐额“护国禅院”；宋大中祥符五年（1012年），真宗敕赐新译藏经一部；宋天圣七年（1029年），仁宗敕赐“开善禅院”等。灵山寺经过历朝的扩建，现占地面积约5000平方米，也是粤东著名古刹之一。（图3–3.2）潮州境内还有佛塔多座。佛教建筑是潮州佛教文化兴盛的重要物证。

（四）广济桥蕴含的释家文化意蕴

1. 广济桥建造目的彰显释家文化主旨

《说文解字》曰："桥，水梁也。从木，乔声。骈木为之者，独木者曰杠。""梁，水桥也。从木、水、刅声。"段玉裁注为："梁之字，用木跨水，今之桥也。"《辞源》释云："桥，架在水上连接两岸的建筑物。"古今都说得很明确，桥就是将河流、溪涧两岸连接起来，方便行人越涧渡河的建筑物，其建造的目的就是解决交通障碍问题。

广济桥横跨韩江，主要作用是沟通韩江东西两岸。古代的韩江江宽水深流急，悍鳄横行，有"恶溪"之称，汛期渡江，船翻人亡之祸常发生。下面两段记载可以看出古时渡江之艰险。曾汪《康济桥记》言："金山崒嵂，俯瞰洪流，悍鳄曩时斉以为居。自昌黎刺史咄嗟之后，一害去矣。江势蜿蜒，飚横浪激，时多覆溺之患。循抵中流，势若微杀。往来冠屦，踵蹑肩摩，轻舸短揖，过者寒心。"[10]南宋潮州先贤张羔《仰韩阁记》说："溪当闽广之冲，凡道于是者，立马倚担溪渡，移晷骤雨暴涨，翻覆一转臂间。"[11]虽然曾汪说自韩愈祭鳄驱鳄之后，江中鳄害已去，但查后世资料，宋代仍有鳄鱼伤人的记录，估计宋时鳄鱼比唐时少但仍偶有出现。汛期的韩江，波急岸远，波涛汹涌，东西两岸有如相隔千里。经过广济桥的干线是沟通闽粤两省的交通干线，韩江是这条东南沿海重要交通干线上的天堑，渡江的危险时刻威胁着潮州民众和商旅的生命安全。杨钟岳《重刻广济桥记》载，潮州"地近闽浙，百粤往来之冲，当春夏泛涨，漭湍澎湃，飞涛怒沫，不可向迩，行旅载道，轩辖络绎，鹄立待济者，顾东西两岸，弥漫如隔千里，一不奏功，而飘沉陷溺，不知所之，为此方巨患"[12]。没有广济桥，跨越韩江随时有葬身惊涛鳄腹之险。韩江汇集汀赣循梅诸山之水，千里建瓴，如奔雷骋马，势不可挡。自江以下皆泽国，缓水势而息狂澜，惟斯桥是赖。此桥即使失一墩，也有可能造成下游如东厢、西厢、登云、登隆、隆都、苏湾等处堤围冲决。假如没有广济桥，下游一切生命都犹如生活在利刃之下。

佛家文化强调人有先天的孽缘，人生充满痛苦，只有努力修行，约束身心，艰苦磨炼，才有可能修成正果。相信生死轮回，因果报应，善有善报、恶有恶报。重视修身养性，行善积德，渴求能善报今生、惠及子孙。桥梁具有跨越天堑的作用，有了桥，天堑变通途，道路成康庄，人的生命安全得到了保障，人生就有了希望。修桥铺路便民利民，给人以生命以希望。“修桥铺路，善莫大焉”，释家文化把修桥铺路视为普度众生的大善举，释迦牟尼常教育弟子：“种植园果故，林树荫清凉；桥船以济度，造作福德舍；穿井供渴乏，客舍给行旅；如此之功德，日夜常增长。”[13]《华严经》道：“广渡一切，犹如桥梁。”修桥铺路是释家信众行善积德的重要举措，宋代泉州建造的每一座桥梁，几乎都有僧侣参与。广济桥的建造，使跨越韩江化危为安、化险为夷的理想得以实现，救万民于惊涛鳄口，是对佛家文化普度众生思想很好的诠释。

设置放生台，给民众提供一个祝圣放生的场所是广济桥的传统，史载：

> 南宋端平初（1234年）知洲叶观，以桥屡经溪洪风飓之余，亭屋俱弊，命判官赵汝禹督工，悉整而新之，中扁玉鉴，与小蓬莱对，仍辟二亭，面北曰飞跃，为祝圣放生之所，面南曰盍簪，为礼贤宾饯之所。[14]

中国“放生”的历史几乎跟民族历史一样悠久。《列子·说符》载：

> 邯郸之民，以正月之旦献鸠于简子，简子大悦，厚赏

之。客问其故。简子曰："正旦放生，示有恩也。"客曰："民知君之欲放之，故竞而捕之，死者众矣。君如欲生之，不若禁民勿捕。捕而放之，恩过不相补矣。"简子曰："然。"[15]

可见，早在春秋战国，中国即有在特殊日子放生的做法。放生成为民间习俗，则是在佛教传入中国之后。"五戒与十善"是佛教最基本的戒律。"五戒"，即一不杀生，二不偷盗，三不邪淫，四不妄语，五不饮酒。这"五戒"是佛门四众弟子的基本戒，不论出家居家皆应遵守。佛教的基本观念是众生平等，佛说众生皆具佛性，皆可成佛，要珍惜生命。戒杀生是佛门第一戒，广济桥上建放生台，是释家文化众生平等，不杀生思想的体现。

2. 广济桥的命名蕴含释家文化理念

俗话说："不怕生错命，就怕取错名。"古人云："赐子千金，不如教子一艺；教子一艺，不如赐子好名。"命名是中国人一生中最重要的事情之一，自来是慎之又慎、精益求精。一个人的名字凝结了一家长辈的深情厚意和殷切期望。趋吉避凶、寓意吉祥、雅致都是中国人命名的原则。命名也是中国桥文化重要的内容，俗话说："桥梁不辨曲直，桥名内有乾坤。"茅以升先生认为我国古代桥梁有六大特点，其中之一即是桥名，他说："桥都有名字，往往不随地名河名，而另有一个意味深长的'雅号'，如'垂虹''玉带'之类，这在世界桥梁上是少见的。"又说："我国古代桥梁的名字，不以地名而冠以独特含意的称号，可说是我国桥梁命名的一大特点。"[16]我国古桥中，以所在地区或所跨江河命名的很少，以各种"雅号"称呼的很多，如福建省泉州府晋江县有桥67座，都用"雅号"命名。这些桥名，或为记事或为抒情，或诗情画意，或寄寓吉祥，或祈盼安康。为纪念对造桥有巨大贡献的人或事，为颂扬一桥飞架，天堑变通途的功德，或为寄寓良好祝愿，或为抒发桥成的喜悦之情，都是中国古桥命名的重要方式。《茅以升桥话》一书中收录了各地方志记载的几千座古桥桥名，茅以升先生认为：“它不仅记载了我国古代建桥的成就，更从命名中揭示出我国古代文化、历史、民俗、哲理等人文精神。”[16]

以佛家普度众生思想为桥命名是中华大地上古桥命名的一种重要方式，如河北赵县的“安济桥”，河南开封鄢陵县的“惠民桥”，福建泉州的“万安桥”“安平桥”，浙江绍兴的“广宁桥”，江苏苏州的“普济桥”，山东兖州的“永济桥”，等等。“广济桥”之名也很有代表性，中国大地上有很多广济桥。潮州广济桥之名始自明代，根据姚友直《广济桥记》载，王源修桥，“不期月告成，四方之人，骤闻者，疑而骇，若不之信。更名其桥曰‘广济’，取济百粤之民，其功甚大也”。可见，名桥“广济”寄托的是祝福万民永远安康、幸福吉祥的美好愿望。历史上，这座桥有过“康济桥”“济川桥”“丁侯桥”等称呼。据潮州《三阳志・桥道》载：“由东以入广者，至潮有一江之阻，沙平水落，一苇可航，雨积江涨，则波急而岸远……来往者两病之……乾道七年（1171年），太守曾公汪乃造舟为梁，八十有六只，以接江之东西两岸，且峙石洲于中，以绳其势，根其址，凡三越月而就，名曰‘康济桥’。”又载：“庆元丙辰，陈公益东岸之洲二，结梁如丁侯桥（笔者按：即西桥）而增广之，曰‘济川桥’。”[17]“康济桥”是这座千年古桥的第一个名字，为主导造桥的曾汪所命，据曾汪《康济桥记》载：“江面一千八百尺，中磻石洲，广五十尺，而长如之，复加锐焉。为舟八十有六，亘以为梁。昔日风波险阻之地，今化为康庄矣！”可见曾汪名桥为“康济”，蕴含的是美好的祝福。古代造桥殊非易事，在韩江上造桥是潮州人千百年来的梦想，能化风险为康庄，变天堑为通途，救万民于惊涛鳄口，体现的正是释家文化中普度众生、造福万众的思想。

命名是一种主观性极强的行为，反映了命名者的心理期盼和价值取向，桥梁的名称反映了一个地区的文化心理和价值取向。佛家文化是潮州传统文化的源头之一，对潮州文化的形成和发展具有重要意义。潮州文化中蕴含着非常浓烈的释家文化气息。早在宋代，潮州城里就设有养济院、安养院、安乐庐等官办的贫民福利救济机构。据潮州《三阳志》载："养济院……陈公宏规修辟之，以处道途之病患及废疾无告者。官为置厝，给其钱米并疗治之费。""安养院……民之鳏寡孤独废疾者有养也。""安乐庐……根据租输，拨钱四百贯省，买园岁收租钱四十贯。置厝支给往来病者粥食、汤药、裘粮之费，董以缁流。由是道途有疾病者，得此栖止而蒙周救惠焉。"[18]志书中说得非常清楚，这些机构的建立就是为了帮助病弱老残之人，让这些人有一定的生存和生活保障。潮州各地所辟放生场所，是在提醒人们珍惜自然生命，多为善行。宋代大规模扩建开元寺等行为，都说明释家文化在潮州影响巨大。名桥"康济""济川""广济"，都是潮州文化心理、潮人价值取向深受佛家文化影响的体现。

3. 广济桥装饰传播释家文化信息

梁思成先生说："佛教传入中国，在建筑上最显著而久远的影响，不在建筑本身之基本结构，而在雕饰。"[19]跟中国许许多多的传统建筑一样，广济桥的装饰也深受释家文化影响，在装饰题材的选择、装饰手法的运用和意境的创造等方面，都有浓烈的释家文化气息。

广济桥装饰寄寓了潮州民众镇水祈福的心愿。韩江汛期常有暴流，洪魔肆虐是潮州最大的祸患之一，锁住韩江洪魔等于拯救潮州千万黎民的生命。镇水是潮州民众寄寓广济桥最大的期盼。据传，广济桥古代有镇水宝碣"洪水止此"碑，后石碑不慎遗失，张自谦铸造了两头铣牛代替石碑镇水。雍正《海阳县志》载："广济桥畔旧有石碣，镌'洪水止此'四字，传为韩湘笔，故从前少水患。康熙年间，郡守张自谦建榷棺其上，为董工役所仆，已连年水灾，撼城折桥。当事觉之，遍求不得，盖已为役盗鬻，石工琢来矣。”[20]光绪《海阳县志》载：“雍正二年（1724年），知府张自谦倡绅士捐修其一，铸二铁牛，列东西岸以镇之。”[21]俗话说，水火无情，河水泛滥是河流沿岸地区最大的祸患。一场洪灾，往往是家毁人亡，沃野荒芜，能够锁住洪魔等于保住无数人的生命和财产。韩江汛期长，洪汛凶猛，对潮州民众生命财产安全威胁巨大，“洪水止此”碣和镇水铣牛的设置，都以锁住洪魔杜绝水患，保民安康为目的，符合释家济世救人、普度众生的理念。

佛家文化“信仰自然神灵，并把这些神灵寄寓岩石、树木、溪流和其他自然物体之中”，所谓“青青翠竹，总是法身；郁郁黄花，无非般若”，“翠竹黄花皆佛性，白云流水是禅心”。客观世界的很多事物都被赋予象征意义，如莲花被视为圣洁之物，用来比喻清净、圣洁、吉祥。“莲花装饰的文化意义既在于崇拜，又在于审美，既是人心对佛国热烈焦灼的精神皈依，又是灵魂对世俗冷静喜悦的留恋难舍，是崇拜与审美既酸涩又甜蜜的‘二重奏’。”[22]这是对释家尚莲很好的诠释。广济桥护栏望柱的柱头全部雕成花瓶状，一里长桥一里花瓶，表达了福泽绵绵、吉祥平安的祝愿。广济桥桥屋出檐都有垂花柱，柱头饰以莲花，桥屋的雀替、“民不能忘”坊等都以祥云和卷草纹装饰，屋顶多饰以浅浮雕如意纹等图案，同样寄予平安吉祥的美好期盼。忍冬卷草纹空灵舒展忍性强，被寓以坚忍不拔的内涵。这种图饰并非源自中国本土，而是随着佛教而进入中国的，在南北朝时期就被广泛用于佛教绘画雕刻等艺术之中。一桥莲花、一桥忍冬卷草、一桥祥云，广济桥通过以小见大的办法，营造了佛国仙境的氛围。

广济桥桥屋的屋顶用木全部为坤甸木。坤甸木是东南半岛原始森林中一种名贵的木材，木质坚实凝重。许多著名寺院的主殿主梁都采用坤甸木，如素有“南禅祖庭”之称的韶关南华寺，主要殿堂和钟鼓楼的主梁都是用巨大的坤甸木架成；泰国、柬埔寨等佛教国家的寺院也多以坤甸木作为大梁。坤甸木带有远古所特有的深悠宁静的气息，给人以宁静祥和之感，为寺院营造了一种宁静祥和的氛围。坤甸木的质朴凝重使广济桥焕发出释家文化所特有的宁静祥和气息。

参考资料：

[1] 方立天：《佛教与中国传统文化》，《天津社会科学》1989年第6期。

[2] 梁思成：《梁思成文集》（三），北京：中国建筑工业出版社，1982年，第239页。

[3] 饶宗颐：《潮人文化的传统和发扬》，载黄挺编：《饶宗颐潮汕地方史论集》，汕头：汕头大学出版社，1996年，第577页。

[4] 郑群辉：《佛教何时初传潮汕》，《韩山师范学院学报》2011年第2期。

[5] 潮阳县文物志编纂组：《潮阳县文物志》，潮阳县文物局（内部刊物），1986年，第59页。

[6] 光绪《潮阳县志》卷五《山川》，广东历代方志集成本，广州：岭南美术出版社，2008年，第54页。

[7] 郑群辉：《谈潮州佛化民俗》，《岭南文史》1994年第1期。

[8] 乾隆《潮州府志》卷十五《寺观》，广东历代方志集成本，第175页。

[9] [唐]韩愈：《与孟简尚书书》，载《五百家注释韩昌黎集》，北京：中华书局，2019年，第929页。

[10] 《永乐大典》卷五三四三《潮州府・文章・碑刻》，载饶宗颐编集：《潮州志汇编》第一部，香港：龙门书店，1965年，第38页下。

[11] [南宋]张羔：《仰韩阁记》，载饶宗颐编集：《潮州志汇编》第一部，第48页下。

[12] [清]杨钟岳：《搴华堂文集》（康熙刻本），广东：澄海官沟门宗亲联谊会印，2010年，第70页。

[13]《别译杂阿含经》卷八《大正藏》第二卷，载圆持编著：《佛教伦理》，台湾：东方出版社，2010年，第426页。

[14] 饶宗颐编集：《潮州志汇编》第一部，1965年，第10页上。

[15] 严北溟、严捷译注：《列子译注·说符》，上海：上海古籍出版社，1986年，第218页。

[16] 茅以升科技教育基金会选编：《茅以升桥话》，成都：西南交通大学出版社，2006年，第442页。

[17] 饶宗颐编集：《潮州志汇编》第一部，1965年，第9页。

[18] 陈香白辑校：《潮州三阳志辑稿　潮州三阳图志辑稿》卷九《公署》，广州：中山大学出版社，1989年，第47页。

[19] 梁思成：《中国建筑史》，天津：天津百花文艺出版社，1997年，第92页。

[20] 雍正《海阳县志》卷八《事集·杂记》，广东历代方志集成本，2008年，第399页。

[21] 光绪《海阳县志》卷二十二《建置略六·桥梁》，《中国方志丛书》第64号，光绪二十六年刊本影印版，台湾：成文出版社，民国56年（1967年），第207页。

[22] 王振复：《大地上的“宇宙”》，上海：复旦大学出版社，2001年，第107页。

第四章 广济桥的文学艺术

CHAPTER 4

一 广济桥诗文赏析

俗话说，“楼以文传”，自古以来，中国建筑与文学的关系盘根错节，难分难离。美丽建筑能够激发作家的创作情思，为文学提供抒写的题材和空间，成为文人墨客描绘抒情的对象。文人们或触景抒怀，或寄情言志，这种现象历久不衰。文学史上有许多传世名作是因建筑而产生的，范仲淹的《岳阳楼记》、杜牧的《阿房宫赋》、王勃的《滕王阁序》等都是精美建筑激发出来的文学佳作。建筑既是文学创作的触发点，同时又为文学提供了抒写的题材，建筑的造型、意境，建筑与环境的关系，与建筑相关的故事、传说，与建筑相关的人物等因素都是文学创作很好的题材。从表达形式上讲，建筑和文学之间具有互补性。建筑是造型艺术，具有模糊性、不确定性等特点，建筑艺术又是很含蓄的，常借助外部造型表达深刻的内涵。文学是语言艺术，它可以“更完满地展开一个事件的全貌，一系列事件的先后承续，心情活动，情绪和思想的转变以及一种动作情节的完整过程”[1]。一句话，文学具有把建筑所隐含的内容揭示清楚的功能。此外文学还有引导鉴赏的作用，通过文学的揭示和引导，人们对建筑的艺术性可以有进一步的认识，建筑的审美价值可以得到进一步的提高。

中国被誉为“桥的国度”，桥梁在中国人心中有着非常特殊的地位。在中国传统文化中，桥代表别离、代表吉祥、代表纽带、代表生活的美好。在中国文学中，桥是古老而常见的题材。在古典诗词中，桥是一个常见的意象，文人墨客借桥抒情记事，寄托无限情怀。杜牧的“二十四桥明月夜，玉人何处教吹箫”（杜牧《寄扬州韩绰判官》），秦观的“柔情似水，佳期如梦，忍顾鹊桥归路”（秦观《鹊桥仙·纤云弄巧》），姜夔的“二十四桥仍在，波心荡、冷月无声”（姜夔《扬州慢》），马致远的“小桥、流水、人家”（马致远《天净沙·秋思》），都是借桥寄情抒怀的佳句。

潮州广济桥历史悠久，在水陆交通中作用巨大，在潮州人的日常生活中具有重要意义，是潮州最重要的历史文化地标，是文学创作绝好的题材。大桥漫长的建造和维修历史，别具一格的造型，精美的装饰以及周围美丽的风光都是文人墨客寄情抒怀的对象，千百年来围绕这座桥留下了许多诗文辞赋。诗人们从不同的角度、不同层面抒发对这座桥的感受，赋予了这座千年古桥浓烈的人文色彩。

（一）昔日真畏途，今日成康庄

《送举人》 南宋 曾汪

乐作疑游太古庭，韩门今喜见诸生。
千间厦敞摅雄思，万里桥成助去程。
玉醑杯深乡意重，银蟾宫近客身轻。
前贤已有惊人举，更听胪传第一声。[2]

南宋乾道年间潮州太守曾汪这首《送举人》，是现今所见最早的广济桥诗。全诗上下洋溢着喜悦之情。韩江是横亘在中国大陆沿海交通干线上的天堑，也是潮州人生活中的一道天堑。古人云："江势蜿蜒，飚横浪激，时多覆溺之患。循抵中流，势若微杀。往来冠屦，踵蹑肩摩，轻舸短揖，过者寒心。"（曾汪《康济桥记》）"凡道于是者，立马倚担溪渡，移晷骤雨暴涨，翻覆一转臂间。"（张羔《仰韩阁记》）广济桥建造之前，过江民众时刻面临惊涛骇浪的威胁，在江上建桥是潮州人千百年来的期盼，也是往返东南沿海干线商旅共同的期盼。现在大桥建成，昔日的天堑变成通途，世世代代的梦想终于实现，这是一件多么令人欣喜的事！"千间厦敞摅雄思，万里桥成助去程"，南宋的都城在临安，沿海干线是潮州乃至广东、广西两省仕子赴考最为便捷，也最为重要的通道。广济桥建造之前，韩江是沿海干线上的天堑。现在赴考之路障碍清除了，道路安全了、平坦了，仕途也将更加平坦。诗人抓住送举人赴考这件事，把现实赴考之路与仕子人生之路结合起来，使诗作的内涵更加丰富，大桥建造的意义也更加广阔。

清代潮州先贤林大川《韩江记》载有清代姚竹园所作《湘桥》。姚竹园为安徽贵池人，道光年间太守吴均慕宾，侨居潮州30余年，《湘桥》表达了对造桥先人的赞美和感激之情。

《湘桥》　清　姚竹园

江流汹汹势莫当，洪波直欲破大荒。毒龙饥蛟时出没，鳞介猖獗天吴狂。吾就其浅矣，不能成徒杠；吾就其深矣，不得起浮梁。两岸居民病于涉，临流观望空彷徨。清夫赫然下一碣，气蹑水族皆逃藏。后人因得鞭巨石，虹桥飞跨虹影长。蝉联墩排二十三，如鼋如鼍架两旁。油栏画槛何堂皇，鱼贯船系一十八。如鲸如鲵锁中央，潮生潮落头低昂。昔日真畏途，今日成康庄。昏黑喜可通车马，老病无事相扶将。青压桥头桥上山，绿浸桥脚桥下江。是山是江总韩姓，昌黎遗爱在南邦。然则斯桥之成实属清夫力，桥名得不随韩湘？吁嗟乎！桥名得不随韩湘？[3]

在潮30多年，诗人深切地体会到广济桥带给潮州人的安全和便捷。第一、二联着眼于汛期韩江的凶险，江流汹涌，洪波滔天，汛期的韩江犹如毒龙恶蛟，疯狂而猖獗，渡江之难之险不言自明。昔日没有桥，汛期渡江，覆溺转眼间，令人胆战心惊，“病于涉”“空彷徨”，表达了对渡江的胆怯和无奈。“昔日真畏途，今日成康庄”，“昏黑喜可通车马，老病无事相扶将”，有了桥，天堑变通途，道路成康庄，过江成为非常方便轻松的事。如此的功绩，如此之气魄，令人赞叹。“是山是江总韩姓，昌黎遗爱在南邦”，诗人认为广济桥的建造体现了韩文公对潮人的关爱之情。“桥名得不随韩湘？”用反问的手法，强调韩湘造桥的传说。潮州民间自来叫这座桥为湘子桥，传说是昌黎文公所建，但也有诗人否定这种说法，如清代潮州先贤郑昌时言："旧云湘桥春涨，湘桥，非湘也，俗传为韩湘子所造，立祠桥上，讹也。"[4]、二者看似矛盾，其实不然，郑说的是历史，姚谈的是感情。自从韩愈谪潮之后，尊韩崇韩已经成为潮州文化的重要内容，无论是"仙佛造桥"的传说，还是以湘子名桥，都是潮人崇韩文化心理的体现。

（二）沿江花闹蝴蝶蓬，碧溆红泉映画桥

广济桥建成之后迅速成为韩江潮州段景观的中心。明清时期，桥市繁荣，两岸周边建起了酒肆茶馆，江中大小船只往来穿梭，古城东门外一片热闹景象，成为诗人观景抒怀的对象。郑昌时对广济桥和大桥周边韩江两岸风光赞美有加，他的《长桥榕荫》《广济桥 》《浮桥》在广济桥诗中非常突出。

《长桥榕荫》 清 郑昌时

曰广济桥，创于宋，驾域中，其地水木清华，藏虹媚日，入画宜昼。旧云湘桥春涨，湘桥，非湘也，俗传为韩湘子所造，立祠桥上，讹也。

迤逦长桥界碧溪，绿榕荫匝水东西。
灵根络石非依土，密叶藏波不照泥。
天上白榆虹映带，关前红树雁高低。
扁舟暗掠雕栏过，云掩蓬窗翠鸟啼。[4]

"其地水木清华，藏虹媚日"，短短十字，广济桥无限风光跃然纸上。诗人抓住眼前长虹卧波、扁舟轻荡、蓬窗雕栏、绿树婆娑、翠鸟欢歌、鸿雁展翅、白云悠悠等景观来展示广济桥风光的精彩，画面内容丰富，色彩明丽，动静结合，生机盎然，在诗情画意中表达了诗

人对广济桥、对家乡潮州由衷的赞美。以下两诗以“十八梭船”为着眼点，赞美广济桥高超的技术和独特的艺术魅力。

《广济桥》　清　郑昌时

廿四城东架石桥，浮梁十八水迢迢。
只今空待潮浦信，港口沙高不上潮。[4]

（自注：即城东广济桥，昔年海潮至此，故唐代贾岛有“海浸城根老树秋”句。）

《浮桥》　清　郑昌时

渴虹垂影吼云隈，秋晓潮声春夜雷。
玉海有人鲸背立，碧天如水雁行来。
平分螺黛山光满，半截银涛雨色开。
十八巨鳌联铁鞚，浮梁飞渡小蓬莱。[4]

（自注：即广济桥，东接双旌，西接凤城，横截韩江，涵罩百态。）

“十八梭船廿四洲”这种独特的结构形式不仅使广济桥得以成功建造，也是造就大桥800年不倒神话的主要原因，是这座千年古桥的灵魂。《广济桥》以沧海桑田、世事更替为背景，用海潮、港口的变化反衬大桥的坚固，运用对比方法很自然地把广济桥历史悠久、坚固结实的特点展示了出来。《浮桥》先放眼天地之间，再慢慢把眼光收回到大桥本身。春汛秋潮季节，韩江洪波滔天，地动山摇；风平浪静之时，江面天高云淡，大雁翱翔，在这样的环境中，“十八梭船”如巨龙横卧江面，把韩江东西两岸连接起来，气魄雄伟。“十八梭船”是广济桥的中心，闪烁着潮州古代民众的智慧和才干，是大桥的亮点，两诗都紧紧地抓住这一中心，把大桥的独特和亮丽展示了出来。

广济桥独特的结构和美丽的装饰赢得“画桥”的美誉，“画桥”成为诗人们给这座古桥的代称。清代杨朝彰《湘桥》、饶庆捷《湘桥春望》，都是盛赞“画桥”的佳作。

《湘桥》　清　杨朝彰

韩江春入涨遥遥，十八梭船锁画桥。
鳄渚月明逢昨夜，凤台风静观今朝。
琵琶岸上留余韵，灯火江中乱暮潮。
乘兴还如天上坐，玉人何处教吹箫？[5]

杨朝彰这首诗主要写的是春汛时的广济桥。韩江是一条季节性河流，春夏时节，水涨沙逸，数里旷隔。这样的时候，广济桥仍然是这一河段的主要景观。在月明风静之夜，广济桥静卧江面，两岸茶楼酒肆琵琶声声，江中疍艇灯火迷离，繁荣依旧。“玉人何处教吹箫？”一句言广济桥有当年二十四桥风情。诗人借十里维扬的风流写广济桥月色，没有直接赞美却引出了更加广阔的想象空间，用活了侧面赞美的手法。

《湘桥春望》　清　饶庆捷

海口茫茫接紫霄，绕城春树入云遥。
长堤风卷千声浪，远岸波平万里潮。
驱鳄功收陈判府，射鲸心折李文饶。
旧时烟瘴今何处，碧潋红泉映画桥。[5]

诗人首先展示大桥上下的美好春光，接着又思接千载，深入历史，赞美对潮州社会发展有过杰出贡献的官员。春和景明之时，江面开阔，海天相接，满城绿树繁花，赏心悦目。历史上韩江曾恶鳄横行，毒瘴弥漫，经过唐、宋、元、明几个世纪的开发和发展，到了清代早已是一处经济发达、环境优美的宜居之所。前两句展示了眼前良好的自然景观，第三句则转入对历史人物的赞美。陈判府和李文饶分别指宋代的陈尧佐和唐代的李德裕，陈、李都是为潮州社会发展做出过杰出贡献的良吏。唐、宋两朝有10位宰相任职潮州，皆不同程度推动了潮州社会经济文化发展，陈尧佐和李德裕是其中贡献突出的两位。陈尧佐为四川阆中人，北宋名臣，著名书法家、画家，宋仁宗时官至宰相。咸平初年因“言事忤旨”降为潮州通判。陈在潮时曾发生韩江鳄鱼吃人事件，他组织抓捕并烹杀，撰有《戮鳄鱼文》。在潮期间，他还修孔庙，建韩文公祠，“以风示潮人民”，为改善潮州民风做出了积极贡献。李德裕为河北赵县人，一生两度出任宰相，在任多德政，后因“牛李党争”被一贬再贬，大中元年（847年）十二月被贬为潮州司马。李在潮州的时间虽然不足一年，但对潮州社会发展意义巨大，主持兴修水利，加固韩江堤围，疏通灌渠，“行良种，改良种植”，“以礼教民，化民知礼达义”，促进教育发展；倡造林绿化，改善气候环境；主张加固沿海水寨，增派兵员，防御海盗侵扰，惩治地方豪强、恶棍，平息村斗；等等。“射鲸”一词是赞李德裕贡献巨大。“旧时烟瘴今何处，碧瀲红泉映画桥”写的是现实的潮州，如今的潮州早已云消雾散，阳光灿烂，展现在人们眼前的是绿树繁花，碧水画桥，一派欣欣向荣的景象。首尾呼应，突出眼前潮州的美好，结构非常完美。

《湘桥即目》 清　曾廷兰

雨霁岚光万叠青，斜阳十里印晴汀。

沙船过去宁波寺，一箇桥洲一画亭。[5]

曾廷兰的这首诗用绘画的方式来赞美广济桥。诗人为我们描绘了一幅雨后湘桥的美景。大雨过后，空气清新，山间雾气在夕阳照射下发出耀眼的光芒；桥洲桥亭闪闪发亮，两岸周边树木青翠动人，此时的广济桥显得窈窕多姿。诗人抓住“雨后”这一特殊时段，给读者描绘了一座清新爽朗的广济桥，令人赞叹！

（三）北阁斜阳鳄渡舫，分明一幅辋川图

经过唐、宋、元、明几个朝代的开发和发展，到了清代，潮州社会经济状况在中华大地已居前列。这里山清水秀，风景优美，物华天宝，人民安居乐业。诗人们用他们的生花妙笔，为我们描绘了一幅幅清代潮人安居乐业的生活景象。钟声和作12首《湘桥晚眺》，从不同角度为我们展示了黄昏时广济桥周边的生活场景。

《湘桥晚眺》　清　钟声和

寂寞藏身斗室中，闭门敢诩仿申公。（注1）而今暂假看书眼，傍晚骑驴出郡东。

彩虹百尺巨鼍扶，斜倚兰干细仿摹。北阁斜阳鳄渡舫，分明一幅辋川图。

江风轻拂碧波翻，双鲤吹波带墨痕。拟买扁舟坐垂钓，咚咚庙鼓送黄昏。

日落金山起暮烟，聚蚊一饷意惘然。清夫也恐予归去，故遣筝琵奏画船。（注2）

广济门前架石梁，中央一庙塑韩湘。休嫌过客声噪杂，有女如云荐晚香。

东西桥角竖铣牛，这为洪涛薄岸浮。近日沧桑胥变换，儿童拍手闹沙洲。（注3）

身轻步稳跨长虹，随意行歌水镜中。漫说诗情老弥胜，举头遥见落霞红。

天公好送夕阳来，南畔浮云顿拨开。正喜渔樵人去尽（注4），川亭坐看凤凰台。

巧圣宫旁长暮潮，何人倚槛教吹箫？简中风致须深领，仿佛扬州廿四桥。

西晖照水色澄清，薄暮红舷载酒行。孽岸江风何处起。耳边送到棹歌声。

为认鲜堂望眼赊，旧栽榕树傍门斜。故人一去无消息（注5），但见枝头集暮鸦。

丞相祠前翠作堆，人家无数在山隈。闲游未罄无穷与，共道牛羊已下来。[5]

（自注1：申公鲁人，为楚王戊传，不合，归鲁家居，教书终身，不出门。）

（自注2：韩文公赠张秘书诗：“虽得一饷乐，有如聚飞蚊。”）

（自注3：西畔洲，桥迩成沙渚，薄暮儿童相戏其间。东坡诗：“儿童拍手闹黄昏。”）

（自注4：东坡虔州诗：“薄暮渔樵人去尽。”）

（自注5：院门榕七株甲寅土寇戕其六，故人林子寿户部主讲时补栽之。著有《补榕诗》10首。）

诗人久居书斋，有些寂寞，在夕阳中骑着小毛驴来到桥边，展现在诗人眼前的是一幅“辋川图”：江面微风轻拂，碧波荡漾，渔舟唱晚，盐船驶风，篷艇传来悠扬的琵琶曲；广济桥如彩虹飞架，气势磅礴；桥上的韩湘子庙聚集着一群上晚香的信女，巧圣宫旁有人在聚精会神地吹着箫笛。移步上桥，身前身后一片金光闪闪，对岸山麓升起缕缕炊烟。江中渔夫已在收网，商船上传来阵阵棹歌声，岸边沙滩上一群孩子在嬉戏。那边山路上牛羊已经归家，桥头的古榕依然葱郁，小鸟已经归巢。夕阳西下，暮色渐起，一切都逐渐安静下来。尽管有可恶的蚊子，但傍晚的广济桥宁静而祥和。诗人一口气写了12首“晚眺诗”，囊括了晚眺时的所见所闻所感所思，落日、晚霞、长虹，轻风、碧波、暮烟，沙洲、山隈、小径，北阁、鳄渡、凤凰台，韩湘庙、巧圣宫、丞相祠，渔舟、画船、红舷，栏杆、铣牛、榕树，庙鼓、筝琶、箫声、棹歌，暮鸦、牛羊、小毛驴，故人、儿童、信女、家园，全方位展示了傍晚大桥及两岸周边的景色。画面内容丰富，感情多元，有远有近，有高有低，静景中有动态，宁静中有乐曲有歌声有笑语，在微醉中有惆怅也有沉思。诗中所选景物虽然都很普通，但正是常见和普通使作品有了闲眺的韵味，所选景物也很有“湘桥”特色，看似随意，实则颇具匠心。

傍晚的闲适更适合文人墨客的审美情趣，历史上以“广济桥晚眺”为题材的诗作不少，清代杨少山《湘桥晚眺》也有一定的代表性。

《湘桥晚眺》　清　杨少山

暮江水急暮山青，十里归云掩画屏。
清磬数声山寺晚，树梢时露一痕灯。
夹岸吹烟起暮愁，晚风催送钓鱼舟。
半溪落叶平沙外，一抹斜阳红上楼。
板桥人去屐声哗，万树榕荫噪暮鸦。
惊散游鱼波底影，一钩新月动芦花。[5]

跟钟声和一样，杨少山这首诗也是通过一系列的景物来表现“湘桥”傍晚的景观。青山、绿水、轻风、斜阳、新月、沙滩、榕荫、落叶、暮鸦、芦花，山寺、佛灯、红楼、板桥、吹烟、屐声、渔舟、游鱼，完全就是一幅水墨山水画。画面内容丰富，红色的晚霞，金色的沙滩，苍翠的古榕，白色的芦花，有明有暗，有动有静，有声有色，有温暖也有清凉。色彩的运用给画面带来缤纷的感觉，用字用词也令人叫绝，掩、露、起、平、红、噪、动，一痕、一抹、一钩，准确形象，字字珠玑。

《湘桥即目》　清　黄兆荣

雨洗桥梁一道新，溪云沧沧黯花津。
剪来半幅潇湘景，付与春矶垂钓人。[5]

黄兆荣这首诗选取的是大雨过后天地间清新爽朗的时段。豪雨把大桥和两岸周边冲洗得干干净净，给人耳目一新的感觉。由于雨水的注入，江水变得浑浊了，但是并没有影响桥墩上垂钓人的兴致，依然静静在等候鱼儿上钩。天、地、人共同构成一幅美好画卷，用潇湘美景喻湘桥雨后，侧面赞美的手法用得很好。

（四）情怀正寂寥，极目赋蒹葭

明代以来，由于上游山区无节制地开发，江中泥沙渐多，下游河段淤积日渐加重。韩江流域处在季风性气候区，降水季节变化很大。暴雨式降水和集水面积大等原因使韩江常有暴流，入清之后，下游洪涝灾害频发，古桥损毁严重。面对多灾多难的韩江和广济桥，诗人们难掩悲伤之情，广济桥诗文中表达忧国忧民之思的作品在清代渐多，下面古汝达和黄钊两首诗表达的正是这样的忧思。

《湘桥闲眺》　清　古汝达

一塔如新笋，微微水面浮。沧桑今几变，鸿雁若为尤。
（注1）户口当年最，人心此日偷！客中闲眺望，叹息屡搔头。
此是吾乡水，滔滔汇郡城。奔腾犹怒气，呜咽挟悲声。
又作飓风暗，何当淫雨晴。江村无恙否？翘首不胜情。[5]

（自注1：潮州连年水灾，饥民蚁集，桥亦倾圮。）

从诗人自注中可以知道，由于连年水灾，此诗创作之时潮州社会经济已极其艰难。韩江是潮州的母亲河，孕育了潮州，也滋养了潮州，但是韩江洪涝灾害所带来的破坏也是毁灭性的。诗人“闲眺”时正值江水暴涨，洪水犹如一条狂怒的巨龙横冲直撞，原来高高耸立的凤凰塔犹如新生的竹笋，下半部分已被洪水淹没，只在水面露出一小段。古老的潮州在洪魔的威胁之下人心涣散，田园荒芜，民生凋敝，灾民如蚁。曾经让潮州人引以为自豪的广济桥残破不堪，可谓是沧桑巨变。题为“闲眺”，其实整首诗都笼罩在一片焦急忧伤之中。“江村无恙否？翘首不胜情”，诗人忧国忧民的情怀使作品具有强烈感染力。

《广济桥》　清　黄钊

（原注：去岁被水冲圮过半，尚未修复。）

洪水何年磵，横流剧至今。黿鼍神力大，乌鹊众情深。

蜒艇萧条甚，盐官疲累寻。公私财并竭，谁铸历山金。[5]

黄钊，字谷生，后改名香铁，嘉应州镇平县人，嘉庆二十四年（1819年）举人，官至内阁中书。曾任城南书院和韩山书院山长，著有《读白华草堂诗集》。清代盛大士《粤东七子诗序》说：“香铁才力雄骏，生气满纸，跌宕淋漓，动与古会，性格亮直，辩论是非，侃侃不阿。其诗精美在外，质朴在内，尤有志于古烈隐迹，发挥其事，使生气在目，及诗家龙门。”清初镇平还在潮州府辖下，雍正十一年（1733年）与程乡、兴宁、长乐、平远合置嘉应州。由于韩江的关系，嘉应州各县与潮州的关系仍然非常密切。

从题注看，黄钊这首诗应该写于道光二十三年（1843年）。光绪《海阳县志》载：“道光二十二年大水，决东岸石墩，圮者六，损者二，坏者一。决西岸石墩，圮者三，木石桥梁，损失殆尽。”[6]“洪水何年磵，横流剧至今”，洪水像这样横冲直撞什么时候才结束啊？起笔就是一声哀叹，可见诗人心中悲痛之强烈。“黿鼍神力大，乌鹊众情深”，这座桥由潮州民众合力建成，寄托了潮州人美好理想的大桥，现在已经残破不堪。此时，韩江洪水滔天，航运不通，盐船无法上行，依靠航运为生的蜒艇生意萧条。韩江航运对潮州至关重要，航运不通，则公私财竭，民生凋敝。“谁铸历山金”句意为：谁能重新振兴潮州啊？此句用的是夏禹治国的典故。夏禹是治水英雄，也是杰出的政治家。疏九河，排淮泗，三过家门而不入；菲饮食，恶衣服，卑宫室，尽力沟恤；在朝位设“五音听治”，接待四方之士；抑大鸿，除民害，伐共工，征有苗，平定天下，以历山金铸币、铸鼎，颁夏时于邦国；重法制，讲纪律，使夏国社会蒸蒸日上。诗人借夏禹治国的故事，表达了祈盼家乡社会稳定，经济繁荣的心愿，体现了诗人忧国忧民的崇高境界。

沧海桑田，物换星移，人事异变，古桥从历史中走来，是联系古今的纽带，容易引发诗人的怀古情思，怀古于是也成为古桥诗的重要内容。在广济桥诗中，怀古诗占有很大比例，以下几首是其中比较有代表性的。

《湘桥怀古》　清　陈世骢

东江之水浩无垠，雷訇电击长流奔。春来并注古瀛郡，廿四桥洞波平吞。自唐以来罹此厄，猛兽夷狄同悲论。谁挽狂澜凭双手，不使百姓沦奇冤。南阳贵胄韩仙客，大书四字题桥门。河伯闻之不敢过，并制龙毒除蛟鼋。自此潮人绝水患，岁岁麻麦生郊原。神物信能伏魔怪，宋元明后犹留存。国初鼎定求民瘼，太守衔命宣朝恩。岂知榷商首卜地，古碣磨落随云骞。水势仍旧掀天至，峨峨雉堞量潮痕。吁嗟世上少仙笔，桥头独立伤离魂。[5]

这首诗怀念的古人是韩湘子。“南阳贵胄韩仙客，大书四字题桥门”，说的是韩湘题写“洪水止此”碑事。从“东江之水浩无垠，雷訇电击长流奔”句可知，此诗写作时正值洪魔肆虐，狂奔的巨龙让诗人不由得怀念仙碣，进而联想到韩湘子。作品采用的是对比的写法，古今对比，实际上是有仙碣和无仙碣的对比。眼前的潮州，洪水滔天，攻城掠地，民生凋敝，古桥在洪水中飘飘摇摇。原来有仙碣时，风调雨顺，韩江波平浪静，潮汕大地五谷丰登，国泰民安。通过对比，仙碣对潮州的意义就更加突出，失去仙碣的悲伤更加强烈。“桥头独立伤离魂”，此时此刻诗人更加怀念韩湘子。怀念韩湘，当然也是怀念韩愈。苏轼说：“潮人之事公也，饮食必祭，水旱疾疫，凡有求必祷焉。”[7]其实潮人对韩文公，有求，但更多的是怀念。如此时诗人站在韩江边就不由自主地想到韩湘，想到文公。

《过潮桥》　清　陈步墀

考古义安郡，游踪广济桥。断碑平水性（注1），遗庙隐山腰。
此道中流柱，何人旧化潮？墩高好瞻眺，北斗在云宵。[8]

（自注1：桥畔有碑铸“洪水止此”四字，相传为韩湘子笔，今扑灭。）

《过潮桥》来自陈步墀的《绣诗楼诗》。陈步墀，号慈云，字子丹，澄海县隆都镇前美乡人，是潮州著名侨商陈慈黉先生的弟弟。陈自幼刻苦攻书，为光绪年间廪生，科举废除后弃学从商，到香港协助父兄打理生意。他生性嗜文好诗，重才惜士，结交广，诗谊笃，著述丰，是清末粤东名士。陈为人宽仁厚道，乐善好施，曾任香港保良局总理，致力推动慈善事业。光绪三十四年（1908年），广东三江暴涨，灾民流离载道，陈步墀成《救命词》30首，与女界合作，绣诗义卖赈灾，荣膺“绣虎”美称。此举极大激发港人爱国爱乡之情，纷纷解囊赈助。时旅居香港前江苏太守杨星吾感慨不已，特题“绣诗楼”匾惠赠，陈大受鼓舞，遂结为《绣诗楼诗》。民国《潮州志》高度评价陈步墀《救命词》：“四朝诗史陈子丹之《绣诗楼集》，其粤东水灾救命词30首，沉痛悲恻不啻郑侠流民图。”[9]《绣诗楼集》是陈步墀词作总称。

《过潮桥》怀念韩湘子，也怀念文公。“断碑平水性”，断碑指

"洪水止此"碑，隐山腰的遗庙指韩山山腰的文公祠。"墩高好瞻眺，北斗在云霄"，再次阐明是怀念文公。《新唐书·韩愈传赞》曰："唐兴，愈以六经之文，为诸儒倡，自愈没，其学盛行，学者仰之如泰山北斗。" 陈步墀积极赈灾，过广济桥时自然想起仙碣，进而想到韩湘子，想到文公。湘子仙碣镇水，保一方平安；韩愈祭鳄驱鳄，废奴兴学，促进潮州发展，都是潮州社会发展的中流砥柱，体现了儒家积极入世思想。陈步墀赋诗义卖赈灾，减轻民生疾苦，是儒家入世思想的积极实践者。过潮桥，忆文公，正是陈步墀积极入世思想的体现。

《湘子桥怀古》　清　彭廷梅

飘渺遥闻紫玉箫，碧空云尽水迢迢。

不知跨鹤人何去？犹说仙踪在此桥。[10]

彭廷梅这首怀古诗同样是怀念韩湘子。湘子擅吹箫，"遥闻紫玉箫"，吹箫的人是韩湘子；"不知跨鹤人何去？""跨鹤人"也是韩湘子。韩湘子据传后来成为道教八仙之一，道教认为得道成仙之人骑鹤升天。跨鹤之人早就融入广袤的天宇了，潮州民众依然津津乐道韩湘事。潮人乐道韩湘，是因为韩文公，此诗也是崇韩之作。

桥头送别是中华民族的传统，陕西的灞桥就是著名的送别之地。《三辅黄图·桥》曰："灞桥在长安东，跨水作桥，汉人送客至此桥，折柳赠别。"灞桥因是送别情尽之处，所以被人们称为"情尽桥""断肠桥"。成语"河梁之谊"指的就是送别时依依不舍的情谊。汉代李陵《与苏武》曰："携手上河梁，游子暮何之？徘徊蹊路侧，悢悢不得辞……行人难久留，各言长相思。" 广济桥也是潮人送别的地方，广济桥诗作中有很多送别的故事。

《湘子桥》 清 陈衍虞

沧江如练郭烟平，溪鸟江头弄晓晴。
不向浮槎谋泛泛，还从卧玉重行行。
酒帘欲障征鞭路，柳绪长牵别袂情。
驴背推敲思正苦，灞桥诗兴愧澄泓。[5]

陈衍虞这首《湘子桥》，题为桥，写的是离情别绪，整首诗弥漫着一股依依惜别之情。首联写天气，“郭烟平”“弄晓晴”，说明天气很好，风和日丽，正是远行的好天气。但是，主人公不是乘天气好赶紧上桥赶路，而是在桥上反反复复，一走再走。后两联是用设宴饯别、折柳送别、贾岛推敲和灞桥赋诗典故写不舍之情。设宴本来是为送别的，但“障”说明想借饯别的做法让远行之人多加停留。灞桥、折柳都有送别之意，但一个“牵”字又使送别变得缠绵，实不忍别。“澄泓”是水清而深的意思。“驴背推敲思正苦，灞桥诗兴愧澄泓”，此句极言诗人诗兴正浓，做何诗？当然是送别诗，可谓是缠缠绵绵，凄凄切切。

参考资料：

[1] [德]黑格尔著，朱光潜译：《美学》第三卷上册，北京：商务印书馆，1981年，第63页。

[2] 陈香白辑校：《潮州三阳志辑稿 潮州三阳图志辑稿》卷四《艺文志》，广州：中山大学出版社，1989年，第132页。

[3] [清]林大川编著，彭妙艳校点：《韩江记》卷二，郑州：中州古籍出版社，2000年，第23页。

[4] [清]郑昌时著，吴二持校注：《韩江闻见录》卷九，上海：上海古籍出版社，1995年，第284页。

[5] 转引自饶宗颐、张树人编著：《广济桥史料汇编·文征》，香港：新

城文化服务有限公司出版，1993年，第51-64页。

[6] 光绪《海阳县志》卷二十二《建置略六·桥梁》，《中国方志丛书》第64号，光绪二十六年刊本影印版，台湾：成文出版社，1967年，第207页。

[7] 苏轼：《潮州昌黎伯韩文公庙碑》，乾隆《潮州府志》卷四十一《艺文·碑》，广东历代方志集成本，第1033页。

[8] 民国《潮州志·艺文志四·集部》，广东历代方志集成本，第2534-2535页。

[9] 乾隆《潮州府志》卷四十二《艺文·诗》，广东历代方志集成本，第2195页。

二 广济桥的匾额楹联赏析

《红楼梦》中，面对奢华美丽的大观园，贾政说：“若大景致，或干亭榭，无字标题，也觉寥落无趣，任有花柳山水，也断不能生色。”[1]贾政这里所说的“色”指的是意境。意境是中国传统文化的重要内容。中国古典建筑非常重视意境的创造，如苏州园林基本都是园主人与文人、艺匠共同创作的，每一座园子都是融文人情思、艺术追求和匠人技术创造于一体的作品。当代建筑美学家侯幼彬教授说：“中国传统建筑不仅善于为意境客体创造富有意蕴的景物，也十分注重在建筑景物的构成中添加适当的鉴赏指引，促进和提高建筑接受者对意境的鉴赏敏感和领悟深度。”[2]匾额楹联以文字凝练、韵律和谐、寓意深刻著称，其隽永的文辞，美妙的书法，能有效提升建筑物的意境，从而提高建筑物的文化品位，增强建筑物的艺术感染力。匾额楹联是中国传统建筑装饰的主要内容，是中国古典建筑创造意境、引领鉴赏的主要方法。潮州广济桥从第一座楼阁仰韩阁开始就有题联题匾，但由于各种各样的原因导致历史上留下的楹联不多，2003年恢复旧貌之后，桥上的亭台楼阁重新挂上匾额楹联。现在桥上共有匾额43块，楹联25对。广济桥上的匾额楹联集诗歌、书法、篆刻于一身，语言精练，笔法高超，在亭台楼阁之间画龙点睛，与周边秀色交相辉映，给大桥增添了一份诗情画意，也为游人提供了一种诗意的享受。

（一）突出古桥建设的意义

大桥东西两端入口都有“广济桥”匾，配备一古一今两副楹联。西桥入口配联：“广川利涉开新运，杰阁重楼见旧仪”，联匾皆为当代著名潮籍汉学家饶宗颐先生所撰，字迹干劲有力，尽显一代书家风范。饶宗颐先生家住古城下东平路，距离广济桥不到1公里，可以说

图 4-2.1　广济桥联匾

图 4-2.2　广济桥碑

是在桥边长大的，跟所有潮州人一样对古桥有着深厚的感情。先生虽旅居香港多年，但对故乡、对古桥仍深怀眷恋之情，早在民国时期就完成了《潮州志》的编撰工作，20世纪90年代又完成了《广济桥志》。该联表达了老人对古桥恢复旧貌的欣喜之情，同时也表达了老人对古桥和古老潮州的美好祝愿，显示了潮州游子对家乡的拳拳之心。东桥配的是清代先贤黄有源的一副旧联："白浮雉堞三分雨，碧锁虹桥万派云"。"雉堞"指古代城墙的垛口，这里借指潮州古城。广济桥就在古城东门外，与古老的城墙互相映照。上联写城，下联写桥。蓝天碧波之间，古老的堤城和古老的广济桥互相辉映，意境高远而开阔，白、碧两色使画面清新爽朗，令人心旷神怡。

韩江纵贯潮州古城，是我国东南沿海交通干线上的天堑，广济桥横跨韩江，变天堑为通途，其跨越功能之美无出其右。东西梁桥矶头墩匾为"左达""右通"，很好地突出了古桥沟通大江两岸，变天堑为通途的意义。左右两匾所配楹联分别是：

左达：　穴引龙湫通曲窦，灯悬猊座镇层峦。

右通：　云里三峰迎槛出，烟中一水抱城来。

"穴引龙湫"的"龙湫"既指韩江，也指"龙湫宝塔"，"灯悬猊座"的"灯"指"北阁佛灯"。古"龙湫宝塔"和"北阁佛灯"都在韩江西岸古城北部金山麓，与东桥矶头墩隔江相望。"三峰"指古桥东岸的韩山。韩山有三峰，似笔架，俗称笔架山。"一水"指韩江，韩江和东岸的韩山、城西的葫芦山、城北的金城山共同对古城构成"三山一水护城郭"之势，故曰"抱城来"。"北阁佛灯"、"龙湫宝塔"、笔架山都是潮城美景，站在桥上，几大美景尽收眼底。在突出广济桥沟通韩江两岸的意义之外，此两联还有引领鉴赏的作用，提醒观赏者不要局限于大桥，要放眼大江两岸无限风光，把观赏者鉴赏的敏感度和领悟深度引上一个新台阶。

（二）引导鉴赏的意义

图 4-2.3　登瀛阁联匾

图 4-2.4　仰韩阁联匾

引领观赏者理解建筑物所蕴含的深层内容，是楹联的作用之一。《红楼梦》中林黛玉的住处“潇湘馆”，匾为“有凤来仪”，联是“宝鼎茶闲烟尚绿，幽窗棋罢指犹凉”。大观园为元妃省亲所建，“有凤来仪”是颂圣语，“潇湘馆”是贵妃“第一处行幸之所，必须颂圣方可”，所以“有凤来仪”匾有提示之意。这里清水绕院，曲折游廊，翠竹遮映，幽静高洁，林黛玉选为住所，“潇湘馆”也是她清高孤傲性格的象征。楹联“宝鼎茶闲烟尚绿，幽窗棋罢指犹凉”既写馆主日常生活，也揭示这是一处绿竹掩映，幽静高洁之所，暗含林黛玉清高孤傲的性格。广济桥上匾额楹联也有引导鉴赏的作用：

飞跃：　鸢飞影拂东山树，鱼跃波摇北阁灯。

登瀛：　凤台霭隔三千界，鳄浦波分廿四洲。

浥翠：　鳄渡风清波泛绿，韩祠雨润树摇青。

此三联中所涉及景物皆在广济桥周边，“东山树”“韩祠树”都是指韩江东岸韩山上的“韩祠橡木”。“韩祠橡木”是“潮州八景”之一。韩山麓有韩文公祠古建筑群，始建于宋，祠旁有橡树。传潮本无橡树，韩愈谪潮时带来并亲手种植，其花能预示科考成绩，后世潮人以韩木开花繁稀定潮州科考盛衰。韩祠、橡木都是潮州崇韩文化重要的物化现象。“北阁”指“北阁佛灯”，在金山东侧，临江，晚上灯光照映江面，微波轻荡，浮光跃金，静影沉璧，郑昌时言“入画宜夜”。“鳄渡”“鳄浦”都是指古城北郊北门堤昌黎先生祭鳄处，“潮州八景”中的“鳄渡秋风”即此。“凤台”指广济桥下游江中凤凰洲，俗称“凤凰台”。凤凰洲绿树掩映，景色清幽，暮春时节，烟雨朦胧，桃花盛开，远望似片片红霞，为“潮州八景”之“凤凰时雨”。这些楹联为游人描绘了一幅幅美丽的山水画，引导观赏者放眼古桥四周，享受旖旎风光，同时借各景区典故把游人带进历史的隧道，激发观赏者的历史遐思，提醒指导观赏者关注广济桥的历史文化内涵。

“奇观”匾在西桥入口奇观阁，面向韩江，与“广济桥”匾为一阁东西两侧，南宋杨万里《登南州奇观》有“看着南州奇观了，人间山水不须看”句，显示“奇观”阁风光无限。其联曰：

奇观：舟锁长桥，乾坤浮一线；
阁衔远岭，日月跳千秋。

“乾坤浮一线”化自杜甫《登岳阳楼》，诗中有“乾坤日夜浮”句，意为吴越大地犹如漂浮在浩瀚的洞庭湖上。“日月跳千秋”化自韩愈《秋怀》，诗中有“日月如跳丸”句，意为时间流逝就像弹丸跳动那么快。对联的意思是广济桥横跨江面宛如一根长线浮起在天地之间，把相隔遥远的东西两岸连接起来，奇观阁衔远山吞长江，历尽千秋万世。奇观阁宋时称“南州奇观”，在西桥头，阁前大江浩荡，对岸韩山绵延，远望碧空万里。大桥气势磅礴，有连接天地乾坤之势。对联既点出奇观阁非凡的气势，又盛赞广济桥沟通两岸的丰功伟绩及其历经千秋万代的光辉历史，同样有引导鉴赏的作用。

“仰韩阁”匾在东桥入口仰韩阁上，背桥面韩山，配的是清代郑昌时的旧联：

仰韩阁：狂澜人作中流柱，瘴海春回八月风。

为何名阁“仰韩”？答案就在对联中。史载，南宋常祎建成仰韩阁之后，“福建舶使虞公似良，以古隶体，扁之曰‘仰韩’，盖韩文公芨憩旧地，实与阁对也”[3]。潮州曾是蛮荒之地，毒瘴弥漫，洪魔肆虐，恶鳄横行，蓄奴成风。文公守潮，筑堤束水，祭鳄驱鳄，废奴兴学，倡导教化，把潮州从蛮荒之中推上文明之路，是潮州历史发展过程的中流砥柱。如今瘴海早吹文明风，潮州大地已是名闻海内外的“岭海名邦”“海滨邹鲁”，潮人敬之思之，故名“仰韩阁”。对联寥寥数字，既述史追思，又展示潮州历史之巨变，把观者的眼光引向历史。

下面几联都有潮州是人间仙境的导向，或借蓬莱仙境，或以神仙传说，导向色彩也很明显。

云衢：云绕瀛州，江流天外；衢通蓬岛，阁耸日边。

小蓬莱：触目有情皆胜景，放怀无处不仙山。

朝仙：沧海月明吹笛去，瀛洲景美赋诗来。

“云衢”“朝仙”“小蓬莱”三联别有情趣，“蓬莱”“蓬岛”“瀛州”皆为海上仙山。三联都以海上仙山为提升点，喻潮州为人间仙境，通过赞美海上仙山，把广济桥及周围景观的境界提高到一个新的层次。潮州历史上有瀛州之称，史载：“潮为岭东要冲，屏百粤睨七闽，屹然大郡也。郡曰南海，曰揭阳，曰义安，曰瀛州，曰潮州，曰潮阳，曰潮州府。”[4]楹联中的“瀛州”有双重含义，既指海上仙山，又指潮州，借写海上仙山赞美广济桥、赞美潮州。桥是神界和人间联系的通道，韩江江面开阔，早晚间烟雾迷蒙，广济桥上亭台楼阁若隐若现，不是仙境胜似仙境。潮州民间流传有“仙佛造桥”之说，桥上自古有“醉汉骑牛升天”“桥脚神鲤”“仙乞巧钉府楼猴”等神仙传说，是潮州著名“仙迹”。潮州俗谚曰：“凤凰山上无日无云烟，湘子桥上无日无神仙。”有历史、有传说、有谚语，广济桥神仙文化内容丰富，“人间仙境”之称实至名归。“沧海月明吹笛去”给观赏者一幅美妙绝伦的画面，月朗星稀，微风习习，韩湘子长袖轻飘，缓缓飞升，空中仿佛还轻轻飘荡着悠扬的洞箫声。

有些楹联的导向作用在于引导观赏周边景物，如“摘星—凌波”等联。

摘星：手攀星斗近，目接海天苍。

凌波：浪柔兰桨软，风饱蝶帆张。

两联皆小巧玲珑，一刚一柔，互为补充。“摘星”联气势雄伟，眼界开阔，与“得月”阁的五言“魄到中天满，光分万里同”有异曲同工之妙。韩江江面开阔，天低星近，站在桥上能“摘星”，也能“得月”，其意境之开阔，气势之磅礴，令人赞叹，“摘星”联正是抓住这一特点。“兰桨”代指木兰舟。古时韩江上有木兰舟，唐代贾岛《寄韩潮州愈》有“此心曾与木兰舟，直到天南潮水头”句。“蝶帆”代指六篷船。六篷船是韩江上一种运货渡客小船，因张六篷如蝶，俗称六篷船。清乾嘉时期，韩江上六篷船兴盛，几达“舍六篷船无他船可乘”的地步。韩江在内河航运时期是一条非常繁忙的商路，木兰舟和六篷船都曾是韩江帆船的典型。“凌波”联浪漫多情，浪柔桨软，蝶帆轻荡，写出了荡舟韩江的无限乐趣。对联借船写韩江商路的繁荣，同时也展示韩江文化的迷人风姿。

乘驷：　腾露夜过峰顶月，嘶风晓逐海门潮。

济川：　鸥声带雨随潮去，帆影连云认塔还。

澄鉴：　观影舟从梁上过，赏心云在水中飞。

此三联皆为写景抒情。“峰”为桥东韩山，“海门”指韩江出海口。潮州处在南海之滨，广济桥建造之初，海潮直达广济桥下，站在桥上能感受到海潮的汹涌澎湃，遇到台风来袭，更是地动山摇，“嘶”字把海风的强劲很好地表现出来。“塔”为凤凰塔，在广济桥下游凤凰洲对岸，正是韩江分流处，既镇水又导航。古塔高高耸立在江边，形象鲜明，气势昂扬，为“潮州八景”中的“龙湫宝塔”。“帆影连云认塔还”，突出了塔的导航作用。这里运用了夸张的写法，塔建于明万历年间（1581～1585年），其时塔已离大海20多公里，根本无从导航，夸张的写法主要在增势。“乘驷”联、“济川”联皆放眼周边景观，“澄鉴”联则着眼大桥上下。江水清澈如镜，舟从桥影上过，云在江水中飞，有很强的画面感，充满浪漫气息。

冰壶：　春秋史笔收金鉴，冰雪诗心在玉壶。

凌霄：　一塔云边作笔，三峰桥畔摇空。

“冰壶”联借“一片冰心在玉壶”扣“冰壶”之名，清澈可鉴，表明潮人坦坦荡荡的胸怀。“凌霄”联的“一塔”“三峰”分别指下游的凤凰塔和东岸的韩山。宝塔笔直昂扬如巨毫，韩山三峰绵延似笔架。潮州虽偏于南方一隅，然早已为“岭海名邦”“海滨邹鲁”，历史底蕴深厚，儒家文化气息浓厚，巨毫、笔架正好突出潮州的历史文化特点。此两联虽短小但精悍，既有磅礴气势，又充满人文气息，有效地提升了古桥的意境，看似简单，实际上韵味无穷。

意境是艺术创造中的最高境界，中国传统美学的精髓在意境。匾额楹联是中国传统文化独有的产物，是我国民族文化中一块璀璨夺目的瑰宝。匾额楹联特有的文学性和艺术性为建筑带来了人文和艺术气息，极大提升了建筑物的文化品位。广济桥上的匾额楹联，内容丰富，文辞优美，镌刻精美，非常自然地成为古桥意境客体的组成部分，又深化了意境客体的意韵，为古桥增添了一股浓浓的人文气息，极大提升了广济桥的文化品位和审美价值。同时，桥上的匾额楹联对观赏者还起到指示引导作用，给观赏者以很高的思想和艺术享受，漫步桥上，即使不读不看所书内容，也足以让人流连忘返。

参考资料：

[1] [清]曹雪芹、高鹗：《红楼梦》，北京：人民文学出版社，1991年，第224页。

[2] 侯幼彬：《建筑与文学的焊接——论中国建筑的意境鉴赏指引》，《华中建筑》1995年第3期。

[3] 《永乐大典》卷五三四三《潮州府·桥道》，载饶宗颐编集：《潮州志汇编》第一部，香港：龙门书店，1965年，第38页下。

[4] 乾隆《潮州府志》卷三《沿革表》，广东历代方志集成本，广州：岭南美术出版社，2008年，第50页。

三 广济桥记文碑文的文化内涵

（一）广济桥历代记文碑文名录

在一件大事完成之后，刻碑或作文记事，是我国古代的文化传统。通过对这些碑文记文的研究，可以一窥地方某些历史事象。造桥因为涉及地方交通、经济、政治、军事、科技等因素，是地方的大事，也是盛事，桥成之后都会请著名人物作文作记以志其事，对桥梁记文碑文的研究，可以让我们了解其所属区域的历史文化信息。潮州广济桥在粤东乃至闽粤两省沿海地区的社会生活和经济文化发展中意义重大，每次增建桥墩和维修之后，或倡导修造的官员本人亲自动笔，或请潮州本地著名文人作文记载，这一传统保留至今。通过对这些文章的分析解读，能够对大桥建造、损毁和维修历史有更具体的了解；如果结合潮州其他历史资料分析，能够对潮州的经济文化发展有进一步了解。

根据潮州历代典籍以及韩文公祠等处保留的文章和碑刻统计，与广济桥的建造和修复相关的文章共有18篇，其中无碑记文7篇，有碑记文11篇。另外明代王源的《王源除怪石记》和林熙春的《重修韩祠碑记》，虽然不是专门记录建造或者重建广济桥事，但王源扑琢西湖山怪石为除怪，也为修桥；林熙春所记万历已酉潮州知府金邦泰维修韩祠的同时，也维修了广济桥，故两文也一并录入，

图 4-3.1　林熙春《重修韩祠碑记》

共20篇，按写作时间排列如下：

（1）曾汪《康济桥记》，南宋乾道七年（1171年），载《永乐大典》卷五三四三《潮州府·桥道》。

（2）张羔《仰韩阁记》，南宋淳熙六年（1179年），载《永乐大典》卷五三四三《潮州府·桥道》。

（3）梁祐《仰韩阁记》，元至正四年（1344年），载《永乐大典》卷五三四三《潮州府·桥道》。

（4）王源《王源除怪石记》，明宣德十年（1435年），载光绪《海阳县志》卷三十一《金石略二》，文刻在西湖山绝顶，正书，今没。

（5）姚友直《广济桥记》，明宣德十年（1435年），载嘉靖《潮州府志》卷一《地理志》。

（6）陈一松《重修广济桥记》，明万历六年（1578年），载《玉简山堂集三》。

（7）林熙春《重修韩祠碑记》，明万历三十七年（1609年）[一说万历三十四年（1606年）]，该碑现存韩文公祠。

（8）陈先资 《修造广济桥碑记》，明崇祯十一年（1638年），该碑嵌广济门城垣上。

（9）杨钟岳《重建广济桥碑记》，“记略”载光绪《海阳县志》卷二十二《建置略六》，全文载杨钟岳《搴华堂文集》。

（10）杨钟岳《魏宪台重建宁波寺碑记》，清康熙六年（1667年），该碑原嵌宁波寺内墙上，文载杨钟岳《搴华堂文集》。

（11）曾华盖《重修韩公祠广济桥碑记》，清康熙十九年（1680年），该碑嵌韩文公祠中厅西壁，文载康熙《潮州府志》卷二《津梁》、雍正《海阳县志》卷十《文集》、光绪《海阳县志》卷二十二《建置略六》。

（12）吴兴祚《重修广济桥碑》，清康熙二十四年（1685年），载乾隆《潮州府志》卷四十一《艺文·碑》、光绪《海阳县志》卷二十二《建置略六》。

（13）胡恂《增修广济桥石墩记》，清雍正六年（1728年），载乾隆《潮州府志》卷四十一《艺文·记》、光绪《海阳县志》卷二十二《建置略六》。

（14）《捐修广济桥第二洲并重建巧圣庙记》，清道光二十七年（1847年），碑原置东桥第二洲桥楼神龛下。

（15）《重修广济桥东岸第十二墩并重建茶亭记》，清道光二十八年（1848年），碑原置东桥第十二洲茶亭内。

（16）《嘉平镇三属盐行重建广济桥十洲亭记》，清道光二十八年（1848年），碑原嵌东桥第十洲亭壁上。

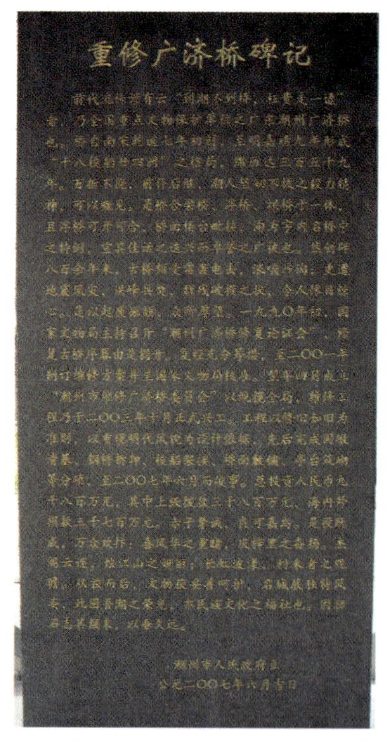

图 4-3.2 《重修广济桥碑记》

（17）《子来局修复广济桥第十一墩记》，清道光二十九年（1849年），碑原置东桥第十一洲壁间。

（18）黄钊《重修宁波寺碑记》，清道光三十年（1850年），碑原嵌宁波寺内墙上。

（19）《重修广济桥东岸第十二墩并茶亭房舍记》，清同治十二年（1873年），碑原置东桥第十二洲茶亭内。

（20）《重修广济桥碑记》，2007年，该碑立于西桥头南州奇观阁内。[①]

① 碑文具体内容见本书附录，县志府志无载之文皆转引自饶宗颐、张树人编著的《广济桥资料汇编》中《石刻》部分。

此外，南宋淳熙初年太守常祎修桥之后，至宋末还有几次增墩造亭都没有留下记文，按道理是不可能，许是遗失，许是还未发现，暂且就现有文章作分析。

（二）广济桥记文碑文蕴含的文化内容

广济桥是潮州乃至韩江流域历史文化的重要载体，是潮州历史文化地标。广济桥自初创至完成全桥建设历时350多年，自初创至今已有800多年。800多年来，或增筑桥墩，或维修，这些记文碑文，留下的是不同时代的社会经济文化信息。

1. 广济桥文脉清晰

文脉即文化的脉络，一个地区的文脉是指本地区历史记忆的联结和延续。从上文所列记文碑文可见，广济桥的文脉非常清晰。“金山崒嵂，俯瞰洪流，悍鳄曩时吝以为居。自昌黎刺史咄嗟之后，一害去矣。江势蜿蜒，飈横浪激，时多覆溺之患。”（曾汪《康济桥记》）“福建舶使虞公似良，以古隶体，扁之曰‘仰韩’，盖韩文公茇憩旧地，实与阁对也。”（张羔《仰韩阁记》）“郡之东有溪，昔鳄鱼之所窟宅也。昌黎韩文公，辞而逐之，而其遗迹，至今泓深莫测，涉者病焉。”（梁祐《仰韩阁记》）“宣德乙卯冬，韦庵王公莅任后，百废皆作。渡溪拜昌黎，顾桥遗址，询诸僚吏，潮卫指挥赖君桀作而言曰：‘斯桥之毁，累经修筑，不能为工。岁溺人畜不可数计，非德望若昌黎伯，神化宜民者，不能也。惟公所至有声迹，斯桥之兴，不在公而谁欤？’公乃揆诸心，谋诸众，毅然兴作新之怀。”（姚友直《广济桥志》）“故老相传，昌黎韩公乞神于江，江为涸数日，因得而经始焉。”“先是此桥之建，故老相传昌黎祭河，河为之涸。”（林熙春《重修韩祠碑记》）可见，广济桥的文脉就是崇韩。守潮官员造桥修桥，都是以韩文公为榜样。

文公谪潮八月，祭鳄驱鳄，废奴兴学，鼓励农桑，为潮州社会发展奠定了良好的基础。“民为邦本”的思想是中国传统文化的基本精神之一，文公治潮时努力践行这一思想理念，无私奉献，兴利除弊，开拓进取，有力地促进了潮州社会的进步和发展，成为后世守潮官员的榜样。守潮官员都努力学习文公，为潮州民众解除苦难，为潮州社会发展做出自己的贡献。修桥铺路是惠政的重要内容，在潮州，建造、修复广济桥是关乎民众生命财产安全和社会发展的大事。守潮官员都以造桥修桥为己任，积极倡导，带头捐款捐俸。“乃酌约宜费，括帑扐羡，首为倡，响应乐输，曾公闻而喜。于是协谋参订成略，指授旧舫之大者少损之，锐者易平之，以便操折。”（张羔《仰韩阁记》）“莅事伊始，慨然曰：‘修理桥道，余职也。’爰与推官崔候思诚谋复之。来岁，同知张侯弼，幕长卢君德直，知事张君宗元继至，咸曰：‘是亦便民之一也。’遂捐俸以相其役。”（梁祐《仰韩阁记》）“遴擢张公自民部尚书郎来守吾潮，下车修百姓之急，顾而叹曰：‘桥其坏微乎？不治，废且尽，人溺犹已，况方内通衢耶？’乃谋诸寮朱君辈，暨海阳令徐君，议合，奏记当道前少参李公，今摄事大参孙公闻而韪之。”（陈一松《重修广济桥记》）“抵潮郡，见自西自东，往还如织者，广济桥也，而石梁缺焉，不可以久，慨然曰：‘舍是无求民瘼矣！周官之法，徒杠舆梁，治之有司，是役浩大，恐重民困，非余独任不可。’越二年，出万余镪，鸠工伐石，约所遗墩二十有奇，无不新增跪石以实其基，斜方绫角，甃砌坚致，用跨石板，翼雕栏，修若干丈，广若干尺，悉循古制，而功倍之。”（杨钟岳《重建广济桥记》）“钱塘吴公尝摄吾梅州牧伯，予等饮和食德久矣。……丁未公以分转权守郡事，既熟筹，所以复之者谓事难于经始而易于观成也。爰首捐廉修第三、第八、第九三洲，其第一、第四、第五、第六四洲崩损者，亦公为之修补。”（《嘉平镇三属盐行重建广济桥第十洲记》）《嘉平镇三属盐行重建广济桥第十洲记》所载的是道光年间太守吴均的事迹。吴均守潮时是潮州历史上最艰难的时期之一，长期的淤积，韩江下游河床已被抬得很高，洪涝灾害频繁。连年洪灾，广济桥几近垮塌，潮州社会经济也已极度贫困。吴均捐资修桥、修堤，为潮州民生做出巨大贡献。这些捐款耗尽了他平生的积蓄，据《潮州府志》载，吴均去世之后，家属甚至无力回籍。为了潮州民众的生命财产安全，吴均不折不扣地践行了文公“无宅于都，无田于野，无遗资以为葬”的人格理想。[1]

苏轼言：“朝散郎王君涤来守是邦，凡所以养士治民者，一以公为师。”[2]其实以韩文公为师的远不只王涤一个人，绝大多数守潮官员都尊韩、崇韩、学韩。韩文公为潮州植下了文化之根，后世守潮官员积极培土施肥，发扬光大，终于在这偏远的南海之滨形成了独具特色的潮州文化。

2. 广济桥建造意义非凡

几乎所有的记文碑文都强调广济桥的重要性。“其途通闽浙，达二京，实为南北要冲。”（姚友直《广济桥记》）“郡城之东，大江注焉，广可三里许，为闽粤通津。”（陈一松《重修广济桥记》）“梁架琙珉，洲盖剧阁，遂使东南无天堑之苦，京省有攸往之利。”（陈先资《修造广济桥碑记》）“落成之余，一临眺焉，东北通八闽，西南连两粤，滚流湍急。”[杨钟岳《重建宁波寺碑记》（搴华堂版）]“况地据闽浙，百粤往来之冲。”（杨钟岳《重建广济桥碑记》）“至潮之东鄙，密近闽漳，韩江一线，实为之限，其间旌轺往来，商旅辐辏，咸获安驱戾止，以免于蹇裳濡足之患，则惟湘子桥是赖。”（曾华盖《重修韩公祠广济桥碑记》）“今者梯航万国，南抵扶桑，北暨流沙，舟车所至，莫不攸往，则是桥也。”（吴兴祚《重建广济桥碑》）“潮之广济桥，右距城关，左抵山麓，萃五方之商旅，济百万之往来。”（《捐修广济桥第二洲并重建巧圣庙记》）

我国东南沿海地区自浙江省的钱塘江口以南至整个福建省、广东东部沿海地区，地形以山地丘陵为主，河流都源自内陆山区，向东、向南注入大海，在滨海地区形成一系列三角洲平原，共同构成滨海狭长的平坦地带。宋代以前，闽粤两省桥梁稀少，滨海平原上的河流江宽水深流急，渡江极其危险，故沿海地区虽然平坦却没有形成重要交通线路。入宋以后，随着福建、广东沿海地区社会发展，滨海平坦地带的优势逐渐显现。赵宋皇朝迁都临安之后，福建、广东两省的政治地位有了极大提高，滨海地带成为闽粤两省北上临安的近道。地方政府先后展开滨海地带交通整治，平整路面，架设桥梁，兴建庵驿，沿路植树，迁民道旁，鼓励居众开设小酒肆食肆旅馆，加强巡视等等，成熟的旅行条件使之逐渐取代以韩江水道为主的内陆山区驿道的地位，成为广东东部北上、西行的主干道。诗载："地平如掌树成行，野有邮亭浦有梁"（杨万里《揭阳道中》）；"黄茅青草无人处，多有轩亭好卸鞍"（陈藻《送蔡伯畛往潮州四首》）。

宋代以来，很多守潮官员来自福建，多数官员任职期满之后举家落籍潮州。宋高宗建炎年间广东运使郑微、潮州通判黄詹，高宗绍兴年间梅州刺史丘君与，理宗嘉熙年间潮州知事魏廷弼，理宗淳祐年间潮州通判魏廷壁，宁宗嘉定年间知潮军州事陈憺，理宗端平年间潮阳县令萧询等都是福建籍人士，都仕潮后合家迁至潮州。有宋一代，落籍潮州的官员超过20人，其中福建籍约占三分之二，莆田一地又居十之七八。在这些官员的影响下，福建很多普通民众也接踵而至，形成一个移民高潮。在这种情况下，闽南地区与潮州之间的联系非常密切，沿海干道人员往来密集。

韩江流域汛期长，雨量丰，下游河段江宽水深流急，是沿海交通干线上的天堑，广济桥正是这条交通大动脉的咽喉，其建造直接影响到东南沿海干道的通畅。广济桥位于潮州州城东门外，是潮州城乡之间的纽带，韩江以东的几十个村落至州城必经之道，也是州城及韩江以西各都、各村民众至韩江以东各村的必经之道。随着社会的发展，城乡之间、潮州各地之间的交流很多，桥上整天人来人往，接踵摩肩。在潮州社会生活中，广济桥的重要性越来越突出。

桥梁能够跨越障碍，延伸交通，有了桥，人们可以走得更远，可以接触更加广阔的世界。桥梁的出现改变了人们的出行方式，扩大人们的生活范围，进而改变人们的生活，甚至改变人们的思想和观念。走得远，离别时间长，于是桥头就有了分离、送别、相聚、等待等生活场景，桥的意象就有了别离和等待的情感内容。桥梁跨水而建，技术难度很大，造桥方法展现的是人们的智慧和才干；桥梁处在风口浪尖，建桥的构想体现了人们的勇气和力量；此外，桥梁的气势、桥梁的造型等都能给人以种种感触和联想。古桥从历史中走来，是历史的见证者，自然引发各种联想和想象。古桥自身的变化，与古桥相关的历史事件和历史人物，以及因古桥所触发的种种情感，使古桥与文学结下了不解之缘。古桥与文学的缘分又为后人留下了一笔宝贵的财富，从中我们可以了解桥、了解人、了解历史、了解文化……桥是物质的，桥又是精神的；桥是质朴的，桥又是浪漫的，在关于桥的诗文中，我们可以读到很多内容。

参考资料：

[1] [唐]韩愈：《韩退之河南少尹裴君墓志铭》，姚鼐《古文辞类纂》卷四十四《墓志铭》，清嘉庆刻本，第594条。

[2] 苏轼：《潮州昌黎韩文公庙碑》，载乾隆《潮州府志》卷四十一《艺文·碑》，广东历代方志集成本，广州：岭南美术出版社，2008年，第1033页。

CHAPTER 5

第五章 广济桥的商业文化意义

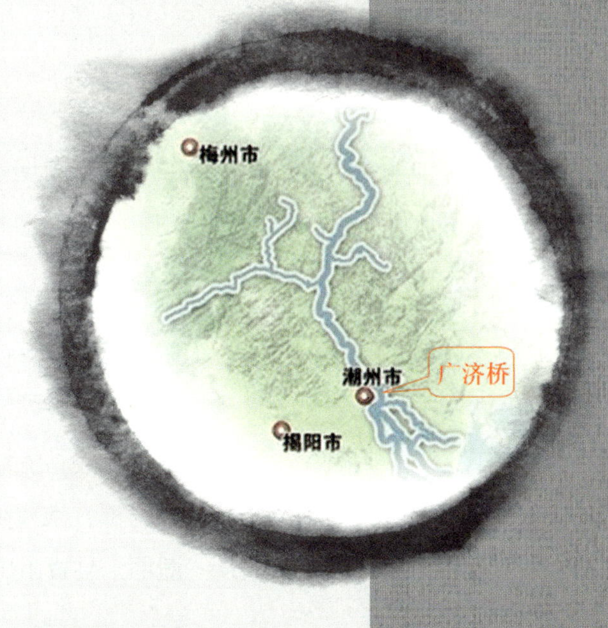

潮州是东南沿海地区重要的商贸城市，我国最早接触海洋文明的地区之一。潮州商业文化历史悠久，商贸业发达，潮州社会商业气息浓厚。潮商是我国著名商帮，与历史上著名的晋商、徽商齐名，是我国三大传统商帮中唯一没有断裂的商界奇葩。唐宋以降，潮商足迹遍布海内外，在国际商贸舞台上影响巨大。在中国商业文化史上，潮商的地位无可替代。潮州是潮商的诞生地，也是潮商发展壮大的沃土。潮州商业文明发源于韩江，成长于海洋，广济桥是潮州商业文明诞生和发展的关键。

一 韩江水道是韩江流域交通主干道

（一）水运是韩江流域内陆山区主要的交通方式

> 永定全境多山峦、溪谷、地形复杂。明清时期，交通落后，陆运靠肩挑，水运靠木船和排筏。民国十六年至民国二十四年（1927—1935年）修筑了龙（岩）峰（市）公路73公里。尔后，有龙岩商人经营汽车运输。
>
> 永定水运在60年代以前，曾起过十分重要的作用，但随着各河道水位不断降低，陆运不断发展，船运逐渐萎缩。截至1987年，永定全境形成以公路运输为中心，铁路运输相配套的交通网，基本改变了山区交通闭塞的落后面貌。[1]

直至20世纪80年代后期才“形成以公路运输为中心，铁路运输相配套的交通网”，《永定县志》关于交通的记载在韩江流域内陆山区各县有一定的代表性。韩江流域95%为山地丘陵，流域内部陆路交通极其不便。乾隆《汀州府志》曰：“汀州为郡，崇冈复岭，居山谷斗绝之地。”[2]康熙《潮州府志》载：“潮郡十县皆阻山带海，而最为要害者程乡之迳。”[3]《永乐大典》载：“北路山径崎岖，便于舟行，并无驿铺。”[4]《太平寰宇记》载：“（潮州）东北至汀州鱼矶镇，六百五十里，元无陆路。”[5]

由于有韩江干支流，与山路的崎岖相比，水路则方便得多，汀、梅两江自古为内陆山区交通主干道。《临汀志》有多处关于水路的记载：

汀界闽粤西南徼，崇岗复岭，深溪窈谷。山联脉于章贡，水趋赴于潮阳。（《临汀志·山川》）

临汀为郡，治长汀。上接剑、邵，下抵漳、梅、潮，旁联赣。封域之内，绝长补短，方九百余里。其距外邑，则宁化、莲城为近，清流次之，上杭、武平为远。其趋邻郡，皆遵陆；若水路，则长汀溪达上杭，直至潮州入海。（《临汀志·至到》）

大溪，发源自长汀，众泉汇合入县界，又与旧州、语口水会，至县治之南山下，西流五十步而南，经潭口至潮入海。（《临汀志·山川》）

南溪，在长汀县南二十五里。其流不一，至侧桥合。溪归西南，过普济桥至南口与正溪合。《寰宇记》：“溪水在长汀，去州东四十里，地名石涵内流出，从城过，直至广南潮州。通小船。”（《临汀志·山川》）

长汀，鄞江溪，自县十里而南会于麻潭，又十五里会于南溪，又二十五里会于大潭直至上杭县。（《临汀志·至到》）

上杭，水路，长汀溪入县境与六乡之水会，直至潮州。自汀至潮，凡五百滩，至鱼矶逾岭，乃运潮盐往来路。（《临汀志·至到》）[6]

清雍正十一年（1733年）之前，梅江流域属潮州府辖区，梅江水道是潮州通往广州的内陆通道，史称“上路”，水道开发比汀江早。史载：

州（按：潮州）治之东，溪（韩江）界于左，循、梅舟筏顺流而东，直至子城下。[9]

程乡水记：梅溪在城南五十步；程江源出义化历石坑，会于梅溪，以其来自程旼乡故名；百花洲，周数百步，洲东有五色水，绚烂如锦，曰锦江；县东四里为周溪，源出葵岭；县北七十里为小溪，源出于汀赣，又三十里为松源溪，源出武平象洞，过此为蓬辣滩，涛浪震险，声闻数里，即韩京晒甲处；西洋溪，在县东南四十里，源出明山。诸水皆会梅溪，合流三河，绕郡城入于海。（《康熙府志》卷二《山川》）[10]

兴宁县有左别溪，在县西北，从龙川县界来。又梅州，有恶水，即州前大江，东流至潮州出海。[11]

兴宁江入梅州也即接韩江干流。韩江—梅江是潮盐入梅、循两州，以及潮粮入梅的运输通道。

依靠韩江水系各水道，汀州、梅州各地到潮州都很方便。

元初，广东道宣慰使月的迷失开辟了江西隆兴（今南昌）取道抚州（今临川），经邵武、汀州，下延平（今南平）至泉州，再经海路达潮州的驿路，全程2350里（1里=500米，下同）。至元二十五年（1288年），这条驿路汀州以下部分改为下汀江，接韩江，全程为1600里，韩江成为潮州与南昌之间的主干道。[7]明代隆庆年间，徽州商人黄汴《天下水陆路程》卷七有“赣州府至福建汀潮二府水陆”条，曰：

赣州府。水，六十里，岑口岗。六十里，雩都县。

百二十里，会昌县。八十里，瑞金县，十担小船。四十里，古城。陆路，五十里，汀州府。下水，九十里，三洲驿。九十里，蓝屋驿。七十里，上杭县。四十里，大孤市。七十里，峰头。遇山。一十里，石上，属潮州。六十里，大埔县。四十里，三河驿。百里，产溪驿。七十里，潮州府。

陆路自赣州六十里，岑口冈。又六十里，沉香村宿。又六十里，瑞金县。四十里，古城。五十里，汀州，下船。[8]

这条商路联结了闽粤赣三省近10个府县，除几处短途陆路，其余为水路，其中汀州开始为韩江水系。韩江流域处在我国东南沿海地区，气候温暖湿润，雨季长雨量多，山间水道密布，多数河段可以通行平底小船，通过大小船只可达山区各角落，水运成为内陆山区的主要交通方式。

（二）韩江是闽粤赣边区对外最为便捷的通道

韩江流域东、西、北三面为高山，只有南面向大海敞开，整个流域成半封闭状态。北部闽赣交界处耸立着武夷山脉，不仅两省之间的陆路交通被隔开，也使发源于此的韩江水系、赣江水系和闽江水系各自独立，闽赣、粤赣之间的交通只有通过少数几个山间垭口实现。上游汀州行政上隶属福建，与省治福州之间的驿道非常重要，但是汀州和福州之间的交通极不顺畅。从汀州北部的宁化、清流进入闽江达福州是汀福之间唯一的联系方式。《临汀志》载：宁化县，“县界水发源有六：东经清流，至南剑、福州入海，漕运通焉”[12]；“清流，水路，县溪水自宁化至县，下梦溪，过九龙滩，入沙县浮流口，通南剑州、福州。九龙滩险甚，向时盐运溯沿皆止于此”[13]。汀州至福州，需要经过九龙滩，《读史方舆纪略》载：“闽诸滩，惟汀之清流九龙滩最号奇险”；九龙滩在“县东南百里。上六龙属本县，下三龙属永安县。九龙上下二十余里，每龙两崖石峡道窄如关隘，仅可丈余，而石龙横绝水中，高可数丈，乘舟下龙，如在高山坠于平地。舟子欲下，必倚铁石矶，人尽遵陆，空舟而行，雇土著篙师栏头，庶可无恙。以县境止有六龙，亦曰六龙滩。元季陈友定尝开凿之，以通汀州粮运。明朝成化十八年，县令张宲募工凿去恶石，滩势稍杀，然险峻犹为七闽最”。[14]闽江自西往东流，穿过闽西山区，滩多且险，即使有过多次整治，但到明代九龙滩仍然是福建最险峻的河段。史载："泛清流，下九龙滩，如高屋建瓴，从山巅跌船下幽谷，奇险甲天下。"[15]自古清流有船谣曰："九龙滩畔清流船，上如上天下沉渊。船真作纸艄为铁（原注：闽有纸船铁销公之谚），差黍有时还触石。船触石兮可奈何？嗟尔客游一何多？"船在九龙滩就像纸一样，随时都有被撕碎的危险，依靠艄公高超的技术才勉强能够获得一线生机。清流县有一个安济庙，船下九龙滩前，船上人员一定要到庙中烧香，否则不敢下滩。《临汀志》载："安济庙，在清流县南梦溪洞口，即九龙阳数潜灵王庙也。自唐有之，莫详创始封爵之由。庙前有滩，险甚，往来之舟，非祷于祠下不敢行。"[16]为了上下船只的安全，南宋淳熙年间（1174～1189年），地方政府又在九龙滩边建了白马将军祠。"白马将军行祠，在清流县南拱辰坊。乃灵显庙中一神也。淳熙间创，为纲运之护。"[17]行船上下如上九天下深渊，没有祈祷就不敢下滩，一庙不够再建一祠，可见九龙滩有多险要。汀州至福州的路不仅奇险，还很曲折，步运路段长且多，需要多次的水陆转运。旧时福（州）盐入汀艰难无比，"旧额运福盐每年八中纲，实搬到盐四中纲，多至六中纲。后以涉历艰难，动经年岁不到，多欲更革"[17]。从福州搬盐入汀州，需要经年累月，费时长，风险大。闽西的上杭、武平和连城三县，原来运漳（州）盐，就是说这几个县与东部沿海之间有通道，但因为陆运长且水陆交换多，也不方便，这是后来都改运潮盐的原因。

南宋绍定五年（1232年），汀州获准改运潮盐之后，地方政府多次整治汀江水道。绍定六年（1233年），汀州知州赵崇模开辟了上杭至峰市的航道。端平三年（1236年），长汀知县宋慈辟滩炸石，又开辟了长汀至回龙段的航道。经过这两次大规模的整治，汀江—韩江运道的运输条件大为改观，“旧运闽盐，踰年始至，吏减斤重，民苦抑配。公请改运于潮，往返仅三月，又下其估出售，公私便之”[18]。入汀之盐从“踰年始至”变成“往返仅三月”，都是从内陆山区到沿海地区，汀州至潮州的运输条件与旧时至福州相比较不可同日而语。明嘉靖三十年（1551年），汀州知府陈洪范雇石匠炸开回龙滩，使长汀至广东大埔河段全线可以通航，汀州至潮州水路的行程又短了一些。韩江—汀江水道成为潮州北上的内陆唯一通道，也是汀州人员和物资南下的内陆最为便捷的通道。清代蓝鼎元《鹿洲初集》载：“大河（笔者按：韩江）在县西，上接神泉河，合大靖、小靖诸溪之流，凡水自平和、南靖、永定、上杭来者皆入焉，潮人赴闽、汀、江、浙必由之道也。”“由汀入潮，以大埔石上为要害，溪险滩高，舟行石阻，贩夫之所往来也。”（《大埔县图说》）“凡邑之水皆汇松口，下蓬辣滩，出三河，趋郡城入海，崇山邃谷，孔道所经，舟舆络绎，商旅纷如。”（《程乡县图说》）[19]

石窟河是梅江的支流，又名石窟溪、蕉岭河，发源于福建武平县洋石坝，自北往南流经福建汀州的武平县和梅州市平远县、蕉岭县，在梅县丙村镇东州坝注入梅江，长约130里。因多石窟而名。原来河道布有阻流巨石，“舟楫不可渡也”，明万历十一年（1583年）凿通。据清代黄钊《石窟一征》载：“石窟开河始于前明万历十一年初，建议以闻者为平远署令廖汝柏，成之者平远令黄郁桂也。凿大峰、剑门二滩以夷水道，守道韩（绍）公也。廖、黄二君各捐俸入为先倡，其发帑镪以继之者，海防巡道郑公岳，知潮州府事郭公子章也。”“为江西雩都、兴国、会昌、宁都、瑞金，福建武平等埠运道。”[20]凿疏之后，石窟河成为江西雩都、兴国、会昌、宁都、瑞金，以及福建的武平等县至梅江的通道，也是这些地方出海最为便捷的通道。

参考资料：

[1] 永定县地方志编纂委员会：《永定县志》卷十三《交通》，北京：中国科学技术出版社，1994年，第362页。

[2] 乾隆《汀州府志》卷四《疆域·形胜》，中国方志丛书本，台湾：成文出版社，据乾隆十七年修，同治六年刊本影印，第55页。

[3] 康熙《潮州府志》卷一《疆域·形胜》，广东历代方志集成本，广州：岭南美术出版社，2008年，第47页。

[4] 《永乐大典》残卷影印本卷五三四三《潮州府·官驿·驿铺》，北京：中华书局，1986年，第2461页。

[5] [宋] 乐史撰，王文楚等点校：《太平寰宇记》卷一百五十八《岭南道二·潮州》，《中国古代地理总志丛刊》一册，北京：中华书局，2007年，第3035页。

[6] [宋] 胡太初修，赵与沐纂：《临汀志》，福建省地方志编纂委员会主编：《福建地方志丛刊》，福州：福建人民出版社，1990年，第7-11页。

[7] 陈香白辑校：《潮州三阳志辑稿　潮州三阳图志辑稿》卷四《城池》，广州：中山大学出版社，1989年，第21页。

[8] 康熙《潮州府志》卷二《山川》，广东历代方志集成本，第61页。

[9] [宋] 乐史撰，王文楚等点校：《太平寰宇记》卷一百五十八《岭南道三·循州》，《中国古代地理总志丛刊》一册，第3061页。

[10] 中国道路交通史编审委员会：《中国道路交通史》，北京：人民交通出版社，1994年，第389页，转引自黄挺、杜经国：《宋至清闽粤赣边的交通及其经济联系》，《汕头大学学报》1995年第2期。

[11] [明] 黄汴：《天下水陆路程》卷七，载杨正泰校注：《客商一览

醒迷 天下路程图引 天下水陆路程》，太原：山西人民出版社，1992年，第243-244页。

[12] [宋] 胡太初修，赵与沐纂：《临汀志·山川》，福建省地方志编纂委员会主编：《福建地方志丛刊》，第42页。

[13] [宋] 胡太初修，赵与沐纂：《临汀志·至到》，福建省地方志编纂委员会主编：《福建地方志丛刊》，第8页。

[14] [清] 顾祖禹：《读史方舆纪略》卷九十七《福建四·延平府·永安县》、卷九十八《福建四·汀州府·清流县》，北京：中华书局，2005年，第4493页。

[15] [清]蓝鼎元：《鹿州初集》卷十二《福建全省总图说》，钦定四库全书版影印件，第1页。

[16] [宋] 胡太初修，赵与沐纂：《临汀志·祠庙·清流县》，福建省地方志编纂委员会主编：《福建地方志丛刊》，第66页。

[17] [宋] 胡太初修，赵与沐纂：《临汀志·盐课》，福建省地方志编纂委员会主编：《福建地方志丛刊》，第27页。

[18] 南平建阳宋慈研究会编：《宋慈文化》，福州：海峡文艺出版社，2016年，第347页。

[19] [清] 蓝鼎元撰，载郑焕隆选编校注：《蓝鼎元论潮文集·鹿洲初集》，深圳：海天出版社，1993年，第44、41页。

[20] [清]黄钊：《石窟一征》卷三《教养二》，载《镇平县+石窟一征+长乐县志》，广东历代方志集成本，第239页。

二　广济桥的选址蕴含无限“商机”

（一）广济桥是韩江商路最重要的节点

韩江是岭东大川，从外型上看，韩江水系就像一株树冠和根系都发达，树干粗壮的大树。大埔县三河坝以上河段，汀江、梅江、梅潭河三大干流和各河支流密布山区，犹如大树的根部。三河坝至潮州古城河段为韩江干流，江宽水深，犹如大树粗壮的树干。古城以下是韩江三角洲，江分为北溪、东溪和西溪三股，其下又各分多股，从19个出海口分别出海，在三角洲上作扇形铺开，犹如这棵大树的树冠。广济桥位于潮州古城东门外，为韩江中游和下游的交界处，正是韩江水系这棵大树最重要的节点。

由于北方战乱和南方的开发，宋代韩江流域上下迎来了一次人口迁入高潮。北方移民带来先进生产技术，流域社会经济进入快速发展轨道。上游山区面积广大，竹材木材、薪柴、木炭、香菇、桐油、茶油等土特产品产量巨大，商品化程度很高。茶、烟草、蓝靛等经济作物种植量大，竹木、茶叶、烟草、蓝靛等原材料充足，造纸、刻书、制茶、制烟、漂染等手工业发达。产量巨大的手工业品，大部分通过韩江水路输送到潮州分销，或在潮州转口销往珠江三角洲、广西、香港、澳门乃至东南亚等地市场。内陆汀、梅地区处于万山之中，素有“八山一水一分田”之说，山多地少，“田瘠而艰水”，不适合粮食作物种植，粮食产量低下。宋代以来，由于人口大量迁入，人口增长和粮食产量不足的矛盾日益突出，需要从其他地区贩进大米。山区没有食盐，潮湿的气候不适合种植棉花，需要从其他地区输入食盐和棉布。

处在韩江三角洲的潮州有漫长的海岸线和娴熟的捕鱼制盐技术，鱼盐产量巨大。宋代由于水利设施完善，种植技术提高，同时又引进了生长周期较短的占城稻，“谷尝再熟”，粮食产量较以前提高了一倍，“贩而之他州曰金城米”。粮食生产已经成为产粮地区主要的经济来源，上游山区成为下游三角洲粮食稳定的销售区。三角洲地区人口众多，经济发达，竹木产品、山林产品消费量大，是上游山区土特产品和手工业品巨大的消费市场。

在山海物质互补中，韩江水道是最为便捷的通道。潮州州城是粤东地区的政治经济中心，也是韩江流域山海物资的聚集和分销地。韩江在州城外形成弯月形，对古城呈环抱之势，河道的弯曲使流速降低，城外正是上下行商船、民船盘驳转运之处。广济桥位于潮州古城东门外，背靠古城，一墙之隔即为古城繁华商业街，利于货物销售。潮汕平原内部河网密布，水路交通便捷，沿海地区生产的鱼盐等海产品，以及平原各地所产粮食和日常生活用品通过小河道汇聚广济桥下，装上大船可直接运达上游三河坝。潮州古城是潮汕平原的北大门，也是潮汕平原物资输入山区的主要出发地。广济桥碑载：“（桥）东北通八闽，西南通两粤，漈流急湍■（此处缺一字），其前磅礴郁积，绕其后商旅往还，盐榷辐辏多会于此。”[1]在韩江千里商路上，广济桥所处位置无可替代。

（二）广济桥是沿海交通干线的咽喉

经过潮州的沿海交通干线上接闽浙，下连粤桂，是广东、广西两省北上江浙闽，闽浙两省南下粤、桂的主要通道，为古代东南沿海地区交通要道。潮州古城是沿海古道的重要节点。潮州《三阳志》载：“潮自古瀛抵分水岭以达漳州，乃南北往来之要冲。”[2]潮州先贤曰：“潮之为郡，介乎闽、广之冲，凡趋闽趋广者，靡不经焉。”[3]“其途通闽浙，达二京，实为南北要冲。”[4]从潮州往东，过饶平，可达福建漳州、厦门，北上可至泉州、福州、温州、宁波、杭州，借助京杭大运河能够到达京津等地。往西，经潮阳、惠来、海陆丰、惠州可以到达广州，越过珠江三角洲可达粤西、广西乃至越南等东南亚国家。这条路相对于沿韩江北上，通过梅江转向西进入东江水系而达广州的北路来讲平坦而便捷。南宋林安宅《潮惠下路修驿植木记》曰："至潮向途趋番禺。父老谓予曰：'直北而西，由梅及循，谓之上路；南自潮阳，历惠之海丰，谓之下路，绵亘俱八百余里。上路重冈复岭，峻险难登，林木蓊翳，瘴疠袭人，行者惮焉。下路坦夷，烟岚稀远，行人多喜由之。"[5]这条沿海北上南下的交通干线在赵宋政权南迁之后显得更加重要。唐开宝四年（971年），广州设置市舶司，成为中国对外贸易的中心。北宋元祐二年（1087年），泉州设立市舶司之前，福建的货物要在广州出口，很多福建商人到广州做生意，这条连接福建和广东的沿海干线人来人往，非常繁忙。宋代郑厚《凤水驿记》载："潮居广府极东，与闽岭比壤。凡洲官于广者，闽士居十八九。自闽之广，必达于潮。故潮虽为岭海小郡，而假道者无虚日。"[6]南宋黄刚大《三阳驿壁记》说，潮"东西界闽广之冲，南北接山海之会。毂送蹄劘，无日无之"[7]。韩江是沿海干线的天堑，广济桥的建造使天堑变成通途。历史时期，广济桥上下游100多公里的河道上没有其他桥梁，广济桥是沿海干线的"咽喉"。潮州先贤曰："潮之广济桥，右距城关，左抵山麓，萃五方之商旅，济百万之往来"（黄钊《重修宁波寺碑记》）[8]；"桥成，闽粤数郡商旅咸

图 5-2.1　清代兴宁两海会馆壁画《韩江丽景图》

利赖焉”（《捐修广济桥第二洲并重建巧圣庙记》）[9]。

可见，无论从韩江商路方面看，还是从沿海干线方面讲，广济桥的位置都是独一无二的，其位置的选择蕴含无限商机。（图5-2.1）

参考资料：

[1] [清]杨钟岳：《重建宁波寺碑记》，载《搴华堂文集》（康熙刻本），广东：澄海官沟门宗亲联谊会印，2010年，第70页。

[2] 陈香白辑校：《潮州三阳志辑稿　潮州三阳图志辑稿》卷五《桥道》，广州：中山大学出版社，1989年，第30页。

[3] 梁祐：《仰韩阁记》，载陈香白辑校：《潮州三阳志辑稿　潮州三阳图志辑稿》卷十二《文章》，第95页。

[4] [明]姚友直：《广济桥记》，乾隆《潮州府志》卷四十一《艺文》，广东历代方志集成本，广州：岭南美术出版社，2008年，第1060页。

[5] [南宋]林安宅：《潮惠下路修驿植木记》，载陈香白辑校：《潮州三阳志辑稿　潮州三阳图志辑稿》卷十二《文章》，第77页。

[6] [宋]郑厚：《凤水驿记》，载陈香白辑校：《潮州三阳志辑稿　潮州三阳图志辑稿》卷十二《文章》，第79页。

[7] [南宋]黄刚大：《三阳驿壁记》，载陈香白辑校：《潮州三阳志辑稿　潮州三阳图志辑稿》卷十二《文章》，第90页。

[8] [清]黄钊：《重修宁波寺碑记》，转引自饶宗颐、张树人编著：《广济桥史料汇编》，香港：新城文化服务有限公司，1993年，第34-35页。

[9] [清]《捐修广济桥第二洲并重建巧圣庙记》，转引自饶宗颐、张树人编著：《广济桥史料汇编》，第35-36页。

三 浮梁结合保障韩江商路通畅

韩江水道的航运条件非常好，三河坝以下河段，江宽水深，水流平缓，有“黄金水道”之称。历史时期，三河坝以下河段除了广济桥外没有第二座桥梁，大型航海船舶可直接到达三河坝装运货物。鱼盐和粮食是韩江商路上溯货物的大宗，清乾隆之前，航海大船可直达上游三河坝，上下物资运送都很方便。

（一）韩江流域物产丰富

韩江三角洲盛产鱼盐，是我国著名的产盐区。《盐法通志》载，唐代“天下有盐之县一百五，岭南道属东莞、新会、海阳、琼山、宁远、义伦皆有盐”。潮州《三阳图志》载：“潮之为郡，海濒广斥，俗富鱼盐，宋设盐场凡三所，元因之。”宋时潮州著名的盐场有小江、隆井、招收3个，绍兴三十二年（1162年），“潮州六万六千六百石：小江场二万七千石，招收场一万八千石，隆井场二万一千六百石”[1]。潮州产盐量约占广东路盐量的五分之一。潮盐原来仅在广东销售，南宋绍定五年（1232年）汀州获准运潮盐，至明代天顺年间，潮盐销售范围又扩大到江西的赣州、宁都州等地。

潮州有漫长的海岸线和数量众多的岛屿，海产品丰富。潮州《三阳志》载：“至于海错，如鲎鱼、蚝山、章举、颊柱，入韩公南食所咏，与夫车螯、瓦屋、河豚、魁虾、香螺、赤蟹之属，皆味之美者。其他名类不一，难以悉载。”[2]大小鱼虾、海带海藻等海产干货是下游三角洲输入山区的重要物资。

下游地区粮食产量巨大。韩江三角洲平原和榕江、练江三角洲平原连成一片，面积约1200平方公里，是广东的第二大平原。平原地势低平，土地肥沃，热量条件充分，北宋以来，水利设施完善，耕作精细，“稻得再熟”，是我国粮食高产区。潮州《三阳志》载：“州地居东南而暖，谷尝再熟。其熟于夏五六月者曰早禾，冬十月曰晚禾，曰稳禾类是。赤糙米，贩而之他州曰金城米。”[2]粮食生产已经实现商品化。明代郭子章《潮中杂记》载：“潮中土颇饶沃，一岁再熟，不惟东省赖之，即漳、泉邻郡亦仰给焉。”[3]

韩江流域处在东南地区，日照充足，雨量丰富，适合竹木、茶树、香菇、烟草、蓝靛等山林产品生长，是我国重要山林产品产区。汀州是福建省三大林区之一，竹木产量巨大。地方志载：长汀，“地瘠民贫未设场厂，以故利不兴而业不振，昔惟竹木二项为出产大宗”；“长邑崇山峻岭，树林葱郁，向称竹木为出产大宗。杉木一项，昔时运售潮汕、佛广者，岁以十数万计”；“至于竹麻产生之兴旺，全赖山民能保护培养，竹荀蕃滋……在昔能运售外地，岁入得百余万者”。[4]上杭，“杉木运售潮、汕、佛山等处，年达十数万”[5]。武平，“杉木为建筑材料，装编木排，运往潮、汕，年值十数万一百五十万元”[6]。粤东的大埔、丰顺、蕉岭等地也都盛产竹木。民国《大埔县志》载：“吾邑地面山岭重叠，可事耕作之地仅十之二三，其所靠以生产者，端在林业，故凡邑内山冈，除高山峻岭不易登陟者外，十居六七皆苍翠葱茏，受益不少。”[7]民国16年（1927年）汕头市市长萧冠英《六十年来之岭东纪略》载：“竹林之盛，以岭东论，当首推大埔之高陂，上自宋翁坑，下至黄竹居，沿河一带，四十余里，产篆竹为最多，相传有伐不尽高陂竹之谣，可见年有二三百万元之出息，亦非全虚。”[8]流域内陆的竹木种类繁多，松、柏、杉、桐、桧、槐、檀、樟、杨、枫、榆等皆有，能够满足造屋架梁、造船、打家具、造棺木等需要，消费市场巨大。

武夷山是中国最大的茶叶产区，北宋词家黄裳《茶法》云，茶叶“出于闽中者，尤天下所嗜”。明代徐渤《茶考》言，武夷山“山中土气宜茶，环九曲之内，不下数百家，皆以种茶为业。岁产数十万斤，水浮陆转，鬻之四方，而武夷之名甲海内矣”[9]。清代崇安县令王梓《茶说》言：“武夷山周围百二十里，皆可种茶，茶性他产多寒，此独性温，其品有二，在山者为岩茶，上品也；在地者为洲茶，次之。”清代，武夷茶行销全世界。

桐油、茶油也是闽粤赣边区重要的山林产品。明代王世懋说：“余始入建安，见山麓间多种茶，而稍高大，枝干磋蚜，不类吴中产。问之，知为油茶，非蔡君漠贡品地。已历汀延邵，愈益弥被山谷，高可一二丈，大者可拱把余。以冬华，以春实。榨其实为油，可灯可膏可釜，闽中大都用之，然独汀之连城为第一。”[10]清代杨澜《临汀汇考》曰：“山中特多油桐。乡人种蓝者，初入山即种此，以其树易长子压油也。”[11]嘉庆《永定县志》载：“货之属，香菇、木耳、石耳、葛粉、蕨粉、蜜、菜子、干笋、黄蜡、桐油、棉布、筒巾、土绢、漆、麻、炭、靛、丝、棉花、永酒、铁、黄杨梳、菜麻桐枯、通片、石灰”。[12]乾隆《大埔县志》载：“油，有茶油、桐油、柏油、麻油各种。”“山居小民由烧山治畬栽植旱禾、油茶、油桐、杉松以供日食。”[13]这些记载显示，闽西、赣南、粤东地区的桐油、茶油产量很大。

蓝靛是一种植物提取的染料，用于布帛染色。同治《赣州府志》曰：“以叶渍和石灰澄沥成淀，用以染缁，沥淀时掠出浮末为淀花，阴干即青黛也。耕山者种蓝，颇获其利。”[14]据《抚郡农产考略》载：“靛价较高，百斤值钱十一二千，湿靛百斤，值钱七八千，水靛百斤值钱五六千，角蓝靛价常倍之。”[15]我国种马蓝最多的省份是福建和江西。明代宋应星《天工开物》云：“闽人种山皆茶蓝，其中数倍于诸蓝，山中结箸篓，输入舟航。”[16]《闽大记·食货考》云：“靛出山谷中，种马蓝草为之。皆上府及温处流人所作，利布四方，谓‘福建青’。”[17]乾隆《宁德县志》曰：“种箐之业，善其事者汀民也。”[18]明代以来，闽赣地区已大规模种植马蓝，因为获利比种植水稻高，规模扩大迅速。明清时期，汀江地区马蓝的种植加工业在品质和产量方面均居全国前列。

烟草在明万历年间由吕宋传入福建，由于烟叶价昂，山民争种之，闽西的种植非常突出。清代郭起元《论闽省务本节用书》言：“闽地二千余里，原隰饶沃，山田有泉滋润，力耕之，原足给全闽之食，无如始辟地者，多植茶、蜡、麻、苎、蓝靛、糖蔗、离枝、柑橘、青子、荔奴之属，耗地已三之一，其物犹足供食用地。今则烟草之植，耗地十之六七。”[19]烟草种植带来发达的制烟业，建烟品质名闻全国，咸丰《长汀县志》载：“福烟独著名天下，而汀（州）烟以（上）杭、永（定）为盛。”[20]民国《永定县志》载：“条烟，又称皮丝。拣选晒干，黄漂烟叶，经去骨、扬尘、拍碎，掺匀适宜油水，压成长方砖块，刨制细丝而成。有头、二、三庄之分。色金黄，气味芬芳而醇厚……夙有烟魁之称。春夏烟草阡连，各乡工厂林立。运销全国及南洋。民国十五年以前，每年出口达五六万箱，约值二百余万圆。”[21]民国藏书家郭白阳《竹间续话》曰：“条丝烟，为永定特产，质极纯粹，香色俱佳，驰名国内。全县之种烟者十居八九。每岁销诸省外，达五百万元。”[22]永定是汀州产烟大县，其他县产量虽有所不及，但从永定一县也可推知当年汀州烟丝的产量之大。粤东的镇平、平远、梅县，赣州的瑞金、于都、南康、安远、会昌等县也广种烟草，制烟业同样发达。

（二）韩江流域商品经济繁荣

韩江流域物产丰富，但是地区分布不均。沿海产鱼盐，平原产粮食，山区山林产品多，矿产资源丰富。但是沿海平原缺竹材木材、缺炭、缺薪，缺香菇、茶叶，内陆山区缺鱼盐，缺布帛，入宋以后还缺粮食。沿海平原和内陆山区各有所长，也各有所短，山海交换就成为必然。由于有韩江便捷的水运，这种交换变得发达起来。康熙《澄海县志》载：“农工商贾皆籍船为业，其稳底船兴贩多于三阳、大埔之间。”[23]雍正《海阳县志》载：“居城市者多事工贾……居货挟赀以游，亦止于汀赣广惠间。”[24]当时从事潮州至大埔之间货运的人很多，海产品汇集三河坝，再从三河坝转向梅、循、汀、赣各地。三河坝成为韩江中上游物资集散地。嘉靖《大埔县志》载：“三河市，在新寨巡司之前，舟楫辐辏鳞次，两岸贸易堵塞为浮店，星布洲浒，凡鱼盐谷粟布帛器用百货悉备，人谓之‘小潮州’。”[25]

韩江流域的粮食贸易自宋代以来一直非常稳定。内陆山区山多地少，粮食产量低，入宋以来，由于北方人口迁入，粮食开始出现短缺。历史上闽西的长汀、上杭、永定，粤东的平远、蕉岭、大埔、五华、梅县，都属于需要大量进口粮食的地区。民国《上杭县志》载：“邑中谷食不足供全年之用，多藉汀潮接济，盖山多田少。”[5]接济上杭的粮食来自相邻的赣州和下游的潮州。赣州明代天顺之前运淮盐，淮盐入赣，山高路远，质差量少价昂；汀州南宋绍定五年（1232年）获准运潮盐，汀赣之间长期存在赣米换汀盐的事实。长汀用潮盐换来的赣州米顺汀江到达汀州各县。潮米入汀则是由于韩江便捷的水道上行。光绪《嘉应州志》载：“嘉应、镇平不下三十万户，一岁所收，仅备三月，必仰给于潮州、兴宁、长乐。”[26]明清时期，由于茶叶、烟草、蓝靛等经济作物大量种植而侵占稻田，各山区县粮食对外依赖更加严重，一直是潮米稳定的售销区。清康、雍时期，潮州社会稳定，人口增长迅速，土地资源和粮食短缺问题逐渐出现。为了解决粮食不足的问题，潮州商人到粤西、海南、暹罗等地贩运粮食。这些来自粤西、海南和暹罗的大米除了供应韩江下游平原地区，有一部分沿韩江输入内陆山区。民国大埔市场上的大米，“饶平米或平和米，由小贩挑运；江西米自新埔墟来，府米、海米由潮州来，每年销售约二百五十万元”[27]。当潮属各县因水旱等灾害而发生饥荒时，也需要从上游山区县粮食种植较广的地区籴入粮食。南宋许应龙知潮州时便出现过这样的情况：“时和岁丰，固无乏绝，年或不登，仰给循、海（笔者按：应为‘梅’字，指梅州）。比者邻封冠攘窃发，适值荒歉，谷价顿增。”[28] 赣南水稻种植面积广，历来是粮食输出地，在潮属各县发生饥荒时，也有粮食顺流而下。流域上下粮食贸易非常可观。

民国《大埔县志》载：“以山多地少之故，邑中所产粮食只足供三个月需要，于是粮食之所需皆取给于异地，此外布帛、油糖、海产杂货更无待言。邑内之需要取给于外者既多，则邑内之产物必当设法运售于外，以为抵偿之代价。”[27]为了抵偿粮食、布帛、油糖、海产杂货等日常生活物资的费用，内陆山区必须把当地所产物资送到外边出售。《临汀志》载：“祖宗旧制以汀州地有坑场，银货易得；不宜蚕桑，衣赐难办。”[29]汀州矿藏丰富，但“不宜蚕桑，衣赐难办”。其实由于降雨量大，韩江流域内陆山区也不适合种植棉花，棉布、棉被都需要从外面输入。“粮食、棉布、食盐三种生活必须品的短缺，迫使闽西在较早的时代就参与区域经济分工，走出一条外向型经济的道路。主要采取两种方式：一是发展商业中心，二是发展地方经济作物外销以获利。”[30]由于独特的自然条件和社会条件，流域内陆山区逐渐走出一条外向型经济道路，农业、林业和手工业生产主要是为了销售获利。早在宋代，《临汀志》就有这样的记载：“郡枕山临溪为城，周袤才五里，市廛居民，多在关外营垒亦有在关外者，故城内坊才三，而城外余二十。阛阓繁阜，不减江、浙、中州。”[29]长汀县城周袤5里，远远不足居住，城外坊数是城内的6倍。宋时汀州有圩市31处，长汀县10处，宁化县6处，清流县7处，莲城县3处，上杭县2处，武平县3处。[29]圩市数量同样能够反映汀州市场经济的繁荣。长汀县城依汀江而建，郡守陈轩诗曰：“十万人家溪两岸，绿杨烟锁济川桥。”[29]宋时汀州的商税也很丰盈，“州城商税务，祖额收钱一千三百五十九贯一百八十三文。政和八年，收钱一千四百一十六贯五百六十四文。新额收钱四千九百九十九贯一百六十七文。绍兴二十二年九月十六日，准运司牒文准都省付下汀州奏，城下务自绍兴十六年至二十年所收商税比祖额并增，依法取酌中一年收钱。遂取绍兴十八年收钱数立为新额，计上项递年收钱六千二百六十三贯八百三十八文”[29]。明代进士邱弘为《杭川乡约》所作的序言道：“杭川风俗，素称淳朴，比年以来，流于奢侈，俗日以偷，凡礼之行，惟事贲饰，日积月累，渐习成风，富者极华靡之奢，贫者以不及为耻。”[31]说明明代中期汀州城乡风俗有奢侈倾向，表明其时汀州商品经济较前繁荣。

杉木是汀、梅地区沿韩江下行土产中最大宗，乾隆《永定县志·土产》载：“杉……先年甚多，三十年来，连筏捆载，运入漳潮，今本邑亦价贵难求矣。”虽说价贵难求，但由于明清时期汀江流域林业已由砍伐自然林转为有计划栽种，所以产量还是很大。据载，潮州属县所产杉木皆土杉，“凡作栋梁之用者皆取于闽”。[32]长汀，“潮州商来计山论值，运至水滨，泛筏而下，县中沿流乡村多以此致富”[11]。汀州的木材沿韩江下行至潮州后分销至香港、澳门、台湾、上海、天津、牛庄、青岛、烟台等多地。

闽粤赣边区种烟、种蓝极多，烟丝和蓝靛是此区闻名全国的土特产品。道光《永定县志》曰：“（永定）山多田少，种烟之利数倍于禾稻，惟此土产货于他省，财用资焉。”[33]或云：“膏田种烟利倍于谷，十居其四，国朝充饷后，地效其灵，烟产独佳，永民多借此以致厚实焉。”[33]汀州烟“运销全国及南洋”。

蓝靛也一样，民国《上杭县志》载：“邑（上杭）人以靛青业致富者甚众，而在外作染工业者如浙、赣、粤等省亦伙。在昔，粤之羊城、佛山皆为邑人专利，每一埠俱数百人。”[34]东南沿海地区的染料市场，汀州人几乎占全部。

造纸、刻书是汀江流域最发达的手工业之一，各县皆有。《临汀汇考》载：“汀境竹山，繁林翳荟，蔽日参天。制纸远贩，其利兼赢。”[11]乾隆《上杭县志》载：“杭以毛竹初长，伐捣为纸，始于白沙里，今通邑有山处多种竹，皆出纸，获利岁以万计。邑货出立之嬴，此为第一。”[35]民国《上杭县志》卷十《实业志》有“纸业”条，曰：“本邑出产以纸为大宗，每年运售潮梅各属及漳州者，旧时价值不下百余万。”[5]武平“以产草纸为大宗，在昔盛时纸槽数百处，产额年达七十余万”[6]。汀州纸品种类多样，可以满足上至志史、绘画、刻书，下至宗教祭祀、厕纸等不同层次的需求。“各邑制造不同，长邑有官边、花笺、麦子、黄独等，色纸则有黄丹、木红。若市间所鬻竹纸、贡纸则来自归、连二邑，长邑无之。归邑红纸最佳，其金银纸则以锡箔黏纸面或染以黄为冥帛。连邑纸有连史、官边、烟纸、高帘、夹板等名。”[11]“汀州玉扣”驰名中外，连城所产“连史纸”即为史籍、书画高档纸品。造纸业的发达带动了刻书业的兴旺，自宋代起闽粤赣边区就形成了以长汀为中心的雕版刻书区域，四堡是长汀雕版印刷业最繁荣的区域。《临汀汇考》载：“长汀四堡乡，皆以书籍为业，家有藏版，岁一刷印，贩行远近。……宋陈日华《经验方》云：方夷吾所编《集要方》，予刻之临汀，后在鄂诸得九江守王南强书云，老人久苦淋疾，百药不效，偶见临汀《集要方》中用牛膝者，服之而愈。按宋时闽版推麻沙，四堡刻本近始盛行，阅此知汀版自宋已有。”[11]清代四堡是全国四大木刻印书中心之一，与北京、汉口和江西的许湾齐名，有“独占江南，发贩半天下”之誉。

明清时期，潮州州城有汀龙、镇平、大埔、丰顺、嘉应等会馆，这些会馆是旅居潮州的韩江中上游各县区商人联合建造的，是商人们聚会议事之所。位于州城开元路的汀龙会馆于乾隆二十八年（1763年）由汀州和龙岩在潮州的商人共同建造，其馆志曰：“汀（州）龙（岩）二州，密迩毗连，据闽之上游，下与潮属邻，地壤相接，且鄞汀一水，南流之际通潮郡，舟楫往来，众皆称便。凡商贾贩运，托业于斯者，歌乐土焉。”[36]2003年潮州古城临江城墙维修时发现一块石碑，为咸丰年间“奉宪示禁”碑，上载：“现据福建贡生李乾秀等呈称：生等籍隶福建汀州府、龙岩州，各处山产黄白福纸，贩运来潮发售，各客号自大埔县之石上雇船，装载至蔡家围关，验明放行，船至东门，另驳小艇登岸……”[37]可见山区的土特产品源源不断通过韩江运到潮州城销售。学者研究发现：“明代中叶以后，潮州经济纳入了从江南出发经过江西赣江流域而联系闽粤两省的庞大商业网络之中。”[38]由于自然条件不同，韩江流域各地逐渐形成具有地方特点的原材料生产、成品制造和再加工的生产分工，促进了流域内部的商品流通，使各地区的经济互相依存、共同发展。

对外贸易也是流域内陆山区重要的经济支柱，陶瓷、铁器、纸品、茶叶等都是山区外贸的主要商品。考古发掘显示，潮州、梅州、汀州多地有唐、宋、元、明、清各代的瓷窑遗址，这些瓷窑产量远远大于本地区生活需要，应以外销生产。据统计，流域唐宋时期的主要窑口梅县水车窑和潮州北关窑、笔架山窑生产的器物，已在泰国、马六甲、爪哇、斯里兰卡、印度南端、阿曼、开罗等地遗址出土，证明此期流域陶瓷生产以外销为主。汀州纸品沿韩江到达潮州后，一部分转运至珠江三角洲、香港、东南亚等地。汀江发源于武夷山区，武夷山茶叶产量巨大，行销海内外。嘉庆《崇安县志》载，每年“初春后，筐盈于山，担属于路。负贩之辈，江西、汀州、兴、泉人为多，而贸易于姑苏、厦门及粤东诸处者，亦不尽皆土著”[39]。各地商人把茶叶收购后运销南洋各岛和厦漳泉等地。[40]清代梁章钜《归田琐记》云：“武夷之茶，不胫而走四方，且粤东岁运，蕃舶通之外夷。”[41]武夷茶一部分通过韩江商路输出。与大埔县交界的漳州市平和县九峰镇是韩江商路上重要的节点，据九峰镇老人游振尧回忆，“九峰—黄田—福田—柏嵩关—矮子坑—深圳—上善—茂芝—三饶—黄岗—澄海市—（以下水路）—潮州—汕头，九峰—上坪—下坪—陈彩—大埔县—白土—双溪—高陂—（以下水路）—韩江—潮汕”两路是建烟、建茶大宗交易线路。[42]其中第二条线路的主体是韩江水道。

繁荣的贸易孕育了潮州州城、汀州州城和嘉应州州城三大经济文化中心。潮州州城为韩江流域山海交换之处，也是流域的出海口。宋代潮州府的人口数已跃居广东第二，州城街巷纵横，里坊相接，井泉遍布；大街自太平桥直达三阳门，长505丈8尺（1674米），宽2丈4尺（8米），街面铺石板，两旁有排水沟，有“砥道轩豁，有中州气象”。[2]明清时期，韩江流域经济重心南移，潮州州城成为流域经济中心。乾隆时，“粤东城之大者，除省会外，潮郡为大”，城内和近郊“不务农业”的居民达10万户口。其时，州城已是广东省仅次于广州的第二大城市。汀州州城在长汀，长汀与潮州相通，西接江西瑞金，北望邵武、南平，是闽粤赣边区的交通枢纽。宋代城内有坊3个，城外坊20多个。“阛阓繁阜，不减江、浙、中州。”明嘉靖年间，郡城内有3条主要街道，城外有街道11条，规模已很可观。在山海交换和对外贸易中，水道沿线一些集散地和转驳点逐渐发展成为区域商业中心，如汀江流域的峰市，梅江流域的兴宁水口、松口，汀梅两江交汇的三河坝，以及下游的庵埠、龙湖、樟林、汕头等地，都是其中比较突出的节点。

峰市位于汀江下游棉花滩的上端，南接大埔县石上埠，汀江船至此无法通行，货物必须上岸肩挑过山至石上埠。船由韩江上行也然。随着汀江水道的通航，这里成为上下货物聚集地。明嘉靖三十七年（1558年）和万历四年（1576年），先后修建了抚民馆和河头城。雍正十二年（1734年），上杭县丞奉令移驻河头城，次年上杭县丞署移建峰市街上，可见发展很快。

兴宁位于梅江上游，县境跨古兴宁江（今五华河）、右别溪（今五华琴江）、左别溪（今宁江）流域，北部与江西省寻乌县毗邻，东部与梅州市平远县、梅县区相接，南部与梅州市丰顺县、梅县区相连，西部与河源市龙川县相邻，西南部与梅州市五华县接壤，是粤赣闽三省水陆交通枢纽，粤东北部重要商品集散地，文化兴盛，商贸和交通运输业发达，粤东民间有“无兴不成市”之说。

松口位于梅江和松源河交界，为“松木出口”的地方，北通上杭、武平，东邻永定，西毗蕉岭，南接大埔，水运极为方便，是韩江商路上的重镇。乾隆《潮州府志·盐法》载有《文献通考》记录：“旧潮州有松口等四场。岁煮以给本州及循梅二洲，雍熙四年。”[43]宋代初年松口已经是韩江商路上的重要节点。据《松口镇志》载，明代松口李氏“世德堂”族人合力所建的“世德新街”长200米，宽2.5～3米，有商铺100多间，皆为夯墙灰瓦的两三层建筑，“楼下经营，楼上寝室”。街道中央有宽约0.8米的排污水道，水道上盖规格统一的活动石板，方便清淤。“世德新街”还与“柴圩坪”相连，形成一个巨大的市场。民国沦陷时期，由于潮汕地区大批商民到松口避难谋生，全镇有商店、旅馆等营业场所1000多间，沿江码头达29个，是广东省第二大内河港口。[44]

三河坝是汀江和梅江交汇处，志载：“三河襟喉惠潮，扼吭汀漳，舟车繁会，为南北要津。”[45]三河镇城墙周围490丈（1622米），仅比大埔县城少29丈（97米），自明嘉靖年间，“舟楫幅辏鳞次，两岸贸易者为浮店，星布洲浒。凡鱼、盐、谷、粟、布、帛、器用，百货悉备，人谓之小潮州”[25]。至清代中后期，三河坝已经成为一处商业发达的市镇。

龙湖古寨位于韩江下游西溪中段，明清时期是韩江流域一个重要的物资中转站。古寨方圆1.5公里，寨内三街六巷布局，宗祠林立，建筑装饰木雕、石雕、嵌瓷、灰塑等工艺，有序的布局和装饰精美的建筑显示龙湖古寨明清时期曾经的繁华。

庵埠镇原为韩江西溪出口，明清时期是潮州海阳县仅次于州城的商业重镇。清初，庵埠有东港、西港、溪东港多处埠市，“商贾舟船厂所聚，兴贩所集”，梅溪码头（笔者按：西溪庵埠段也叫梅溪）“商贾舟辐辏”。康熙二十三年（1684年）清政府开放海禁，粤海关旗下潮海关设在庵埠，称庵埠总口。志载：“以吴越八闽之舶，时挟资来游，从聚日众，移通判以驻其地。”[46]

樟林为韩江北溪港口，明天启年间建商埠，康熙二十三年开海后，商业日渐兴盛，是清代韩江流域著名的商埠。至嘉庆年间，樟林埠已经成为一个六社八街的大市镇，仅其中的仙桥街就有商铺作坊60余间，设有当铺、油坊等30多个行当。“闽商浙客，巨舰高桅，杨帆持席，出入往来”，商贸业极其繁荣。

汕头处于韩江西溪出海口，为晚清流域繁荣的商贸城市。清咸丰八年（1858年），中英《天津条约》将潮州辟为通商口岸，为了保护潮州的利益，口岸设在汕头。1860年汕头正式开埠之后，商贸、航运等行业发展迅速，英、美、日等国家纷纷开办商行和航运公司，本地和华侨资本也陆续开办钱庄、银行、工厂等。1858～1921年60多年间，每年贸易额从1400余万增至4300余万两（关平两）。据不完全统计，1931年，汕头工商业达3400多户。航运业非常发达，1932年进出口外轮有4478艘次，总吨位632万吨，居全国沿海港口第六位，仅次于上海、天津、大连、胶州（青岛）和广州。

上述市镇是韩江沿线商贸节点的缩影，从这些市镇的繁荣可以一窥韩江商路商贸业的兴盛。

古代受通航孔通航条件的限制，许多桥梁的建设影响了水道的通畅，广济桥浮梁结合结构有效地解决了桥梁与航道通畅之间的矛盾。在韩江流域物资的流通中，广济桥浮梁结合结构确保了装载货物船只上下的自由，极大降低了货运成本和运输时间，确保韩江商路的持续繁荣。广济桥浮梁结合结构充分显示了潮州古人的智慧和浓烈的商业意识。

参考资料：

[1] [清]徐松辑：《宋会要辑稿·食货》二十三之十六，北京：中华书

局，1957年，第5182页。
[2] 陈香白辑校：《潮州三阳志辑稿　潮州三阳图志辑稿》卷八《土产·土贡》、卷五《桥道》，广州：中山大学出版社，1989年，第35、30页。
[3] [明]郭子章：《潮中杂记》卷六《请救荒议》，香港潮州商会万历本影印，年份不详，第19页。
[4] 民国《长汀县志》卷十八《实业志》，中国地方志集成本，上海：上海书店出版社，2000年，第494页上。
[5] 民国《上杭县志》卷十《实业志》，中国地方志集成本，南京：江苏古籍出版社，1996年，第127、126、128页。
[6] 民国《武平县志》卷十《实业志》，福建省武平县志编纂委员会整理出版，1986年，第194页。
[7] 民国《大埔县志》卷十《民生志》，广东历代方志集成本，广州：岭南美术出版社，2008年，第937页。
[8] [民国]萧冠英：《六十年来之岭东纪略》，广州：广东人民出版社，1996年，第47页。
[9] [明]徐渤：《茶考》，载董天工《武夷山志》卷二十一《艺文志》，北京：方志出版社，1997年，第699页。
[10] [明]王世懋：《闽部疏》，载沈云龙主编：《明清史料汇编·初集》，台北：文海出版社有限公司，1973年，第11-12页。
[11] [清]杨澜：《临汀汇考》卷四《物产考》，光绪四年（1878年）刊本影印，出版单位不详，第205页。
[12] 嘉庆《永定县志》卷六，清嘉庆二十一年修道光三年刻本影印件，第126页。
[13] 乾隆《大埔县志》卷十《方产》，广东历代方志集成本，第706、704页。
[14] 同治《赣州府志》卷二十一《舆地志·物产·食货》，中国地方志集成本，第779页。
[15] 《中华大典》工作委员会、《中华大典》编纂委员会编纂：《中华大典·林业典·森林利用分典》，上海：上海古籍出版社，2012年，第1071页。
[16] [明]宋应星：《天工开物》（插图本），沈阳：万卷出版社，2008

年，第87页。

[17] [明]王应山纂修，陈叔侗、卢和校注：《闽大记》，福建省地方志编纂委员会整理，北京：中国社会科学出版社，2005年，第194页。

[18] 乾隆《宁德县志》卷一《舆地志·物产》，国家数字图书馆影印件，第27页。

[19] [清]郭起元：《论闽省务本节用书》，载《清朝经世文编》卷三十六，北京：中华书局，1992年，第20页。

[20] 光绪《长汀县志》）卷三十一《物产·货属》，中国方志丛书，台湾：成文出版社，1967年，第596页。

[21] 民国《永定县志》卷十九《实业志》，民国38年（1949年）连城文化印刷所石印本，第11页。

[22] [民国]郭白阳：《竹间续话》卷三，福州：海风出版社，2001年，第61页。

[23] 康熙《澄海县志》卷五《风俗·士民之俗》，广东历代方志集成本，第63页。

[24] 雍正《海阳县志》卷八《风俗·士民之俗》，广东历代方志集成本，第365页。

[25] 嘉靖《大埔县志》卷二《街市》，广东历代方志集成本，第235-236页。

[26] [清]吴兰修：《与沈芗泉明府书》，载光绪《嘉应州志》卷三十二《丛谈》，中国方志丛书，第596页。

[27] 民国《新修大埔县志》卷十《民生志上·贸易》，1943年铅印本，第30页下。

[28] [宋]许应龙：《初至潮州劝农文》，《东涧集》卷一十三，文渊阁四库全书本，第5-6页。

[29] [宋]胡太初修，赵与沐纂：《临汀志》《供贡》《坊里墟市》《桥梁》《税赋·商税》，福建省地方志编纂委员会主编：《福建地方志丛刊》，福州：福建人民出版社，1990年，第31、7-11、11、16、25页。

[30] 蔡立雄：《闽西与区域外的商品交流》，《闽商文化研究》2012年第2期。

[31] 弘治《汀州府志》卷十七《词翰》，南京图书馆存胶卷本，第45页上。

[32] 乾隆《潮州府志》卷三十九《物产》，《中国方志丛书》第46号，台湾：成文出版社，1967年，第963页。

[33] 道光《永定县志》卷十《物产》、卷十六《风俗》，道光十年（1830年）刊本，第12、2页。

[34] 民国《上杭县志》卷十《实业志》，上杭县方志编纂委员会重印，2004年，第262页。

[35] 乾隆《上杭县志》卷一之九《物产》，乾隆十八年（1753年）刻本，第11页。

[36] [清]唐史标：《潮州汀龙会馆志》，寓居潮州古城汀州人康晓峰先生藏同治十年(1871年)刻本，第3-4页。

[37] 石碑现保存在潮州市博物馆。

[38] 黄挺：《明清时期的韩江流域经济区》，《中国经济史研究》1992年第2期。

[39] 嘉庆《崇安县志》卷一《风俗》，嘉庆十三年（1808年）刊本，第3-4页。

[40] 白俞：《崇安赤石之茶业茶讯》，1930年第2卷第14期。

[41] [清]梁章钜：《归田琐记》卷七《品茶》，北京：中华书局，1997年，第145-146页。

[42] 郑庆喜：《明清闽西南地区客家人的经济变迁》，《东南学术》2011年第6期。

[43] 乾隆《潮州府志》卷二十三《盐法》，广东历代方志集成本，第347页上。

[44] 广东省梅州市梅县区松口镇志编纂委员会：《松口镇志》，北京：方志出版社，2017年，第311页。

[45] [明]郭棐：《广东通志》卷三十九《潮州府城池》，济南：齐鲁书社，1996年，第83页。

[46] 光绪《海阳县志》卷三《舆地略二·龙溪都啚》，广东历代方志集成本，第35页。

四 桥市风情与潮州商业的繁荣

（一）诗文中的广济桥桥市风情

万历年间民众利用桥屋，在桥上做起了生意，逐渐形成桥市。明清时期，“一里长桥一里市”成为远近闻名的人文景观。清代扬州人张心泰《粤游小记》载：“桥上贸易极火，俗云‘到潮不到桥，空到潮州走一遭。’”[1]清同治七年（1868年），英国摄影家约翰·汤姆逊来到潮州，对广济桥桥市大加赞扬，称其可与英国有着泰晤士河第一桥美称的伦敦老桥媲美，因为“它们都为城市提供了一个可供居民做生意的地方”。

广济桥上的贸易究竟有多火？过去没有影像技术，我们不能通过影像资料了解其盛况，但借助诗文还是能窥一二。在关于广济桥的诗文中，清代大埔县百侯镇先贤杨献臣的《广济桥赋》有详细描写，摘录如下：

> 则有小阁凌烟，高楼映水，酒肆榕阴，茶高花紫。店连舟楫之多，货聚山海之美。横斜高处，依稀玉杵蓝桥；结撰空中，恍惚蜃楼海市。为通衢之大道，东连龙骨街头；合斯人之会归，西入凤楼城里。……
>
> 氤氲湘子祠前，烛影香烟共霭；潇洒宁波寺外，水光山色齐空。又如系缆石根，扬舲泽漠，贾师雀尾之航，贵客螭头之艇。避雨之楫方归，挂风之帆已迥。争渡则舟子语喧，开关则篙工力挺。已大小而各殊，亦往来其不等。况乃行人杂沓，过客载驰，或担簦而负笈，或抱布而贸丝，或乘肩舆而至止，或荷蓑笠而来斯，或骚人登高而作赋，或逸士临流而咏诗。熙熙攘攘凡几辈，朝朝暮暮无已时。[2]

从杨献臣的描写中我们可以看到，清代的广济桥上，亭台楼阁，酒肆茶馆，鳞次栉比。桥市山海货物齐聚，八方宾客齐集。桥上人来人往，接踵摩肩，有游人，有商贩，有买有卖，有吟有咏有歌。有坐轿子过来的，也有穿着草鞋戴着斗笠稳步而来的。作为桥市重要组成部分的江面也是热闹非凡，巨大的货船扬帆挺进，装饰精美的小艇往来穿梭。桥上商铺和江中大小商船彼此呼应。桥上江面，从早到晚，熙熙攘攘，热热闹闹。（图5-4.1）[3]

广济桥桥市依托桥屋和两岸沿江楼馆，上连闽粤赣边区山地，下接沿海平原，汇集千里山海之所出，是消费市场和产地的中转站。桥市在州城东门外，与城内繁华商业街仅一墙之隔，通过古城东门与商业街完全融为一体，是州城商圈的重要组成部分。潮州是远近闻名的商贸城市，广济桥是南粤著名的游览胜地，又是韩江商路和沿海干线的交汇处，慕名而来的游人、过往的旅客、上下游的商贩都齐聚桥市。桥市上有酒肆有茶馆，有坐店经商的商户，也有肩挑手抱的小贩，吃、喝、穿、用、玩，应有尽有，跟城内繁华商业街没有什么两样。潮州民谚有“身在湘桥问湘桥”的戏语，意思是说人在桥上，根本分不清是在江面还是在城内商业街。《湘子桥考》的作者张树人先

图 5-4.1　清康乾时期广济桥及周边的热闹景象

生生于20世纪初，他说：“桥上建屋，为湘子桥特点之一，作者儿时所见，两边桥屋栉比。登桥时犹如置身里巷中。”[4]可见“身在湘桥问湘桥”的戏语并非全是戏言。明清时期的广济桥诗词中很多写到桥市，下面我们借助古人诗词来领略广济桥市风情。

《湘子桥》　清　陈王猷

对郭东峰见，飞虹落九苍。

江声浮海气，人语乱鱼床。

断石谁堪续，丛碑不可详。

独怜桥畔水，空碧似三湘。[5]

陈王猷的这首《湘子桥》为我们展示了鱼市的热闹景象。“鱼床”指鱼市用来摆放鱼鲜的床板，一般是两条板凳上横放一块木板，像睡床一样，俗称鱼床。湘子桥处在古城东门外，交通极为方便，海边和三角洲各河道的鱼获都汇聚桥边，来自城区和各村镇的零售摊贩则批发回到城市乡村的各个角落销售。天还没有大亮，江面上雾气弥漫，鱼市已经熙熙攘攘。古桥周边是古城最热闹繁华之处，鱼菜果蔬、猪苗、鸡鸭鹅等家禽家畜、饲料都在此处批发，生意一直延续到中午。本世纪初，潮州市政府对古桥周边环境进行大规模整治时才移迁他处。清代陈衍虞的《浮桥春涨》就有关于猪市的记载：

《浮桥春涨》　清　陈衍虞

鞭石今无术，松杉叕后梁。

横江通亥市，击汰谢春航；

纲集驱鱼渚，槎浮暑路霜。（注1）

洞庭一夜怒，涉卯几彷徨。（注2）

（注1，原注：谓盐也，盐赋有飞霜暑路之句。）

（注2，原注：癸丑，风狂，桥圮。）

“横江通亥市，击汰谢春航”，诗人家居古城铁巷，猪市在桥东，故有“横江”“击汰”之言。陈衍虞祖籍海阳县秋溪都，居古城，是潮州著名诗人，诗作着重纪实，人称“岭海文献”。诗人生活的时代刚好是明清交替之时，目睹了朝代更替的种种变故，也饱受朝代更替所带来的各种苦难。作为历史的亲历者，诗人的著述有很高的历史参考价值。潮州著名学者，晚清民国名士温丹铭先生说，陈衍虞的诗“亦吾潮明季清初之诗史也”。《浮桥春涨》为我们留下了明清时期桥市的一些记忆。

《广济浮桥楼》　清　吴　颖

万家连舸一溪横，深夜如闻鼙鼓鸣。
桥下水随春雨长，城边沙与暮潮平。
方传诸将能强战，又劝三农早力耕。
遥指渔灯相照静，海氛远去正三更。

浮桥楼，指广济桥上的桥屋。“万家连舸一溪横”，“万家”极言桥屋之多。桥上的桥屋多而密，桥屋为何如此密集？显然是因为需要。因何而需，答案是桥市。潮州坊间戏语“身在湘桥问湘桥”就源于桥上商铺紧密相连，走在桥上感觉跟走在城里的商业街一样。清代黄钊《广济桥闲望》诗有“蛤灰当市屋，龙骨对河街”句，可以知道

清代的桥屋跟潮州普通民居一样，是用贝灰建造的，是永久性建筑，而非临时搭建的摊档。“深夜如闻鼙鼓鸣”，桥市上熙熙攘攘一直延续到深夜。《广济浮桥楼》中没有正面写桥市的热闹繁华，但用桥屋的密集和桥市的喧闹声展示桥市盛况。

《湘子桥》　清　曾华盖

利济何须郑相轺，大江稳渡架仙桥。
一鞭残雪诗魂瘦，半幅斜阳酒幔飘。
渚霁惊看虹卧久，天空疑见鹊飞遥。
临流莫谩跨题柱，多病文园懒续貂。

桥市上有什么？“半幅斜阳酒幔飘”，诗人告诉我们桥市上有小酒馆。杨献臣《广济桥赋》言：“酒肆榕阴，茶高花紫”，说明桥市上不仅有小酒馆，还有茶楼。“一鞭残雪诗魂瘦”，文人墨客到桥市喝酒品茶。“题柱”指楹联，桥市上的商铺挂有楹联，说明装饰隆重，规格较高，不是简陋的、凑合的。“多病文园懒续貂”句用了司马相如的典故。“文园”原指汉文帝的陵园，后亦泛指陵园或园林，因汉司马相如曾任文园令，故又指司马相如，后借指文人。本诗中显然指文人，言到桥市的也有诗人这样的文人墨客。

图 5-4.2　己略黄公祠梁枋漆画《韩江丽景》

曾廷兰的《晚过湘桥》为我们展示的是桥市夜景：

《晚过湘桥》　清　曾廷兰

韩江江水水流东，莫讶扬州景不同。
吹角城头新月白，卖鱼市上晚灯红。
猜拳疍艇犹呼酒，挂席盐船恰驶风。
二十四桥凝目处，往来人在画图中。

“扬州景”“二十四桥”都是指桥市的繁华热闹。扬州处在长江和京杭运河交汇处，历史上商业昌盛，风光秀美，人文荟萃。隋唐、明清时期的扬州，店肆林立，商贾如云，酒楼茶馆，鳞次栉比，是南北大运河最热闹繁华的商埠。“莫讶扬州景不同”“二十四桥凝目处”都是借扬州写潮州、写广济桥桥市。潮州州城是韩江商路最重要的节点，广济桥桥市是商路的中心。清代是韩江商路最繁荣的时期，也是广济桥桥市最繁华的时候。“吹角城头新月白，卖鱼市上晚灯红”，写傍晚时分，新月初上时鱼市的热闹景象。“猜拳疍艇犹呼酒，挂席盐船恰驶风”，写的则是江面的景观。“疍艇”即六篷船，是疍家人居住谋生的小船，以打鱼、载客、运货为主，活跃在韩江上下游和沿海河口。乾嘉时期有些疍艇改为花船，或从事小餐饮生意，出没在大小商船之间。江面上，巨大的盐船正乘风挺进，六篷船左右穿梭，艇上猜拳声、呼酒声此起彼落，完全就是一派淮海维扬风情。清代有很多写桥市的诗作把广济桥比作扬州，除了该诗“莫讶扬州景不同”“二十四桥凝目处，往来人在画图中”，还有“仿佛扬州廿四桥”（钟声和《湘桥晚眺》）、“玉人何处教吹箫”（杨朝彰《湘桥》）等，可见广济桥桥市带给诗人的是身处淮左名都之感。

六篷船是清代韩江商路上重要的角色，现存表现清代潮州的画作几乎都有六篷船的风姿。光绪《海阳县志》中的“潮州府城图”、清代张宝《续泛槎图》之《湘桥仙迹》、建于清代潮州古城铁巷“己略

图 5-4.3《韩江丽景》图中的六篷船

黄公祠”大厅拜亭前楣的描金漆画《韩江丽景》、兴宁两海会馆的壁画《潮州八景图》，都明确地画出了六篷船。（图5-4.2、图5-4.3）乾嘉时期，韩江六篷船的影响不亚于珠江的紫洞艇和秦淮河的画舫。乾隆年间诗人袁枚在《随园诗话》中有这样一段记述：

> 久闻广东珠娘之丽。余至广州，诸戚友招饮花船，所见绝无佳者，故有“青唇吹火拖鞋出，难近多如鬼手馨”之句。相传：潮州六篷船人物殊胜，犹未信也。后见毗陵太守李宁圃《程江竹枝词》云：“程江几曲接韩江，水腻风微荡小舢。为恐晨曦惊晓梦，四围黄篾悄无窗。”“江上萧萧暮雨时，家家篷底理哀丝。怪他楚调兼潮调，半唱消魂绝妙词。”读之，方悔潮阳之未到也。[6]

袁枚后悔未到潮阳，不是李宁圃的词写得好，而是潮州六篷船韵味独特。乾嘉时期韩江商路的重要节点都有六篷船聚集，潮州古城外、三河坝、梅江松口、兴宁以及汀江的长汀、上杭等河段都是重要的聚集点。民国《潮州志》有“六篷船”条，曰：

广东俗语云："到广不到潮，枉向广东走一遭；到潮不到桥，枉向潮州走一遭。"盖以潮州繁盛亚于广州，岭表诸郡，莫与之京，而湘子桥下之六篷船比于珠江之紫洞红楼也。六篷船者，花林也。绣纬画舫，鳞接水次，月夕花朝，鬟影流香，此也。叠肩拦角，彼也。携手船唇，此也。戏掷金钱，彼也。闲抛玉马，争妍献媚。斗胜夸奇，钗飞钏动之场；王孙断肠，簧暖笙清之会。公子魂销，此真欲界之仙都，升平之乐国也。船艇花样翻新，悉仿珠江之格，雅淡宜人，毫无朱漆之气。[7]

韩江的六篷船虽为小舢板，但装饰精致淡雅，既奢华又有较高的格调，与其他地区的花艇相比有独特的韵味。《潮州志》的记载证明袁枚《随园诗话》记述的真实性。清代韩江《竹枝词》有很多关于六篷船生活的内容：

侬家少小住韩江，画舫珠帘万字窗。
惯拨琵琶银指甲，低声齐唱马头腔。

木棉花放柳牵丝，酒馆歌楼买醉时。
不减秦淮风月地，何妨独号教坊师。

鳄溪水溯青溪清，青溪水入鳄溪行。
船往船来随处泊，一样篷窗秋月明。

侍郎亭畔绿浮波，也够春朝半日游。
无数筝琵来水面，听歌齐上浪西楼。[8]

六篷船上珠帘格窗，装饰淡雅；古筝琵琶银指甲，船中人有品有味，格调一点也不比秦淮风月逊色。“竹枝词”以记述风土时尚为主流，清代韩江《竹枝词》中关于六篷船的内容很多，说明当时六篷船是韩江上下生活的主流。据载，乾嘉时期是六篷船最为兴盛的时期，数量众多的六篷船是广济桥桥市也是韩江文化的一大特色。六篷船的兴盛从侧面反映了清代韩江商路的繁荣。

潮州是著名的商贸城市和外贸港口，历史上广济桥周边是中外商船云集之处，清代林峥嵘的《湘桥晚眺》为我们展示了广济桥边海内外商船齐集的盛况：

《湘桥晚眺》　清　林峥嵘

廿四桥舟锁暮烟，鳄驱牛系始何年。

垂杨不管离人恨，明月解留估客船。

外国鲸鲵波塞海，中原雷浪气掀天。

拟清画一通商贾，何日诏书尽布宣。

“外国鲸鲵波塞海，中原雷浪气掀天”，江面热热闹闹，到广济桥来的商船，有来自中国北方，也有来自遥远的海外。明嘉靖三十四年（1555年）出使过日本的徽州人郑舜功《日本一鉴》中“海市”一节载有：“南澳倭夷常乘小舟，直抵潮州广济桥，接买货物，往来南澳。”[9]明清海禁时期，韩江口的南澳岛是外国商船（笔者按：即倭夷船）停泊的地方，倭夷常乘小船到广济桥边接买货物，说明外国商人对广济桥桥市非常熟悉。南澳岛距离广济桥30多公里，海禁时期外国商人愿意冒险到来，说明广济桥桥市有他们需要的货物，值得他们冒险前来。《日本一鉴》是郑舜功明嘉靖三十五年（1556年）受命东渡回来后写的，上文《湘桥晚眺》诗作者林峥嵘为嘉庆十八年（1813年）进士，二者之间相距约250年。郑舜功记的是海禁时期的情况，林峥嵘写的是开放时代的景观。可见，明清两代广济桥桥市同样繁荣，影响同样巨大。清代潮州总督吴兴祚《重修广济桥碑》言：

"今者梯航万国，南抵扶桑，北暨流沙，舟车所至，莫不攸往。则是桥也，周行如砥，泉货以通，民用以利，可以宣天子承天载物之治矣。"[10]广济桥交通便利，自广济桥出发的商船到达世界各地，世界各港口的商船也顺风顺水来到桥边，桥市之繁荣、影响之大可见一斑。

（二）明清时期潮州商业繁荣

有道是：无桥不成路，无桥不成市。桥成之后，交通方便了，往来人员增加了，因此古桥周边地区容易形成集市。北宋东京汴河虹桥桥市，江南一带古桥周边的集市都是因桥而成的。桥市在古代很普遍，但是很多桥市又都属临时性的，如北宋汴河虹桥桥市，就是以卖粥等临时摊档为主。《宋会要》有这样一段记载，仁宗天圣三年（1025年）正月，"巡护惠民河田承说言：'河桥上多是开铺贩粥，妨碍会篁及人马车乘往来，兼损坏桥道，望令禁止。'从之。是月，诏在京诸河桥上，不得百姓搭盖铺占栏，有妨车马过往"[11]。说明虹桥桥市主要是粥贩占道经营，因为堵塞交通，政府需不时整顿清理。《马可·波罗游记》记录了成都一些桥梁和桥市："这些桥都有好看的木头屋顶，红漆，带美丽彩画，顶上盖瓦。每桥上由这头到那头两边皆有小屋，屋里有许多商品都是在那里做出来的，但这些小屋，皆是木头做的，早晨拿来到晚上撤去。"[12]桥上有多间小屋，生产销售手工艺品，看起来有点规模，但是"早晨拿来到晚上撤去"，说明不是真正的商铺，没有坐店经商。

明宣德十年（1435年），知府王源主持大规模维修广济桥，加固桥墩，更换石梁，巩固桥面，装饰栏杆，使桥"坚致倍蓰于其旧"，同时对梁桥上的桥屋进行了大规模的整修和扩建。此次维修，共在桥上建有桥屋126间，是广济桥历史上桥屋最多的一次，为桥市的繁荣发展创造了条件。此后，广济桥桥市逐渐发展起来。清代中后期，韩江洪涝灾害频繁，潮州经济受损严重，多年无力维修，广济桥残破不堪，但桥市商户还是没有放弃。从英国摄影师约翰·汤姆逊清同治七年（1868年）拍摄的照片和清末民国的多张照片来看，广济桥桥屋是贝灰建造的，跟潮州普通民居一样，是永久性建筑。桥屋临江一面阳台上有盆花和晾晒的衣物，说明屋主一家是长期居住在桥屋。可见广济桥市并非临时性的，而是真正的商业街。

桥市商税可以显示当年桥市的繁荣。康熙《潮州府志·盐政》载："国朝本府额径征杂税银八千七百八十四两六钱七分二厘四毫。（原注：扣除各种抵消后）尚实征银七千三百一十二两。内广济桥商税银六千三百两。"[13]广济桥商税占潮州全州商税近七分之六。光绪《海阳县志·经政略》载："广济桥鱼虾果品小税额银一千三百三十两；彩塘湖丝小税银二百四十两；龙溪都铺额银六十一两八钱六分零五毫；渡头庵谷饷银四十二两二钱二分六厘三毫；杉枋饷银八十两；浮桥巷（笔者按：即古城东门内街，古城客店最集中的街道）客店饷银三十两；盐船头饷银一百三十六两零二分七厘。"[14]据明代王临亨《粤剑编》载，商税"公家所得者百一耳"，按这样的比例推算，广济桥桥市的繁荣程度可以想见。

广济桥桥市的繁荣一直延续到民国28年（1939年）日军进犯潮州，广济桥是重要交通节点，成为潮州抗日力量和日军抢夺的对象，日军对桥身狂轰滥炸，桥市不得已暂时中断。抗战胜利后，桥市有所恢复，但因为潮州经济受到重创，桥市远没有昔日繁华。20世纪50年代广济桥进行现代化改造时，桥屋尽拆，桥市失去赖以生存的土壤，退出了历史舞台。不过大桥两岸周边的果蔬批发市场、猪苗市场、山区杂货和海产干货市场，则是到2003年旧城沿江地带大规模清理改造之前才移迁他处。自明代至21世纪，广济桥桥市存在的时间近500年，其持续时间之长无可比拟。

明朝建立之初采取了一系列鼓励垦种，减免租赋的措施，农民生产积极性得到极大提高。明清两代，潮州大办水利，增修堤围，疏浚沟渠。永乐、弘治年间增修了北门堤；正德年间培筑江东堤，增修南堤；嘉靖、万历、崇祯几次加固东厢堤等。沟渠方面，嘉靖年间开挖了中离溪，沟通了今庵埠龙溪、金石至揭阳枫口。弘治年间重新疏浚了三利溪，引韩江水入溪并在韩江和三利溪之间修筑涵洞，平时开闸，引韩江水灌溉和航运，洪汛之时则关闭闸门，以利排涝，从而使“农夫利于田，商贾利于行，漕运者不之海而之溪”[15]。其他各县的情况也差不多。潮阳县隆庆年间重修黄公堤，“工程完固，远近四十余乡咸免昏垫之患，化斥卤为腴田者三万余亩”[16]。堤围加固，沟渠疏浚，应对旱涝灾害的能力提高了，农业收成自然也提高。顺治《潮州府治・地理志》载：“凡三农皆籍溪潭以收灌溉之利，水少则引入溉田，水多则引之归海，于是乎岁无涝旱，而田亦无荒废。”[17]沟渠疏浚了，水道的通航能力提高，各地物资交流更加便捷。水利设施完善，民众生产积极性提高，明清时期，潮州农业较前有了进一步发展。

明清两代，潮州手工业更加发达，商品经济空前活跃。制盐、制糖、制瓷、刺绣、铜器、锡器的制作都闻名海内外。

明代，潮州制盐业总量大，发展迅速。晒盐法代替了过去世代使用的煮盐法，盐业生产成本降低很多，也极大提高了生产效率。天顺年间，潮盐销售范围扩大至江西的赣州、宁都州。在这样的发展中，广济桥盐税也快速增长。正德八年（1513年），庵埠人，御史杨琠《请留公项筑堤疏》言：“成化间，每岁解银三四百两，宏治以来增税至千两，今闻每岁解三千两。”[18]40多年间，广济桥上交的盐税增长近10倍。王临亨万历二十九年（1601年）来到潮州，在广济桥边发出“粤税之大者，无过此桥”的感叹。[19]

潮州地处亚热带，气候温暖湿润，适合甘蔗生长，唐代即有制糖。“迨唐末时，潮人渐知植蔗制糖之法，自是以后，遂有蔗糖之产。”[20]蔗糖是潮州土产的大宗，至明清之际，潮州糖已驰誉我国东部沿海地区。雍正《澄海县志・物产》载：“有白糖、有乌糖、有米糖，俱用甘蔗汁煮之，由黑及白，由白及冰，任意为之，令商贩竞趋。”[21]嘉庆《澄海县志·风俗》载：“至于国内贸易则以糖为大宗”；澄海“邑之富商巨贾，当糖盛熟时，持重资往各乡买糖，或先放账糖寮，至期收之。有自行货者，有居以待价者，候三四月好南风，租舶艚船装所货糖包，由海道上苏州、天津。至秋东北风起，贩棉花、色布回邑，下通雷、琼等府。一来一往，获息几倍，以此起家者甚多”。[22]蔗糖也是潮州出口的大宗。清代屈大均《世说新语》载，潮阳出产“葱糖”，“最白者，以日暴之，细若粉雪，售于东西二洋，曰洋糖”[23]。据汕头海关记载，晚清民国，潮糖有在汕头直接出口，也有销往上海再转运日本，有销往香港再转运英国等西欧国家。

锡是潮州主要矿产资源，《潮州志》载：“顾潮州矿业，实数锡及磁土采炼制作，历八百余载未衰”，“锡为潮州首要矿产，自宋迄今，代有开采”。[24]宋代潮州即流行铜铅合金、铜锡合金工艺。锡铅合金俗称“锡鑞”（la，潮音“腊”），样子像银，价格低廉，被用作冥器。锡铜组合被用来制作祭器，潮州《三阳志》载，宣圣庙“祭器之属，爵以铜坫裹以锡，为数凡二百五十余，曾侯噩依朱文公释奠新仪所制也。笾豆尊俎，凡三百有奇。孙侯（叔谨）捐金修之。殿上尊垒簠簋豆坫，昔以木为，颇易弊。教官吕大圭易铸以锡，文质相称，至是大备矣”[25]。明清时期，潮州的铜器、锡器制作已闻名远近。乾隆《潮州府志》载：“工竞巧利，所制铜、锡器遍行天下。”光绪《潮阳县志》载：“铜、锡器之雕镂，尤通宇内。”民间有“苏州样，潮州匠”之说。

明代，潮州延续了几百年的陶瓷对外贸易在经历了元代的沉寂之后，制瓷业又走上发展之路。此期，制瓷中心转移至西郊的枫溪，据乾隆《潮州府志》载：“枫溪墟，陶冶之所，逐日市。”圩市的繁荣正是陶瓷业繁荣的体现。

州城的建设较宋又进了一步。明洪武五年（1372年），俞良辅将军重筑州城外城，城墙用石头砌成，高8米，基宽8米，城面4.8米，整座城墙共长5641.6米。同时兴建了城楼。城里的格局基本定型，主要街道东门街、下水门街、东堤（笔者按：即东平路）、大街（笔者按：即现在的牌坊街）、仙街、第三街、第四街、金城街、北门直街等街道旅馆商店林立。居民区各坊整齐归一，打银、打铁、制铜、制锡等专业性行业集中经营，手工业专业区域已经形成。民谣唱道："东门晒鱼网，西门摆花规，南门削竹筷，北门梭脚腿。"刺绣、竹制等工艺已专业化。16世纪以后，沿韩江边的东城区已经成为州城的商业中心，州城已有丰顺、镇平、大埔、汀龙、两浙等会馆。晚明学者王士性描述潮州城："闾阎殷富，士女繁华，裘马管弦，不减上国。"[26]

潮州府所辖11县的工商业也蓬勃发展。嘉靖《潮州府志》载："潮七县（笔者按：原来领海阳、潮阳、揭阳、程乡4县，后陆续增设饶平、惠来、大埔、澄海、普宁、平远、镇平7县，共11县，属地范围没变）称市集者亦繁。"[27]乾隆《潮州府志》载："各县较大的墟市共有130所，其中多数是'逐日墟'。"[28]可见明清潮州的商品经济已经达到较高水平，广济桥市的繁荣正是潮州经济兴旺、商业繁荣的体现。

参考资料：

[1] [清]王锡祺辑：《小方壶齐兴地丛抄》第九帙第四册，光绪十七年（1891年）上海著易堂排印版，第4页。

[2] 本节诗文除特别注明外，皆转引自饶宗颐、张树人编著：《广济桥史料汇编》，香港：新城文化服务有限公司出版，1993年，第47-64页。

[3] 刘镇伟主编：《中国古地图精选》，北京：中国世界语出版社，1995年，第43页。

[4] 张树人：《湘子桥考》，载饶宗颐、张树人编著：《广济桥史料汇编》，第88页。

[5] 光绪《海阳县志》卷二十二《建置略六》，《中国方志丛书》第64号，光绪二十六年刊本影印版，台湾：成文出版社，民国56年（1967年），第208页。

[6] [清]袁枚：《随园诗话》卷一六·六三载唐婷译注：《随园诗话译注》，上海：上海三联书店，2015年，第353-354页。

[7] 民国《潮州志》，广东历代方志集成本，广州：岭南美术出版社，2008年，第2953页。

[8] [清]郑昌时著，吴二持校注：《韩江闻见录》卷九，上海：上海古籍出版社，1995年，第285-288页。

[9] [明]郑舜功：《日本一鉴》卷六 《海市》，民国二十八年（1939年）影印旧抄本，第5页。

[10] 乾隆《潮州府志》卷四十一《艺文》，广东历代方志集成本，第1046页。

[11] 《宋会要辑稿》，《方域》十三之二十一，北京：中华书局，1957年，第7540页。

[12] [意]马可·波罗撰，李季译：《马可·波罗游记》第二卷第四十四章《新定府省与大江》，上海：上海东亚图书馆印行，民国25五年（1936年），第186页。

[13] 康熙《潮州府志》卷四 《盐政·杂税》，广东历代方志集成本，第173页。

[14] 光绪《海阳县志》卷二十三《经政略·杂税》，广东历代方志集成本，第223页。

[15] [明]陈献章：《三利溪记》，载乾隆《潮州府志》卷四十一，广东历代方志集成本，第1051-1052页。

[16] [明]林大春：《黄公堤遗爱碑》乾隆，载《潮州府志》卷四十一，广东历代方志集成本，第1040页。

[17] 顺治《潮州府治》卷一《地理志》，广东历代方志集成本，第8页上。

[18] [明]杨琠：《请留公项筑堤疏》，载乾隆《潮州府志》卷四十《艺

文·疏奏》，广东历代方志集成本，第987页。
[19] [明]王临亨：《粤剑编》卷一《志古迹》，明万历年间刻本，第59页。
[20] 谢雪影：《潮梅现象·潮梅物产》，汕头时事通讯社1935年版，第124页。
[21] 雍正《澄海县志》卷七《物产》，广东历代方志集成本，第80页。
[22] 嘉庆《澄海县志》卷六《风俗·生业》，广东历代方志集成本，第360页。
[23] [清]屈大均《世说新语》卷27“草语·甘蔗”，北京：中华书局，1985年，第689页。
[24] 民国《潮州志·实业志四·矿业》，广东历代方志集成本，第1575页。
[25] 陈香白辑校，《潮州三阳志辑稿　潮州三阳图志辑稿》卷十《学校、贡院、祠庙、书院》，广州：中山大学出版社，1989年，第50页。
[26] [明]王士性：《广志绎》，北京：中华书局，1981年，第101页。
[27] 嘉靖《潮州府志》卷二《建置志》，广东历代方志集成本，第32页。
[28] 乾隆《潮州府志》卷十四《墟市》，广东历代方志集成本，第170-174页。

CHAPTER 6

第六章 广济桥的历史文化意义

桥梁是一个地区经济文化发展的重要标志。著名桥梁专家唐寰澄说："桥梁是一国文化的表征"，"桥是历史的年鉴，文化的结晶"；又说："交通为文化之枢纽、经济之命脉，地方政治、社会风习，无不视之为转移"。[1]桥梁建设必须依靠社会的生产力和科学技术，并服从于政治、经济、军事等方面的需要，是生产力发展水平的标志，也是经济发展水平的标志，是政治和军事地位的标志。桥梁建筑反过来又推动社会发展。桥成之后，天堑变通途，道路成康庄，交通条件的改善进一步促进社会经济的发展，正是基于这些原因，著名建筑学家梁思成先生说"今日之治古者，常赖其建筑之遗迹或记载以测其文化，盖建筑活动与民族文化之动向实相牵连，互为因果都有也。"[2]潮州自东晋建立义安郡以来一直是粤东地区的政治经济中心。广济桥有800多年历史，是粤东地区最重要的历史文化地标。广济桥的建造促进了潮州社会经济文化的发展，提升了潮州的政治、军事地位，在潮州社会发展中意义重大。

一　广济桥的建造是潮州社会发展的重要标志

桥梁建设首先是因为交通发展的需要，其次是有足够的经济能力和技术条件，所以古代桥梁建设的历史基本能够反映一个地区社会经济发展的水平。研究显示，唐五代时期江南一带的桥梁建设在数量和技术上已达到很高水平，福建桥梁建设的高峰期是宋代，特别是南宋时期，在数量、建造速度、工程规模等方面都达到空前。[3]这些情况跟当时当地的社会经济发展水平相符合。潮州的情况也基本是这样，宋代之前潮州桥梁很少。唐代韩愈是著名文学家，走到哪写到哪，治潮八月，留下很多关于潮州的诗作，但没有一首提到桥梁；《永乐大典》卷五三四三、五三四五《潮州府》部，宋代以前的诗文中也没有发现有关于桥梁的作品。这些说明宋代之前潮州境内几乎没有桥梁或没有稍微有一点影响的桥梁。潮州《三阳志》成书于元文宗至顺年间，《三阳志·桥道》载，潮州古城内有桥9座，分别是太平桥、去思桥、西门桥、北门桥、新路桥、湖头桥、新溪桥、南壕桥、瓮门桥。此外古城东门外韩江上有广济桥，南门外城壕上有叶侯桥（笔者按：后沈杞维修，改称沈侯桥），此时，仅潮州州城就有桥11座，跟唐代大异。城外的情况也有很大变化，据潮州《三阳志》载："东路石桥道。潮自古瀛抵分水岭以达漳州，乃南北往来之要冲，蹊道硗确流断绝。旧桥砌以石者，仅秋溪一、思古亭一。后增十有余所，大率规模苟就，阅历未几，颓仆继之。其路又多泥淖，间或筑砌，第累小石，才遇淫潦，行者、涉者病焉。淳祐丙午，陈侯圭捐金市石，依私直僦工，石而桥者一十三所。砌而路者三百余丈。憧憧往来，无复畏涂病涉之患。"[4]东路有桥10多座，虽"规模苟就"，然已有了，而且数量不少。陈宏圭捐金市石，一次就修复了13座桥，还修了约1公里的路，说明当时潮州经济条件不错。从路桥建设上看，潮州宋较唐的进步非常明显。

广济桥是一座500多米长的大桥，建造费用庞大异常。据南宋乾道年间潮州太守曾汪《康济桥记》载，乾道七年（1171年）所修康济桥"偿资钱二十万"，其时康济桥只有一座石墩加上86只梭船。从乾道七年（1171年）至绍定元年（1228年）57年间，广济桥共筑桥墩21座，桥台1座，其中淳熙十六年（1189年）和庆元四年（1198年）都增筑4墩，开禧二年（1206年）增筑5墩，另外，淳熙六年（1179年）、庆元二年（1196年）和绍定元年（1228年）都同时增筑2墩。建造21座桥墩1座桥台用了57年，相对于其他桥梁而言，广济桥的建造速度很慢；即使一年或一次增筑4座、5座桥墩的速度，相对于其他桥梁而言也不算什么，但从广济桥本身情况看，这样的建造速度是很快的，这样的建筑规模很了不起，因为桥墩的建造费用实在太高，建造难度实在太大。广济桥每增筑一座新墩，都同时建造桥屋。据史料记载，此期所造桥屋皆“华丽”“雄丽”，其中淳熙元年（1174年）修建的仰韩阁：“势压滕王阁，雄吞庾亮楼。檐牙共柄争衡，砌玉与地轴接轸。树木张四时之锦，屋庐环万叠之鳞。溪流滉漾以连空，山色回环而入座。登高寓目，足以豁羁客之愁；对景赋诗，庶几动骚人之光。固一方之壮观已。”[4]造价高但建造速度快，以及桥屋的华丽壮观都说明当时建造资金非常充裕。

据史料记载，南宋时期，潮州除了建造广济桥，还整修了州城（笔者按：即今之潮州古城）。州城有子城，有外城，日久破败，此时内外皆整修加固。城内街道同样整修一新，主要街道太平街铺设石板，清理水沟暗渠，重修州学，开设韩山书院（笔者按：迁城南书院至韩山麓）。大规模扩建开元寺，设置养济院、安养院、安乐庐等救济机构，开辟西湖风景区和城北金山风景区。州城面貌焕然一新，民生状况大为改观。其时还大规模整治堤防水道。修筑州城南厢至澄海界的南堤，两次修筑加固长3里的北门堤，修筑南堤；清理西湖，疏浚芹菜沟（笔者按：即三利溪）、筑水关涵洞，引韩江水经西湖进入三利溪，开凿长15里的仙美溪；等等。大规模整修全州辖区驿道邮路，加固路桥，维修增设驿站，沿路植树。南宋短短150年，完成了这么多大型工程，如果没有良好的社会经济基础是很难想象的。这些工程的建设显示南宋时期潮州社会经济非常繁荣。

参考资料：

[1] 唐寰澄：《中国科学技术史·桥梁卷》，北京：中国科学出版社，2000年，第5页。

[2] 梁思成：《中国古代建筑史》，天津：百花文艺出版社，1998年，第11页。

[3] 吴鸿丽：《两宋时期泉州地区造桥热潮的原因探析》，《泉州师范学院学报》2006年第1期。

[4] 陈香白辑校：《潮州三阳志辑稿　潮州三阳图志辑稿》卷五《桥道》，广州：中山大学出版社，1989年，第30、27页。

二 广济桥建设与执政为民

（一）桥梁建设与执政为民

《国语·周语》中《单襄公论陈必亡》一文记录了这样一件事：

定王使单襄公聘于宋。遂假道于陈，以聘于楚。火朝觌矣，道茀不可行，侯不在疆，司空不视涂，泽不陂，川不梁，野有庾积，场功未毕，道无列树，垦田若艺，膳宰不致饩，司里不授馆，国无寄寓，县无施舍，民将筑台于夏氏。及陈，陈灵公与孔宁、仪行父南冠以如夏氏，留宾不见。

单子归，告王曰："陈侯不有大咎，国必亡。"王曰："何故？"对曰："夫辰角见而雨毕，天根见而水涸，本见而草木节解，驷见而陨霜，火见而清风戒寒。故先王之教曰：'雨毕而除道，水涸而成梁，草木节解而备藏，陨霜而冬裘具，清风至而修城郭宫室。'故《夏令》曰：'九月除道，十月成梁。'其时儆曰：'收而场功，■（此处缺一字）而畚梮，营室之中，土功其始。火之初见，期于司里。'此先王所以不用财贿，而广施德于天下者也。今陈国火朝觌矣，而道路若塞，野场若弃，泽不陂障，川无舟梁，是废先王之教也。"[1]

这两段话的大概意思是：周定王派单襄公出使宋国，单襄公访问完宋国后又假道陈国去访问楚国，回朝后对周定王说，即使没有遭受自然或人为灾害，陈国也一定会灭亡。单襄公的理由很简单，他路过陈国时看到这样的景象：雨季结束河流干涸，却没有看到官员带领民众在建造桥梁、修筑河堤；已经霜降了，田野的草木还没有收割，民众还没有准备好过冬的粮草。故襄公断定陈国必将灭亡。

单襄公以造桥筑堤来衡量一个国家的兴亡，看起来好像小题大做？其实不然。修桥铺路，兴修水利自来是国家大事。在通信不发达，交通系统还没有具备多样化的古代，政令的传达、军队的转移、人员的往来、物资的流通都需要依靠驿路，桥梁的兴修、道路的通畅对社会发展和国家安全意义重大。上文的结尾记曰："八年，陈侯杀于夏氏。九年，楚子入陈。"历史证明单襄公是正确的。苏轼云："天壤之际，水居其多，人之往来，如鹈在河，顺水而行，云驶鸟疾，维水之利，千里咫尺。乱流而涉，过膝则止，维水之害，咫尺千里。"[2]借助江河湖海，人类可以到达世界各个角落，但如果无法跨越水域，咫尺将成天涯。其实不只单襄公用修桥铺路来判定陈国的兴亡，历史上有识之士都这样衡量一个国家和一个官员，《汉书·薛宣朱博传》就记载了一件这样的事。薛宣的儿子惠任彭城县令，"宣从临淮迁至陈留，过其县，桥梁、邮亭不修。宣心知惠不能"[3]。薛宣看到儿子所任职的彭城没有建造桥梁、没有修筑邮亭，就断定儿子缺乏从政的能力，与单襄公同。

古人云："乘舆济人，君子以为惠，邮梁不修，古人讥其旷职。守令之职，固未有先于此者也。"[4]古代，路桥都被视为"王政之大"，有道是"循吏守土，桥梁崇饰；俗吏敛财，桥梁破败"。古代路桥分成三级，中央、地方和民间，"国道"由中央政府负责修筑维护，一般道路由地方政府负责，村前村后的小路道桥由民间自理。但是不管大小，路桥的保养和维护一直是地方官的责任，中央政府负责视察，以此评价地方官的政绩。《清实录》就有这样的记载："近闻官吏怠忽，日渐疲驰。低洼之地，每多积水，桥梁亦渐塌陷，车难行走……道旁所种柳树，残缺未补，且有附近兵民斫伐为薪者，此皆有司漫不经心而大吏不稽查训诫之故也。著传谕该督抚等转饬有司，仍前整理……其应行补种柳树之处，按时补种，并令文武官弁禁约兵民，毋许任意戕害。倘有不遵，将官弁题参议处，兵民从重治罪。"[5]地方官员没有积极维护路桥要治罪，中央或上层官员没有认真稽查督促也要追究责任，事关路桥，“从重治罪”。《马可·波罗游记》记录了元代杭州对桥梁的管理：“依照大汗的规定，每一座重要的桥梁上都驻有十个卫兵，五个人负责白天，五个人负责夜间。……守卫是不准睡觉的，必须时刻处于警戒状态。”当时杭州城有十个大广场（即大市场），“每一方形市场的对面有两个大公署，署内驻有大汗任命的官吏，负责解决外商与本地居民间所发生的各种争执，并且监视附近各桥梁的守卫是否尽忠职守，如有失职，则严惩不贷”。[6]这些记载可见路桥管理是当时地方政府工作的重要内容。

（二）潮州历代官员的惠政情怀

广济桥横跨韩江，是闽粤交通干线上的咽喉。自东晋置义安郡以来，潮州就是粤东地区的政治经济文化中心，经过潮州的沿海线路上接闽浙，下连粤桂，是东南沿海地区最重要的交通干线。潮州是这一交通要道上的重要节点。赵宋王朝南迁之后，东南沿海地区的政治地位提高了，经过潮州的沿海干线显得更加重要。由于两宋之前没有出现过长久的、大规模的战乱，东南沿海地区得以迅速开发，社会经济得到很大发展，地区之间的人员往来、物资交流日益频繁。进入南宋之后，东南沿海交通干线更加繁忙，“假道者无虚日”（郑厚《凤水驿记》）。韩江潮州段江面宽广，水深而流急，无疑是沿海干线上的天堑，严重阻碍潮州乃至东南沿海地区社会经济的发展。

韩江纵贯潮州，州城在江之西岸，韩江以东有东厢、东津、水南、南窑、仙田、意溪、溪口和秋溪8都，有几十个村落属海阳县辖区。河东8都是潮州粮食瓜果重要生产基地，西岸的州城则是粮食瓜果的主要消费地。州城上游约1.5公里韩江对岸的蔡家围是闽、粤、赣三省24县竹木集散地，上游下来的大型竹排木排在这里拆装、分销，城区居民建筑、家居木料很多需要从这里购买。蔡家围还聚集了大量从事木器、竹器制作的工人。州城隔江对岸的韩山旧为韩愈登临之地，山上有文公手植韩木，潮人以韩木开花的繁稀预估当年科考的成绩。北宋陈尧佐在山上建韩文公祠，潮人敬仰文公，常登临瞻仰。可见，随着社会的发展，跨越韩江已经成为潮州人日常生活不可或缺的一部分，也是州城生活物资来源的重要途径。

韩江水量丰富，汛期流量很大，“飚横浪激，时多覆溺之患”（曾汪《康济桥记》）。古代的韩江，还有悍鳄横行。急流悍鳄时刻威胁着渡江民众生命财产安全，韩江两岸“咫尺之居若千里”（姚友直《广济桥记》）。在韩江上造桥不仅能保障过往民众的安全，更能促进潮州经济的繁荣发展。“为官一任，造福一方”，执政为民、重视民间疾苦是儒家文化的重要内容，自孟子提出“民为贵，社稷次之，君为轻”的观点之后，民本思想对中国2000多年的封建统治产生了深远而积极的影响。历朝历代上至制度建设，下至各级地方管理体制、各级官员的职责要求，都体现了执政为民的民本思想。这种执政为民的思想客观上起到顺应民众要求、减少民众疾苦、改善民众生活、赋予民众幸福的作用。桥梁是道路的延伸，桥梁的建设使民众跨越江河湖海成为可能。没有桥，江河湖海就是天堑，渡江船只常有被惊涛骇浪吞没的危险，民众生命财产安全时刻受到威胁。有了桥，天堑变通途，道路成康庄，人们的生命财产安全得到有效保障。有了桥，交通便利了，区域之间的经济文化交流也能得到发展。“昔日风波险阻之地，今化为康庄矣”（曾汪《康济桥记》），“千间厦敞捞确思，万里桥成助去程”（曾汪《送举人》），“遂使东南无天堑之苦，京省有攸往之利，可谓广渡十方，普济万灵矣”（陈天资《修造广济桥碑记》），这些文句表达了造桥官员便民利民，服务潮州民众的惠政情怀。

自曾汪之后，历代守潮官员都把建造和维护广济桥作为自己治潮的头等大事，亲自主持增墩维修工作，志曰：

淳熙元月，知州常祎，增桥舟为一百零六只，创杰阁于岸右。

淳熙六年，知州朱江，增石洲二座，筑亭其上，建登瀛门。

淳熙七年，通判王正功，复增石洲一座，上跨巨木。

淳熙十六年，知州丁允元，增建四洲，絙以坚木，石洲上覆以华屋。

绍熙五年，知州沈宗禹，蟠石东岸，结亭于前。

庆元二年，知州陈宏规，增筑东岸石洲二座，结架如丁侯桥，而增广之。

庆元四年，知州林嵘，增筑东岸四洲，雄丽过于西桥。

嘉泰三年，知州赵师岎，通判马承规，增崇石洲故址，屋覆其上，砖甃其下，面桥为亭。

开禧二年，知州林会，接济川桥之西，增筑石洲五，修其旧者一，亦屋覆而砖甃之。

绍定元年，知州孙叔谨，接丁侯桥之东，增筑二石洲。

端平初年，知州叶观，修缮桥亭，中扁玉鉴，与小蓬莱对。辟二亭，面北曰飞跃，面南曰盍簪。

……[7]

志载："近山多溪潭，近海多港汊，溪潭有阻深之境，港汊为潮汐所汇，非乘木叠石曷克利涉哉！潮内山外海重以江，赣闽汀之水直注韩江，深濠巨浸历可指数矣！潮为岭东大郡，闽粤通衢，夫虹霓弯清涧，螭龙亘大湫，所在皆有，固无待十一月徒杠成，十二月兴梁成也。惟良有司知道路桥梁皆王政之大，以时加意无令闿涉，庶有济焉志津梁。"[8]当代学者言："交通为空间发展之首要条件，盖无论政令推行，政情沟通，军事进退，经济开发，物资流通，与夫文化宗教之传播，民族感情之融合，国际关系之亲睦，皆受交通畅阻之影响，故交通发展为一切政治经济文化发展之基础，交通建设亦居诸般建设之首位。”[9]“近山多溪潭，近海多港汊”，交通的发展必然受溪潭港汊的阻碍，架梁修桥是发展交通的要务。潮州是岭东大郡，东南沿海交通干线上的重要节点，靠山濒海，大江宽广，大河汹涌，小溪密布，修桥铺路既能造福民众，又有利于经济文化发展，守潮官员积极建设广济桥，充分体现了“执政为民”思想。

参考资料：

[1] 《国语》，《周语·单襄公论陈必亡》，[三国吴]韦昭注，徐元诰撰，王树民、沈长云点校：《国语集解·周语中》，北京：中华书局，2019年，第66页。

[2] 苏轼：《何公桥铭》，载陈梦雷编纂：《古今图书集成·考工典》卷三十二《桥梁部》。苏轼：《何公桥铭》，载《苏轼诗集》，北京：中华书局，1982年，第2402页。

[3]《汉书》卷八十三，北京：中华书局，1962年，第3404-3406页。

[4] [南宋]赵令衿：《石井镇安平桥记》，载粘良图：《晋江碑刻选》，厦门：厦门大学出版社，2000年，第9页。

[5] 《清实录·世宗实录》卷十六，第7册，北京：中华书局，1985年，第272页。

[6] [意]马可·波罗撰，李季译：《马可·波罗游记》第二卷第七十七章《京师大城其他详细情形》，上海：上海东亚图书馆印行，民国25年（1936年），第244页。

[7]《永乐大典》卷五三四三《潮州府·桥道》，载饶宗颐编集：《潮州志汇编》第一部，香港：龙门书店，1965年，第9-10页。

[8] 乾隆《潮州府志》卷十九《津梁》，广东历代方志集成本，广州：岭南美术出版社，2008年，第272页。

[9] 严耕望：《唐代交通图考》序言，载《治史三书》附录二，沈阳：辽宁教育出版社，1998年，第207页。

三　广济桥对潮州社会发展意义重大

古代交通以水路为主，河流的航运条件对沿河城市发展至关重要。韩江虽然只有短短470公里，但在内河运输时期却是粤东、闽西和赣南地区的交通大动脉，是闽粤赣三省交界地带与外界联系的主要通道。潮州是韩江最重要的节点，韩江水道交通的通畅对潮州社会经济发展具有决定性意义。

河流是陆路交通的障碍，桥梁的建设可以消除障碍，使道路得以通畅。但是对于水道运输而言，桥梁却是障碍，对于交通繁忙的水道或是常有船只进出的港湾地区，桥梁建设对水上运输的影响更加明显。韩江是岭东大川，潮州河段江宽水深流急，在江上架桥对东南沿海驿道和韩江两岸的沟通非常重要，但是桥梁的建设同时也影响了水道交通，作为港口城市和商贸城市的潮州，韩江水道的通畅对城市发展的意义更加突出。广济桥的建设是一把双刃剑，处理不好将对潮州社会经济发展起反作用，浮梁结合结构刚好解决了陆路交通障碍，又保证了韩江水道的通畅。日本大学伊原弘先生把明清时期的潮州和福建的泉州进行比较，结果显示，潮州之所以在明清时期能够超越泉州而作为重要的贸易城市突显出来，与广济桥的浮梁结合结构有密切关系。他说："在河上架设桥梁对陆上交通是有利的，对水上交通则是不便的，要是港口城市，这就成为决定性的反作用的主要因素。""潮州的桥（指韩江上的广济桥）虽然两侧是固定的，但是正中部分却是用铁锁把船联结起来，并可以自由解开的。这一点是十分重要的。"[1]广济桥浮梁结合结构带来的韩江水陆交通通畅正是潮州城市繁荣发展的关键因素。

广济桥是韩江商路天然的关卡。清乾隆年间檀萃《楚庭稗珠录·粤囊》载："潮州东门外济川桥，广五丈，长百八十丈，横跨鳄溪，列肆盈焉；下横长木，晨夕两开，以通舟楫。盖榷场也，俗呼湘子桥。”[2]“榷”意为专卖，榷场为征收专卖税的场所。韩江为潮盐北上通道，广济桥为广东东路食盐总汇，粤东各盐场所产食盐先汇集广济桥，再分销转运，故桥边榷场为收取盐税的地方。乾隆《潮州府志·盐法》载：“国朝康熙三十二年改提举为运同，以贰盐运使潮桥，筑亭馆于江岸，缆舟掣盘盖自此始。署在三河坝，康熙四十五年裁运同缺归并潮州府。雍正二年以引目日增，课额愈大，运同驻省，鞭长莫及，仍复运同缺，驻劄潮州府城。”[3]这个税所原来在三河坝，康熙四十五年（1706年）移到广济桥边。乾隆《潮州府志·盐法·隘口》这样记载：“广济桥在郡城东门外，为闽粤往来要冲，绵亘一百八十丈，分东西两畔，中间浮船一十八只。西属潮州府，稽查税务。东属运同，掣放引盐。东畔桥墩一十三座，自墩脚起，量高三丈八尺，墩面横直各宽七丈二尺。浮船九只，每只长四丈六尺，中宽一丈一尺，架板二十块。凡遇损坏，奉部咨行，随坏随修，其工料银两，在什项内动支。桥之下，为海运湾泊之所，设盘查馆一处。”[4]光绪《海阳县志·建置略六》载：“三年（1725年），题盐运同驻潮州，与知府分督桥务，东岸属运同掣放引盐，西属潮州府稽查关税。其浮梁船十八只，亦各分管。”[5]这些记载都表明广济桥曾经是韩江盐税的关卡。

其实明代就有关于广济桥盐税的记载。乾隆《潮州府志·盐法》转载了明代李櫏《盐政全书》中的一段记录：“潮商由广济桥散入三河，转达闽之汀州为东界，水商运惠潮之盐贸易于广州，听商转售。”[3]明万历年间刑部主事王临亨到潮州视察，其《粤剑编·志古迹》载：“潮之广济桥，西连潮城，东接韩山，中跨恶溪，横亘二里许。余尝从月下观，俨然苍龙卧玉波也。倘推万安家嫡，应属之广济矣。粤税之大者，无过此桥。旧属制府，用以克饷，今为税使有矣。”[6]从广济桥送出的盐有多少可想而知。据乾隆《潮州府志·盐法·课额》载："运同管辖潮、嘉、汀、赣、宁三府二州二十九埠并海山、隆澳场额销盐引额征饷矣。递年额引一十九万一千二百零六道五分二厘一毫九丝九忽六片九佥五沙零三埃五渺四漠。"[7]这样的量约占广东一省盐税的四分之一。

清末爱国诗人丘逢甲曾寓居潮州城，有诗《广济桥》，可以证明直至清代末期政府还在利用广济桥管理韩江盐税，诗曰：

城东锁钥俨天然，雁齿红腰迂接连；
一水官如分界守，四朝人不及桥坚。
长消难准仙无碣，开闭当关吏有权；
何处骑牛寻醉汉，凤凰山上日云烟。[8]

桥税、番税（笔者按：对外贸易税）都属大税，归中央政府所有。广济桥榷馆所收盐税，除了支付盐政官员和工作人员的薪资以及榷馆日常开支、维修浮桥外，地方军饷和缉私、捕盗的费用是盐税支付的重要项目。明代郭春震《榷盐小论》言："盐为军饷榷也。粤东为用武之地，民苦于供亿，始兴盐策以佐之。"[9]粤地多盗，史故有之，王临亨《粤剑编·志土风》载："百粤之民，喜于为盗，见利如膻，杀人如饴，其天性也。"他所见之狱牒中，因极小之利而杀人的有很多："余阅狱牒中，有仅以数镮而谋杀人者，有以斗粟而行劫者。至于掳人勒赎，尤是常事。或禁之船中，或圄之地窖，或幽之密室，意其能识认者，则蒙其首而去，公然揭示于通衢而索之金钱。饱其意，则人可生还；稍不满意，多有财命俱丧者。或掳人家女子，则群盗聚而奸之，赎不满意，竟售之他乡去矣。又有劫人尸棺而勒索者。"[10]据载：潮汕地区万历年间，"倭难大作，桴鼓之声，数十年不息"[10]。明代郭子章《请复参将议》言："潮州系海边多盗之区，程乡又山寇出没之薮。"在《请复通判县佐等官议》又言："潮之多盗，甲于天下。"[11]顺治四年（1647年），两广总督佟养甲疏言：

“粤之为贼者，结艘千百，出入飘忽，可以逃匿，可以冲突，且岛洋诸国凡数十种俱环海外测候风汛，故临海之人有力则私通番舶，无事则挺身为盗，粤中素称多盗。”[12]粤地之盗多种多样，海洋陆地都有，山区有平原也有，有土的也有洋的。雍正朝有“查洋盗向为广东、福建为最，江南、浙江次之。广东洋盗又多在潮州、惠州二府”的记载。[13]潮州地处闽广交界，又界山海之间，山匪海盗历来闻名。道光七年（1827年）六月，两广总督李鸿宾曾奏言：“粤东外海内河奸匪丛集，往往结党成舟，昼夜横行，或偷载违禁私货，或抢劫商贾财物，此等匪类随处皆有。”[14]广东巡抚康绍镛曾上奏曰：“粤东负海滨，山盗会诸匪，甲于他省，公用以缉匪为大宗，捐摊赔捕次之，办公杂项又次之。粤东州县岁入所藉专在兵米折价。”[15]清代蓝鼎元《鹿洲初集》有很多关于盗匪的记录：“一县形势以大海为要害。海寇荡舟，乘潮可入，故于沿海港叉设炮台以控扼之。”（《澄海县图说》）“揭邑极西有河婆，大山深僻，为从来盗贼窟穴，矿徒出没之区，莫有知其要害者嶷之则惠、潮之乐土，置之实两郡之隐忧。曲突徙，于斯二者加之意乎！”（《潮州府总图说》）“自西自北，则平远、镇平之石窟、樟坑、腰古、铁山嶂，皆向来匪类窟穴。”（《程乡县图说》）“大产司在县南百里，密近平和县界，比盗贼出没要害也。其他若枫朗、平沙、虎头砂、阴那口、鸦鹊坪、天门岭诸要隘，萑苻作孽，咸在此间。九峻山羊肠九折，为饶平捷径，山寇张琏之所巢也。长窟在县东北十里许，土贼钟七、钟八跳梁久也。铜鼓嶂在县西八十里，程乡、海、揭与埔邑各分一面，古为盗窠，明末钟凌秀弄兵于此，皆留心防御者所不可略哉。”（《大埔县图说》）“铁山、燕子、五子石诸峰，悬崖密箐，为山匪窠巢，探丸弄兵者屡矣。”（《平远县图说》）“诸山奥折，铁矿所生，奸宄窟穴，古称要害。大密径在县北三十里，崇崖深箐，伏莽跳梁者屡矣。铁山嶂半属平远，天门凹与五子石连界，梅子畲与武平、平远连界，皆有名奸薮，诸贼入寇之要害。”（《平远县图说》）南澳处在海中，又为闽广交界，盗贼、倭寇盛行，为闽粤海防之在患，《鹿洲初集·饶平县图说》言：“南澳四面大洋，山崖险峻，周回三百里，为闽、粤两省咽喉重地，自古海盗盘踞之区，朝光跳梁，倭奴肆虐，大为边患。”[16]在《与荆璞家兄论镇守南澳事宜书》中，蓝鼎元这样介绍南澳的情况：“南澳为闽广要冲，贼艘上下所必经之地，三四月东南风盛，粤中奸民，哨聚驾驶，从南澳入闽，纵横洋面，截劫商船。由外浯屿、米罗、乌纱而上，出烽火，流江而入于浙。八九月西北风起，则卷帆顺溜剽掠而下，由南澳入粤。劫获金钱货物多者，各回家营运卒岁，谓之‘散斗’。劫少无所利者，则泛舟顺流，避风于高州、海南等处，来岁二三月，土贼涌起，南方不能容，则驾驶北上，由南澳入闽。”[13]独特的地理位置使南澳成为明清东南沿海地区主要的海盗聚集地之一。

为了保障地方社会秩序的稳定，潮州每年花在防盗、捕盗方面的费用非常多。明代吴桂芳《议复衡永行盐地方疏》言：“两广素称多盗，兵戈不息，供馈实繁，其饷用之资，类取给于盐利之税，皆榷纳于桥关。”[17]广济桥丰厚的盐税为缉私、抓捕盗匪提供了经济保障，有效保障地方社会稳定和经济发展。

维修加固韩江堤围也是广济桥盐税一大开支。长期的过度砍伐和过度开发，韩江上游山区明清时期水土流失非常严重，下游洪涝灾害频发，堤围成为民生安全的重要保障。维修加固堤围是潮州政府工作的主要内容之一，也是潮州民众的主要经济负担之一。明清两代都有申请留广济桥盐税加固堤围的记录。嘉靖《潮州府志·地理志》载：“正德八年，郡人御史杨琠疏请捐榷盐金修堤。”[18]乾隆《潮州府志·艺文·疏奏》载有杨琠《请留公项筑堤疏》，为了读者能更好地理解下文内容，全文抄录如下：

请留公项筑堤疏

明 御史 杨琠

臣籍隶广东海阳县，生长其间，地方利害，生民愁苦，目击身经。布衣时，欲效郑侠，绘图经献，无尤上达。今待罪言官，见四方盗贼蠡起，贻宵旰忧。究其所自，皆由害将至而不为之备，患将作而不为之防，以致溃决而不可为也，敢以臣所目见者为陛下陈之。窃思潮地，北跨汀州、程乡、兴宁、长乐，诸山南距大海，群山之水汇于三河，顺流经府治七十里入海，自海阳北厢至揭阳龙溪官路，民间庐舍田亩，适当众水入海必经之路。自唐时砌筑圩岸为保障，实生灵命脉所关，每遇春雨淋漓，山水骤发，河流泛涨，势若滔天，冲决圩岸，一泻千里，漂荡田庐，淹没禾稼，溺死人物，不可胜数。匝一月水患稍除，然后长吏呼集疲民运沙泥补倾地，或修筑甫成，复值霖雨，随即崩塌。计自宏治壬子至癸亥十一二年间，圩岸崩至六七次，伤民命者不知凡几！坏民房者不知凡几！淹损田禾者不知凡几！海揭之民呼天抢地，无所控诉。民困如此，若不预为之计，服先畴者已不得耕，而耕者复忧于湮塞之无时死于溺者已不可生，而生者复忧于死期之不远。嗟此小民日就穷蹙，如之何不为盗窃也？盖圩岸约长七十里，民居其上者二十里，为患者共五十里。今若于旧堤增高五六尺，外岸临河悉用荒石，里岸临田填广一丈，上树木以护之。一应工役，民皆踊跃争输，所乏者荒石耳。荒石沿海所由，亦不难采买。大修计需银五六千两，次修计需银三四千两即可。集事第鬻石之费，若敛于民，当此垫溺之余，剜肉医疮不可也。臣熟思再计，广询众论，佥谓郡城广济桥自天顺年间，郡县榷取盐税每岁解制府以助军饷，其中尚可酌留购石，盖广济桥乃盐船必经者。成化间，每岁解银三四百两，宏治以来增税至千两，今闻每岁解三千两，莫若即广济桥盐榷照宏治间事例，每年解一千两以助军饷，留二千两以买荒石，约计三年可以敷用石备。仍照常额起解缴。丞簿官领价采买，募民载石，召集父老，尅期鸠工，如或工费浩大，未足取给，闻广济桥货船过者，大船征料银一钱，中船六七分，将此项补益之。工竣停止，无财用足而功易成，前此水患可保无虞矣。夫水火盗贼，为害一也。若地方有盗贼，郡县及镇巡各官设策剿捕，必求殄绝而后已，今水患为害不减于盗贼，若皆委诸天，数民其鱼乎？伏乞陛下明照万里，布德遐方，敕抚按会，护一方之保障，全两邑之生灵，狂澜永奠，滨海无虞，幸甚望甚！[19]

杨琠建议在广济桥盐税中留出8000～9000两银子在旧有堤围的基础上增高5～6尺（1.6～2米），外岸临河一边用石加固，里岸拓宽1丈（3.27米），并种上树以保护堤围。这项请求得到朝廷的批准，此次整治后，韩江南堤有很长时间没有出大问题。顺治《潮州府志·杨御史传》载："杨琠，字景瑞，揭阳人①，登正德戊辰进士，授监察御史，弹劾不避权要。以养病归，师事陈献章，与王守仁交善。宗有训，族有规，乡有约，化行于乡。潮苦堤溃，琠具奏建筑，潮民赖之。"[20]光绪《海阳县志·建置略五·堤防》载："潮郡城势处下流，由闽汀江右及本省梅州以上众水会同俱取道于韩江入海。每至春夏雨潦，又有诸山坑水奔注至江以助其狂澜，泛滥横决，往往为患。则海、潮、揭、普四县接壤皆赖北门一堤，堵御之力实奕祀，民命攸关非止一日也。自唐韩文公筑堤而后至明成化年间，溃决无常，贻害甚烈，历任守令及乡之先达并和砌垛。而正德中郡人御史杨琠疏请榷

① 杨琠为今庵埠镇人，庵埠为古龙溪都。明嘉靖四十一年（1562 年）之前，龙溪都属揭阳县管辖，位于揭阳县的东南边缘，与海阳县交界，后归属海阳县（今潮安县）。杨琠为正德戊辰进士，正德年间（1506—1521 年）御史，故言"揭阳人"。

金重修增拓加倍，而堤始完固。”[21]这次加固意义很大。清代的情况大致相同，乾隆三年（1738年）从盐洋商生息银两，拨给修筑潮州府属海阳县堤围之用。乾隆《潮州府志·盐法·帑息》载：“乾隆十四年（1749年），粤省盐洋二商先经借领关税银两营运生息，奉准总咨令将存库息银另行借商生息，以备岁修堤工之用，潮桥各商共领银一万八千两，内与兴宁埠二千两，上杭埠二千两，大埔埠二千两，连城埠二千两，平远埠二千两，兴国埠二千两，会昌埠一千两，长宁埠一千两，瑞金埠一千两，石城埠二千两，宁化埠一千两，清流埠一千两，每两每月二分五厘起息，嗣于乾隆二十五以潮属堤工俱归民间岁修，奏准停止收息，将原借本银及历年未完息银分作三年完缴。”[22]韩江汛期长水量丰，对堤围造成很大破坏，每年沿江堤围的修理费用巨大，有广济桥盐税支助，潮州民众负担减轻了很多。

潮州一些关乎民生的大事，也曾特别奏请使用广济桥盐税。嘉靖《潮州府志·地理志》载：“南澳山，在海中，有三澳，曰深澳、曰青澳、曰长沙尾澳。宋帝驻跸于此，相传青径口有宋丞相陆秀夫墓。幅帧三百余里，旧番舶为患，洪武间奏徙，遂虚，其地粮因空悬。正德八年，知府谈伦以此并查各县之虚粮，奏准每岁以广济桥抽收盐利银两代虚粮，民甚便之。”[23]居民依政府规定内迁，原来种植的农田荒芜，但朝廷的税额并没有因为农田荒芜而废除，荒地的税收成为迁界居民沉重的负担，有了广济桥盐税交付这部分税收，民众的负担减轻了很多，因此也减少了很多因农民负担太重而产生的社会问题。

“‘舟二十四为浮梁’，将东西两段石桥，连为一体，是一很高明的设计。”[24]著名桥梁专家茅以升先生对广济桥浮梁结合结构评价很高。桥梁建设会影响航道的通畅，浮梁结合结构很好地解决了水上交通繁忙的江河航道通畅的问题，在后世得到广泛应用。利用浮桥的可开可闭设置关卡，在航道的管理方面则是顺势而为，既方便又严格，在促进地方社会发展中起到极其重要的作用。

参考资料：

[1] [日] 伊原弘撰，曲鸿亮译：《关于潮州城市发展的转机》，《海交史研究》1995年第1期。

[2] [清] 檀萃著，杨伟群校点：《楚庭稗珠录》，广州：广东人民出版社，1982年，第92页。

[3] 乾隆《潮州府志》卷二十三《盐法》，广东历代方志集成本，广州：岭南美术出版社，2008年，第374页。

[4] 乾隆《潮州府志》卷二十三《盐法·隘口》，广东历代方志集成本，第408页。

[5] 光绪《海阳县志》卷二十二《建置略六》，《中国方志丛书》第64号，光绪二十六年刊本影印版，台湾：成文出版社，民国56年（1967年），第207页。

[6] [明] 王临亨：《粤剑编》卷一《志古迹》，载《元明史料笔记丛刊》，北京：中华书局，1987年，第59页。

[7] 乾隆《潮州府志》卷二十三《盐法·课额》，广东历代方志集成本，第382页。

[8] [清]丘逢甲：《广济桥》，转引自饶宗颐、张树人编著：《广济桥史料汇编·文征》，香港：新城文化服务有限公司出版，1993年，第59页。

[9] [明]郭春震：《榷盐小论》，载康熙《潮州府志》卷十二《艺文》，广东历代方志集成本，第568页。

[10] [明] 王临亨：《粤剑编》卷二《志土风》、卷二《志时事》，载《元明史料笔记丛刊》，北京：中华书局，1987年，第74、72页。

[11] [明] 郭子章：《潮中杂记》卷六，香港潮州商会第三十八届会董会印《潮州善本先集》第一种，影印万历本，具体页码不清。

[12] [明] 刘尧诲：《条议海禁事宜疏》，载[明]郭子章：《潮中杂记》卷五，香港潮州商会影印万历本，1993年，具体页码不清。

[13] [清] 蓝鼎元：《与荆璞家兄论镇守南澳事宜书》，载《鹿洲初集》卷二，沈云龙主编：《近代中国史料丛刊》续编第四十一辑，台湾：文海出版社，1977年，第159页。

[14] [清] 梁廷楠等纂：《粤海关志》卷二十《兵备》十八，沈云龙主编：《近代中国史料丛刊》十九辑，台湾：文海出版社，1975年，第1474页。

[15] 《清朝野史大观》清朝史料卷《道光朝州县陋规之纷议》，上海：上海书店印行，1983年，第2页。

[16] [清] 蓝鼎元：《鹿州初集》，载蓝鼎元撰，郑焕隆选编校注：《蓝鼎元论潮文集》，深圳：海天出版社，1993年，第11-53页。

[17] 陈子龙：《明经世文编》卷三百四十二《议复衡永行盐地方疏》，北京：中华书局，1962年，第3667页。

[18] 嘉靖《潮州府志》卷一《地理志》，载饶宗颐编集：《潮州志汇编》第二部，香港：龙门书局，1965年，第60页。

[19] 乾隆《潮州府志》卷四十《艺文·疏奏》，广东历代方志集成本，第987页。

[20] 顺治《潮州府志》卷六《人物部》，广东历代方志集成本，第347页。

[21] 光绪《海阳县志》卷二十一《建置略五·堤防》，广东历代方志集成本，第198页上。

[22] 乾隆《潮州府志》卷二十三《盐法·帑息》，广东历代方志集成本，第412页。

[23] 嘉靖《潮州府志》卷一《地理志》，载饶宗颐编集：《潮州志汇编》第二部，第69页下。

[24] 茅以升：《介绍五座古桥》，《文物》1973年第1期。

四 “湘子”名桥体现崇韩情结

“湘子桥”是潮州广济桥的俗称，这称呼源自“仙佛造桥”的传说。（图6-4.1）据传广济桥建造之前，潮州民众过江常有船翻人溺之患，韩愈谪潮之后，看到潮人渡江的艰险，决定在韩江上造桥以解除此祸患，于是命他的侄孙韩湘和潮州活佛广济和尚合力建造了这座桥。潮人因此称之为“湘子桥”。

实际上广济桥建造的历史非常清楚。潮州《三阳志·桥道》载：“由东以入广者，至潮有一江之阻。沙平水落，一苇可航；雨积江涨，则波急而岸远。老于操舟者且自恐，阅一日不能四五济，来往者两病之。……乾道七年，太守曾公汪乃造舟为梁，八十有六只，以接江之东西岸，且峙石洲于中，以绳其势，根其址。凡三越月而就，名曰康济桥。”[1]曾汪还写了《康济桥记》记录这件事，赞曰：“昔日风波险阻之地，今化为康庄矣！”这篇《康济桥记》载《永乐大典·桥道》。可见，建造广济桥的第一人是南宋乾道年间潮州太守曾汪，而非韩愈。韩愈治潮是在唐宪宗元和十四年（819年），早于曾汪建桥300多年。广济桥是曾汪和潮州民众共同建造的，而不是韩湘等八仙和广济和尚合作完成的。据考证，潮州历史上并没有广济和尚，道教八仙中的韩湘子是否为韩愈的侄孙韩湘，学界也一直没有定论。一夜成桥更不可能，而是前后用了三个月。桥的雏形也不是“十八梭船廿四洲”的浮梁结合结构，而是1墩86舟的浮桥。

图 6-4.1　湘子桥碑

清代潮州先贤郑昌时《长桥榕荫》云：“曰广济桥，创于宋，驾域中，其地水木清华，藏虹媚日，入画宜昼。旧云湘桥春涨，湘桥，非湘也，俗传为韩湘子所造，立祠桥上，讹也。”[2]其实无论是“湘子”名桥，还是“仙佛造桥”的传说，表达的都是潮州民众对昌黎文公的怀念之情。潮州人有很浓的崇韩情节。潮州“山川草木皆号之以韩”，潮州有“韩山”“韩江”“韩祠”“韩木”。韩山在韩江东岸，原名双旌峰，形似笔架，俗称笔架山，当年韩愈常登临并手植橡树其上，潮人更其名为“韩山”，称其木为“韩木”，用韩木开花的繁稀预测来年科考的兴衰。嘉靖《潮州府志》曰：“韩山在城东韩江上，即文笔山，又名双旌峰，唐韩愈尝览其上，邦人思之，名曰韩山。”又曰：“愈尝植二木，邦人名曰韩木，又以其花之繁稀卜科第云。”[3]韩江是潮州的母亲河，原名圆水、凤水，江中有鳄鱼，也称“鳄溪”“恶溪”。嘉靖《潮州府志》云：“韩江在城东。原（源）于汀赣，会为三河，合产溪、九河、凤水，过凤栖峡，及于意溪。”又云：“江即鳄溪，昔鳄为民害，唐韩愈作文驱之。”[3]潮人把江名改为“韩江”。潮州人为韩愈建祠塑像，韩文公祠虽几经搬迁，然从没绝断，时至今日，仍巍然屹立在韩山山腰，气势磅礴，为潮州千年胜迹。正如清代潮州先贤曾华盖所言：“潮之有韩祠，非一日矣，昌黎有德于潮，民思之不忘，故合山川草木皆号之以韩，而祀公于韩山之麓，以云报也。”[4]名江、名山、名木、建祠、塑像都为报文公的恩情。在潮州，文公被视为开启潮州文明之人，志载：“潮处岭海之隅，汉以前不通于上国，至唐犹为迁谪之邦。自韩昌黎过化后，迄今彬彬，殆与中州为比。虽丧乱时臻，而山川之气积而弥耀，形之为节烈，著之为科名，五岭以南鲜有及者。”[5]又载：“潮州，昌黎过纪而后，素有‘海滨邹鲁’之称。”[6]

潮州的第一座书院——韩山书院就建在当年韩文公祠的遗址：“韩山书院，仿四书院之创，地在州城之南，乃昌黎庙旧址也。”[7]文公被视为潮州大规模兴倡儒学第一人，开启潮州教育的榜样。潮州传统的书院几乎都祀韩。韩山师范学院吴榕青老师研究发现，潮州祀韩书院是“韩学”宋代之后在潮州昌盛的一种典型表现。[8]广济桥的第一座楼阁名为“仰韩阁”，也为表达纪念文公之情。潮人为文公建祠也立坊，在潮州有纪念文公的牌坊多座，其中比较知名的有“韩文公祠”坊、“太山北斗”坊、“昌黎旧治”坊、“十相留声”坊等。志载：

> 韩文公之祠坊，在韩山麓，为韩公祠建。
>
> 太山北斗坊，在城南书院前，为昌黎伯庙建。
>
> 昌黎旧治坊，在府巷前，为府治建。
>
> 十相留声坊，在府治前新街，为唐宰相常衮、李宗闵、李德裕、杨嗣复，宋宰相陈尧佐、赵鼎、吴潜、文天祥、陆秀夫、张世杰建，坊背镌太山北斗，并为唐刺史韩愈建。[9]

“昌黎旧治”坊虽说“为府治建”，却命名为“昌黎”，可见既为“府治”也为纪念韩文公。“十相留声”坊标明为唐宋十宰相而建，但背后镌“太山北斗”，同样表达对韩文公的怀念之情。《新唐书·韩愈传赞》曰：“唐兴，愈以六经之文，为诸儒倡，自愈没，其学盛行，学者仰之如泰山北斗。”潮人对文公的敬仰不是一般意义上的怀念，或是一时一刻的怀古之思，而是一种历经千年而不衰的文化心理。尊韩崇韩已完全内化为潮州人生活的一部分，“潮人之事公也，饮食必祭，水旱疾疫凡有求必祷焉”[10]。在潮州关于韩愈的遗迹遗址随处可见，“景韩亭”“祭鳄台”“昌黎路”“叩齿庵”“竹杆山”“留衣亭”“韩公帕”“思韩堂”“南珠亭”……每一个遗迹背后都有一个关于文公的精彩传说，潮人津津乐道每一个故事。当代的潮州，“韩山师范学院”是潮州最高学府，“昌黎路小学”是潮州知名学校。明代诗人高启云：“官来泷吏休相诮，天要潮人识孟轲”，上苍为潮州送来了韩文公，文公为潮州带来了孔孟之学，潮州因而走上了文明之路。潮州人不负天赐，至今仍牢牢记住文公的功绩，用“湘子”为桥命名，是潮人崇韩心理的又一体现。

参考资料：

[1] 《永乐大典》卷五三四三《潮州府·桥道》，载饶宗颐编集：《潮州志汇编》第一部，香港：龙门书店，1965年，第9页。

[2] [清]郑昌时：《长桥榕荫》，载郑昌时著，吴二持校注：《韩江闻见录》卷九，上海：上海古籍出版社，1995年，第284页。

[3] 嘉靖《潮州府志》卷一《地理志》，载饶宗颐编集：《潮州志汇编》第二部，香港：龙门书店，1965年，第57页。

[4] [清]曾华盖：《重修韩公祠及广济桥碑记》，石碑在韩山韩文公祠中厅西壁，文载雍正《海阳县志》卷十《文集》，广东历代方志集成本，广州：岭南美术出版社，2008年，第488页。

[5] 韩隆《潮州府志·旧序》，广东历代方志集成本，第12页。

[6] 雍正《海阳县志》卷八《风俗》，广东历代方志集成本，第363页。

[7] 陈香白辑校：《潮州三阳志辑稿　潮州三阳图志辑稿》卷十《学校、贡院、祠庙、书院》，广州：中山大学出版社，1989年，第60页。

[8] 吴榕青：《历代潮州的祀韩书院——以碑刻资料为中心》，《汕头大学学报》2009年第6期。

[9] 乾隆《潮州府志》卷八《坊表》，广东历代方志集成本，第82-84页。

[10] 苏轼：《潮州昌黎伯韩文公庙碑》，乾隆《潮州府志》卷四十一《艺文·碑》，广东历代方志集成本，第1033页。

CHAPTER 7

第七章 广济桥蕴含的潮州文化精神

文化精神，是指一个民族一个地区长期以来形成的独具特色的思想意识、哲学理念、思维习惯、行为方式、审美法则以及文化品格等内容所共同构成的文化内核。建筑是一种特殊的文化景观，传统建筑位置、材料的选择，建造的理念、建造的方式方法、建造的历史，建筑物的造型结构、装饰的内容和方法，建筑物的使用方式等，都蕴含着所处地区的思想意识、哲学理念、思维习惯、行为方式以及审美理想。建筑以物化的形式体现一个地区深层的文化内涵，是所处地区文化精神的重要载体。建筑美学家说："建筑一方为实用，一方又表示民族之精神、时代之文化。"[1]"建筑乃是高蹈于技术物质文化、艺术因素与实用需求之上的精神象征。"[2]桥梁在中国有2000多年的历史，古桥的历史、造型结构、建造技术、建造过程、装饰艺术等都是所处地区文化精神的体现。

潮州地理位置偏僻，地形封闭，交通不便，长期以来已形成本区域本民系所特有的人文精神和价值取向，千百年来经世务实、开拓创新、勤劳自强、勇于拼搏、开放通融、兼容并包、知恩图报、克己为人、团结乐群、齐心协力等精神气质已融入潮州社会生活的方方面面，形成独具特色的潮州文化。潮州广济桥始建于南宋乾道七年（公元1171年），屹立在粤东大地已近千年，是潮州历史的见证者，也是潮州传统文化的凝结者和创造者，是潮州最重要的历史文化地标。透过广济桥的建造历史和物质外象，可以看到潮州文化特有的精神气质。

一　经世致用、开拓进取的价值取向

据《辞海》解释，"经世"为经国济民，"致用"为尽其所用。"经世致用"指关注民生，积极寻找解决民生矛盾的办法，以求达到国治民安的实效。"经世致用"是中国古代知识阶层居主导地位的文化价值观与中国农耕文化所特有的务实求利，讲究从实际出发文化精神相结合的产物，是儒家文化重要内容之一。潮州素有“岭海名邦”“海滨邹鲁”之美誉，自唐代韩愈在潮州兴儒学、倡礼治之后，儒家文化已内化为潮州文化的一部分，“经世致用”思想在潮州有很深的根基。潮汕地区北靠群山，南面大海，地少而人多，激烈的竞争环境使潮州人自古就养成重视经济发展，讲究实惠的价值取向，潮州广济桥的启闭式结构正是这种价值观的体现。

韩江纵贯潮州，给两岸民众生活带来极大不便；韩江江宽水深流急，民众渡江极其危险。韩江横亘在沿海交通干线上，对闽粤两省之间的交流造成极大影响，严重制约着潮州经济文化的发展。在韩江上造桥能够改善民生，保障过江民众生命财产安全，为民众带来福祉，能够促进潮州社会经济文化的发展。有了桥，潮州在广东乃至东南沿海地区的政治经济地位就能够提升，东南沿海地区与国家政治文化中心的联系也能够得到加强。尽管在韩江上造桥的难度之大世上罕见，但潮州人还是竭尽全力，把桥造出来。韩江水文条件特殊，广济桥损毁频繁，潮州人竭尽全力维护。这些都是“经世致用”思想的体现。

广济桥为启闭式结构，中间用浮桥代替梁桥，减少了桥墩数量，降低了大桥对径流的阻力。遇到洪汛时解开浮桥，桥梁的排洪能力瞬间成倍提高，大桥的安全得到极大加强，潮州古城的安全也得到加强。古代的韩江是粤东、闽西和赣南广大地区物资往来的主要通道。上游山区森林茂密，盛产竹材木材，常年有大型竹排木排通过韩江输送到下游各地乃至珠江三角洲等地。内陆山区宋代以来逐渐形成外向型经济，农业生产以商品生产为主，手工业发达，山林产品、农副产品和手工业品输出量大，常年有大型商船沿江而下。下游沿海地区盛产鱼盐，上游山区是海产品的重要消费市场。上游山区粮食产量低，粮食短缺严重；下游平原盛产粮食，上游山区是下游平原粮食的重要消费市场。体型巨大的竹排木排、航海船舶，大型的粮船、盐船都需要通过广济桥。虽然广济桥有两个通航孔，但受架梁木材长度的限制，通航孔的宽度只有11.4米和8米，很难通行巨大的竹排木排和来自海上的大型船舶。浮梁结合结构刚好满足了韩江航道需要通行大型船舶的要求，遇到大船过桥，解开浮桥，通航口一下子扩大了数倍，各种大型船舶都能通过。广济桥浮梁结合的结构形式对韩江商路通畅、韩江流域和潮州的政治经济发展都起到巨大作用，体现了潮州人胸怀大志、眼光长远，又讲究实效的经世务实的价值取向。

著名桥梁专家罗英和茅以升两位先生都高度赞扬广济桥这种独特的结构，茅以升先生说，广济桥是“我国桥梁史上的一个特例”；罗英先生说，“我国唯一特殊构造的开关活动式大石桥”。其实利用浮桥启闭解决航道和桥梁之间矛盾的方法在广济桥之前曾经出现过。据载，北宋中期以前，福州南台江下游江面宽阔，两岸之间宽度达3里。后来由于泥沙淤积，江中出现一块沙洲，当地称“楞严洲”。元祐八年（1093年），闽县琅歧人、福州郡守王祖道招募工匠，以楞严洲为中心南北各造浮桥一座，用藤绳固定在江中树立的18根石柱上，把两岸连接起来，两座桥总长约3000尺（921米）。为了便于行船，在两桥江心浮桥口各留有一个活动门，这是启闭式桥梁最早的记录。诗人陆游绍兴二十八年（1158年）任职福州，留下《渡浮桥至南台》诗：

客中多病废登临，闻说南台试一寻。
九轨徐行怒涛上，千艘横系大江心。
寺楼钟鼓催昏晓，墟落云烟自古今。
白发未除豪气在，醉吹横笛坐榕阴。

利用浮桥作为活动门以解决航道通畅问题，是一种创造性的做法，可惜因为过于简陋，南台大桥的浮桥常被洪水冲断，终于改成石梁桥，活动门也取消了。启闭式结构方式很快消失在历史云烟中。

广济桥的浮梁结合结构始于南宋时期，淳熙六年（1179年）西岸增筑两洲，江面合三石洲，自此奠定了广济桥浮梁结合结构的基础。

在淳熙七年（1180年）建造第四座桥墩之后有“上跨巨木，下通船筏，至是始无冲突浮梁之虞”的记载，说明从一开始，航道通畅就是建造者关注的问题。借鉴南台大桥用浮桥作为活动门的方法再加以改进，把浮桥和梁桥联合起来，以梁桥为主，浮桥为辅，既保持了可启可闭的优势，又提高了桥梁的稳定性和安全性，解决了南台大桥致命的安全性低的问题。同时又扩大了中间通道的宽度，满足了韩江航道通行量大和通行巨舰的要求，圆满解决了河流下游或河口处桥梁阻碍航道的问题。日本大学伊原弘先生从作为港口城市的条件和发展情况两方面对潮州和泉州做了对比，认为：“有关潮州桥梁建筑的记录没有泉州那么多，数量也很少，但是，宋代也有几起桥梁的记录留存下来。根据记录得知明代也继续进行桥梁建筑。然而，问题不在于桥梁的数量，而在于桥的位置和构造，在于桥梁不能妨碍港口城市的功能。对于陆上交通，桥梁是重要的，但它不能成为船舶航行的阻碍。在这点上潮州的桥梁有其特色。”[3]泉州的桥梁都是固定的，作为港口城市，这成为对城市发展起决定性反作用的因素，因为固定的桥梁严重阻碍船只的上溯下行。如果桥梁处在河流入海口，那么会阻碍船只进出港湾。伊原弘先生认为固定桥梁太多是泉州衰落的重要原因。后世处在河流下游的港口城市多采用活动式桥梁就是为了避免固定桥梁影响航道的通畅。启闭式结构虽然不是广济桥初创，但是广济桥完善和发展了这种结构，把启闭式结构的优势发挥到了极致。这种桥梁建筑中的特殊结构成为韩江商路保持繁荣发展的重要因素，也是潮州社会经济在明清时期得到巨大发展的重要因素。广济桥把启闭式结构发扬光大，使之成为世界上很多港口城市保持繁荣昌盛的重要因素，其地位在桥梁史上无可替代。

把历史上福州南台大桥曾经出现的做法运用到自己的桥梁建设中，又结合韩江的自然条件和航运需要大胆改进，使其更好地为潮州的经济建设服务，这样的做法正是勇于开拓的表现。开拓进取是潮州人长期以来形成的一种精神特质，潮汕地区空间狭小，内部回旋余地不足，又频繁遭受台风海潮袭击，生存不容易，只有开拓新的领域才能生存。历史上，潮州人主动走出潮州，到东南亚创业，勇于开拓海内外市场，把陶瓷、锡器、抽纱、蔗糖等手工业产品销往世界各地，以及灵活的工商业经营模式等都是潮州文化开拓进取精神的体现。

参考资料：

[1] 宗白华：《美学散步》，安徽：安徽教育出版社，2006年，第150页。

[2] 王振复：《大地上的“宇宙”》，上海：复旦大学出版社，2001年，第2页。

[3] [日]伊原弘撰，曲鸿亮译：《关于潮州城市发展的转机》，《海交史研究》1995年第1期。

二　开放通融、兼容并包的社会心理

“在中国历史文化形态当中，潮人文化有着特别的典型意义。它既是一种地域文化，又是一种群体文化；既有强烈的中原大陆文化意识，又有鲜明的海洋文化特色；在价值取向上，既崇尚‘中举为官’，也羡慕‘下海赚钱’。”[1]知名潮州文化学者隗芾先生的这段话可谓说到点上了。开放通融、兼容并包是潮州文化精神的重要内容，也是潮州文化独具特色的重要原因。潮州依山畔海，狩猎、耕种、打鱼、晒盐是潮州古人的基本生活。潮州气候温润，雨量充沛，潮汕平原土地肥沃，物产丰富，农业、手工业和商业文化皆发达。潮州社会的生活内容非常丰富，多种多样的生活孕育了潮人兼容并包的文化心理。

潮州有很长的海岸线和优质的港口，与海内外各地交流便捷，对内对外交流由来已久。位于韩江三角洲的澄海龟山汉代遗址出土有玛瑙珠、玛瑙耳珰等饰物，这类饰物在广州、佛山、徐闻等地汉墓多有发现，一般认为是从海外输入的。龟山出土的玛瑙饰物说明潮州汉代即已与珠江三角洲有联系。《隋书·陈稜传》载：“陈稜，字长威。……炀帝即位，授骠骑将军。大业三年，拜武贲郎将。后三岁，与朝请大夫张镇周发东阳兵万余人，自义安泛海，击流求（笔者按：后写为琉球）国，月余而至。流求人初见船舰，以为商旅，往往诣军中贸易。”[2]这段记载除了说明当时潮州港的规模足以容纳万人的船队外，还说明潮州与琉球之间早就存在贸易往来。

潮州是我国著名的外销瓷产区，唐代梅县水车窑（笔者按：梅县唐代属潮州辖区）和潮州窑的产品在海外多地出土，埃及福斯塔特（Fustat）遗址；巴基斯坦巴博（Bhambore）港口遗址；阿曼索哈尔（Suhar）港口遗址；斯里兰卡阿努拉达（Allaippidy）普拉古都佛教遗址；印度尼西亚勿里洞苏门答腊岛附近黑石号（Batu Hitam）沉船；菲律宾棉兰老岛（Mindanao）的港口遗址和武丹市安伴冈利伯塔（Ambangan Libertad）河口附近沉船，吕宋岛八打雁（Batargus）港口遗址，巴拉望岛（Palawan）附近沉船；泰国曼谷城市遗址，阁孔扣（KoKhoKhao）印度教神庙、土筑水库、港口遗址，林门波（Laem Pho）港口遗址，那空是贪玛叻（Nakhon Sri Thammarat）城市遗址，都出土过唐宋时期梅县窑和潮州窑产品。[3]民国《潮州志》曰："潮州国际贸易起自何时则史无稽，大抵海运既兴，如柘林、黄冈、南澳、樟林、东里、达濠、海门、神泉等处皆为出洋之口，巨舶往来海上运载土货至广州及闽浙，或远达南洋、日本转换外货输入。"[4]繁荣的商贸活动给潮州人提供了接触其他形态文化的机会，也培养了潮人开放的性格，开放博大，博采众长，兼收并蓄，兼容并包成了潮州文化的主要特点。

潮州文化是由本地土著文化、海洋文化和中原文化融合而成的，根源已显示兼容并包的特点。潮州文化传统的源头是"儒佛交辉"，其中儒家文化来自中原，佛家文化来自中原和海外。对于这些来自遥远区域的文化，潮州人不仅坦然接受，而且还化为自己的一部分。接受能够体现潮州文化的开放通融、兼容并包，开拓同样可以体现潮人开放的心理。潮州人是安土重迁的族群，但并不是保守的群体，在固守家园的同时，潮州人也积极开拓。明代以来，许多潮州人离开家园到东南亚开疆拓土，大量的移民使东南亚成为潮人的第二故乡。现在泰国、马来西亚、新加坡、印度尼西亚、菲律宾都有大量的潮人后裔。时至今日，潮州的海外华侨已达1000多万人，跟潮州本地的人口数量基本相当。海外潮人带来了居住国的文化，潮州人以开放的姿态欣然接受。在潮州的传统建筑中，随处可见欧洲或东南亚文化的痕迹。潮州古城重要的商业街沿街建筑都是源自东南亚的骑楼，潮州很多民居既有中国传统建筑风格，又有西洋建筑特点，著名的陈慈黉故居、饶宗颐先生的故居“半园”和藏书楼“莼园”都是中西合璧建筑的典范。（图7-2.1、图7-2.2）开放通融、兼容并包是潮人固有的品质，接受中原儒家文化，下海经商、移居海外、中西合璧的建筑都是开放通融文化心理的体现。

图 7-2.1　陈慈黉故居中西结合的装饰

图 7-2.2　潮州骑楼街景

开放通融、兼容并包的社会心理使潮州在中国海洋文化发展中一直处在前沿。1858年11月18日，恩格斯在《纽约每日论坛报》发表的文章《俄国在远东的成功》说：“在南京条约订立以前，世界各国已经设法弄到茶叶和丝，而在这个条约订立以后，由于开放五个通商口岸，使广州的一部分贸易转移到了上海。其他的口岸差不多都没有进行什么贸易，而汕头这个唯一有一点商业意义的口岸，又不属于那五个开放的口岸。”[5]可见到了近代，潮州已成为中国最重要的商贸地区之一。潮州人对外来文化的接受程度在中国居前茅，近代一位外国牧师这样记录汕头：“总的来说，汕头地区可以说是广东省吸收教徒最多和效果最好的地区，同时也是欧洲影响最开放的地区。”[6]在潮州近代教育中，教会创办的新式学堂占非常重要的地位。研究显示，至20世纪初期，教会学校的数量在潮汕学堂中占绝对优势。[7]这是开放、兼容的体现，也是开放、兼容文化精神带来的结果。隗芾先生认为，历史上中国广大沿海地区未能形成海洋文化，而潮人文化是中国的海洋文化。[1]海洋文化在生产方式、生存方式、价值意识、思维方式等方面跟大陆文化有很大不同，正是开放通融、兼容并包的文化心理使潮州文化形成海洋文化。潮州人以开放的姿态接受一切外来文化，长期以来潮州文化都是处在融合发展之中，潮州人已经习惯融合和接受。浮梁结合结构是桥梁建设中一种特殊的结构模式，潮州人不为传统规范所束缚，坦然接受，欣然采用，这是潮州文化开放通融精神的体现。

参考资料：

[1] 隗芾：《论潮人文化的海洋性特征》，《韩山师范学院学报》1998年第3期。

[2] [唐]魏徵等撰：《隋书》卷六十四《陈稜传》，北京：中华书局，

1973年，第1518-1520页。

[3] 广东省文物管理委员会等编印：《南海丝绸之路文物图集》，广州：广东科技出版社，1991年，第81页；[日]三上次男：《陶瓷之路》，北京：文物出版社，1984年，第3-75、223-237页；冯先铭：《中国古陶瓷的对外销传播》，《故宫博物院院刊》1990年第2期；黄慧怡：《海外发现广东唐宋时期生产瓷器统计表》，《海交史研究》2004年第1期。

[4] 民国《潮州志·实业志六·商业》，广东历代方志集成本，广州：岭南美术出版社，2008年，第1613页。

[5] [德]恩格斯：《俄国在远东的成功》，刊于《纽约每日论坛报》1858年11月18日，第5484号，载《马克思恩格斯选集》第二卷，北京：人民出版社，1995年，第36-40页 。

[6] 《潮海关十年报告（1892-1901年）》，载中国海关学会汕头海关小组、汕头市地方志编纂委员会办公室编：《潮海关史料汇编》，内部参考资料，1988年，第62页。

[7] 黄挺：《近代潮汕教育概论》，《韩山师范学院学报》1997年第3期。

三 知恩图报、克己为人的品德修养

“作为一个具有独特历史文化传统的族群，潮人有许多值得称道的精神，比如开拓进取、吃苦耐劳、凝聚力强、团结互助、重实践轻幻想等等。但是，要论起潮人精神的内核，非感恩莫属！”[1]潮商后裔、泰国正大集团副总裁李闻海先生在第四届中国民营企业投资与发展论坛中所讲的这段话，道出了潮州文化精神中最重要的内容。潮州人是一个深明感恩大义的族群，也是一个努力实践感恩精神的族群，潮人对所有帮助过自己的人和物都深怀感激之情，铭记在心，并努力用实际行动报答。在广济桥文化中同样可以看到这样的精神传承。

广济桥的第一座楼阁——仰韩阁建于南宋淳熙元年（1174年），阁“隆栋修梁，重檐迭级”，非常壮观，是潮州人的骄傲。据南宋潮州先贤张羔《仰韩阁记》载，阁之所以名为“仰韩”，“盖韩文公芨憩旧地，实与阁对也”。仰韩阁立在广济桥（当时名康济桥）西桥桥头，正对韩文公祠，名杰阁为“仰韩阁”，体现了潮州人对韩文公的敬仰和纪念之情。潮州人习惯把广济桥称为“湘子桥”，还津津乐道“仙佛造桥”的传说。1958年广济桥维修之前，桥上还保存有“韩湘子庙”。清代潮州先贤郑昌时《长桥榕荫》云：“曰广济桥，创于宋，驾域中，其地水木清华，藏虹媚日，入画宜昼。旧云湘桥春涨，湘桥，非湘也，俗传为韩湘子所造，立祠桥上，讹也。”虽然知道桥并不是韩湘子所造，但仍“立祠桥上”，完全是“宁信其有”，何也？因为韩湘子相传是韩愈的侄孙。民国《广济桥志》载：“韩湘子庙，在桥东洲之首，民国十六年重建。祀韩湘子，甚陋且隘，额题‘韩湘子庙’四字。庙旧有湘子卦，颇灵验。清代姚竹园作诗道其事，有‘成都昔日君平祠，潮州今日韩湘庙’之句。今犹有卖卜其间者。”[2]潮州人对湘子卦都深信不疑，直到现在东桥桥头附近还有卜卦算命的胜迹。广济桥的东端即为韩山，韩山麓的韩文公祠，始建于北宋真宗时期，后世陆续扩建，现已颇具规模，在国内各种纪念韩愈的馆所中，韩文公祠的规模位居前列。

中国古桥的牌坊一般竖立在桥梁出入口，作为出入口的标志，在桥上建纪念性牌坊的很少见，潮州人特别在桥上建了“民不能忘”坊。清代潮州先贤林大川《韩江记》载：“道光间，桥坏，郡守吴均为起大工，彻底修造，廿九年己酉夏五月告成，万民德之，建‘民不能忘’坊于桥上。”[3]可知“民不能忘”坊是为纪念刘浔和吴均而特别建造的。光绪《海阳县志》载：

> 吴均，字治平，号云帆，浙江钱塘（今杭州）人，道光二十四年由嘉应州知州调署海阳篆。生平嫉恶最严，地方匪类必擒治，乃已奸宄慹服，民爱之如父母。时剧盗黄悟空结双刀会聚党数千，蓝图延三县，均廉得其情，首发奸状，请于监司捕获治。巡道李嫜煜委任之。卒擒悟空捕党数百人，各县籍以安谧。二十六年迁署运同嗣兼潮州守，适城东广济桥崩溃十余墩，均捐廉五千金修复三墩，绅商次第捐修，因功坊桥上以志德。又捐廉浚三利溪，筑北堤，水道疏通，矾围巩固，人蒙其利。林文忠则徐督帅过潮，调均帮办发匪，会文忠至普宁薨，不果行。咸丰四年，潮属土匪作乱，海、澄、潮各处先后并起，均驰往潮（按：潮阳）督剿。时贼兵围城急，均昼夜立城头指挥兵勇，誓以身殉。及围解，而海阳贼匪吴忠恕等又围困郡城，均欲回去救，潮阳士民攀舆哭留，乃遣潮阳令汪政率兵赴援，仍留潮剿办。八月潮阳平，澄海外砂贼又攻澄海城，均移兵亲往救援，攻外砂破之。当外砂未破时，霪雨连旬，兵不克进，则跪雨中求晴，体中寒淫，又以在军积劳成疾，十一月旋郡，遂卒。士民涕泣吊。

均自奉俭约，由县令至郡守一如寒素。性廉介，不妄取民间一钱。卒之日，一子一妾赖僚友支助始能归籍。先是惠属归善、博罗等县土匪充斥，江路不通，铁江尤为盗薮，叶制军名琛知均才，檄均往剿捕，驻惠三月共获剧盗千余名置之法，东路河道为之肃清。时蒙上谕，有潮州吴均素著恩威，前往惠城，已有成效等语。至是赠送太仆寺卿，荫一子，及岁以知县用崇祀名宦。光绪二十四年奉旨准于潮州府建立专祠，并将历任事迹宣付史馆，列入循吏传。[4]

从记载中可知吴均守潮时潮州有两大灾难，一是盗匪猖獗，一是韩江洪灾频繁。查历代史料，广济桥的损毁此时最为严重，仅道光二十二年（1842年）七月，就有“洪水滔天而东岸十三墩决去者九，冲坏者四”，“西岸石墩圮者三，木石桥梁，损失殆尽。铁牛失其一”的记载。潮州处在山海之间，本来就是个多盗的地方，连年的洪灾风灾使潮州沦为赤贫，谷价踊贵，人多饿死，有很多人无奈走上盗匪之路。一时间，潮州及相邻的惠州、梅州都盗匪四起，攻城掠地，人心惶惶。吴均既修桥又剿匪。守潮期间，他自捐五千金修复三墩，接着又捐廉浚三利溪，筑北堤，但是逝世之后子妾却因贫穷而无法归籍，可见为了潮州他倾其所有。为了早日平叛，吴均不顾个人安危，身先士卒。林大川《韩江记》所载“甲寅纪略”条详细记录了吴均守潮时盗匪的猖疯和潮州民生的艰难，也记录了吴均治潮、救灾和剿匪事迹。[5]为了潮州的黎民百姓，吴均可谓是鞠躬尽瘁，死而后已。吴均逝后，潮州人先后建了刘公祠和吴公祠，还在广济桥上建“民不能忘”坊以纪之。光绪《海阳县志》载：

刘公祠，在考院左，祀知府刘浔。道光二十八年绅士刘于山等倡建。

吴公祠，在东门楼，祀知府、赠太仆寺卿吴均。咸丰六年（1856年）塑像，每年春秋二仲初三，由城绅士致祭，祭费在本祠租项下动支。光绪二十四（1898年），奉旨建立专祠，仍即其地祀之。[6]

刘公祠是纪念和吴均一起修桥的刘浔。吴公专祠就在广济门城楼西侧城内。其实在道光三十年（1850年）重修了宁波寺之后，潮州人就准备在寺中供奉吴均的长生禄位，“公闻之，艴然曰：‘果尔，余当自往毁之。’”[7]潮人不得已放弃立长生禄位的做法，在吴均去世后建了“民不能忘”坊。“民不能忘”坊在1958年广济桥改造时随其他桥屋一起拆除，2003年广济桥再次维修，“民不能忘”坊作为桥上重要部分被修复。现在牌坊屹立在东桥第十二墩上，东西向，跨中轴线。为吴均建祠、塑像、立坊、设祭都是为了表达潮州民众的感激之情。

尊韩崇韩祀韩、尊吴祀吴皆是潮州人知恩图报文化心理的表现。潮州人深深地懂得“受人滴水之恩，当以涌泉相报”的道理，把所有对自己有过帮助的人和事都铭记在心，找寻一切机会予以报答。韩愈守潮只有短短8个月，潮州山水皆姓韩；吴均力挽狂澜，鞠躬尽瘁，吴公祠香火不断。潮州人用自己的方式报答所有为潮州做过贡献的人。千百年来，知恩图报已成为潮州人的集体意识，成为潮州文化的重要内容。知恩图报带来了真诚，带来了爱心也带来了真情，带来了独特的文化，潮州慈善文化兴盛就是知恩图报文化心理结出的万千硕果之一。

文公被贬来潮，本是人生低谷，可他不以己悲，没有怨天由命，放任自流，而是积极解决潮州的民生疾苦，驱鳄废奴兴学，促进潮州社会发展。刘浔和吴均，不为一己之私，为潮人的幸福而鞠躬尽瘁，无怨无悔。潮州人对韩愈、刘浔和吴均的纪念，实际上是对克己为人精神的赞美和弘扬。

参考资料：

[1] 李闻海：《北大百年讲坛谈潮商精神感恩》，《潮商》2008年第3期。

[2] 饶宗颐、张树人编著：《广济桥史料汇编》，香港：新城文化服务有限公司，1993年，第27页。

[3] [清]林大川编著，彭妙艳校点：《韩江记》卷二，郑州：中州古籍出版社，2000年，第23页。

[4] 光绪《海阳县志》卷三十三《列传二》，《中国方志丛书》第64号，光绪二十六年刊本影印版，台湾：成文出版社，民国56年（1967年），第358页。

[5] [清]林大川编著，彭妙艳校点：《韩江记》卷五，第80-85页。

[6] 光绪《海阳县志》卷二十《建置略四》，《中国方志丛书》第64号，第192页。

[7] [清]黄钊：《重修宁波寺碑记》，转引自饶宗颐、张树人编著：《广济桥史料汇编》，香港：新城文化服务有限公司出版，1993年，第34页。

四 团结乐群、齐心协力的群体意识

广济桥“施工条件之困难，工程历时之久，是古代建桥史上罕见的，整个建桥过程就是一曲古代桥工战胜自然灾害的赞歌”[1]。这座桥从南宋乾道七年（1171年）潮州太守曾汪创建至完成“十八梭船廿四洲”的格局，用时超过350年。为何建造一座500多米长的桥要花这么长时间？其实，从历史记载我们可以知道，这座桥的建造并非一次完工，而是断断续续，有时一年增建一墩、两墩，有时几年增建一墩，有时几十年增建一墩这样慢慢拼凑出来的。至于为何不一次完成，其中既有技术方面的原因，也有资金方面的原因，同时还有政治环境的问题。韩江江宽水深流急，依古代的建造技术，无论建墩还是架梁都非易事，只能慢慢摸索。广济桥桥墩的体积异常庞大，每座桥墩耗资都不菲。据曾汪《康济桥记》载，最初建造一座石墩加上86只梭船，共“偿资钱二十万”。建造新墩花费不菲，维修的费用同样庞大异常。800多年来，由于洪灾、台风、海潮、雷击、地震等自然灾害和战争、火灾等人为破坏，这座桥维修保护的费用无法计算。庞大的修缮费用无论对于哪个时期的政府来讲都是一笔不小的开支，经济困难时期政府根本无力承担。修桥是善举，潮州人都深信善有善报，都愿意为修桥尽自己的一份力量。1174年的那次维修，“乃酌约宜费，括帑扐羡，首为倡，响应乐输，曾公闻而喜”（张羔《仰韩阁记》）。这次筹集的资金比所需要的还多，修完桥“复计余缗，创杰阁于岸右”。明代王源修桥时，“尊官巨贾，捐金弃玉者相踵籍，而海邑洎潮、揭、程之民趋赴之者，各殚其财力，若有鬼神阴来相之”。王源之所以能把桥修得那么壮观，与广大民众的支持是分不开的。

“团结合作，齐心协力”是广济桥历史的一大特色。每次修桥，潮州境内民众都是有钱出钱，有力出力，有出谋献策，也有捐金市材。广济桥历史上留下很多碑刻记文，在现存的各维修碑记中，几乎每一碑文后面都附有长长的捐款记录，如刻于明崇祯十一年（1638年）的《修造广济桥碑记》，正文之后，又列捐银人名11行。刻于清道光年间的《重修宁波寺碑记》载："岁丁未钱塘吴公均以分转权郡事，自捐廉修复第三、第八、第九座；嘉应邱慎猷，自修复第七座；潮郡城内布行修复第二座，米行修复第十二座，海运通纲修复第十三座，嘉应、平远、镇平各盐客修复第十座，潮嘉绅庶行户共修复第十一座……"[2]不仅潮州本地民众积极参与维修，韩江上游商户也慷慨解囊。道光丁未（1847年），古城布行商人共同修复东岸第二墩并重建墩上的巧圣庙（《捐修广济桥第二洲并重建巧圣庙记》）；道光二十八年（1848年）、同治十二年（1873年），古城米行商人两次修复东岸第十二墩并重建桥墩上的茶亭（《重修广济桥东岸第十二墩并重建茶亭记》；子来局同仁共同修复第十一墩（《子来局修复广济桥第十一墩记》）。在广济桥的历史上，这样捐款的例子有很多。商户积极捐款，普通民众也把修桥视为己任，这一点古今相同。2003年的维修共耗资人民币9800万元，其中3000多万元为潮州普通民众和海内外乡亲的捐款，充分显示了潮州人团结合作、齐心协力的精神。

"潮汕人团结乐群，有惊人的凝聚力"，这是海内外学界对潮人共同的认识。团结乐群、齐心协力是潮州人群体意识中非常重要的内容，今天遍布海内外的潮人社团就是潮人团结齐心的明证。潮人借助这些社团，相互扶持，风雨共济，战胜各种艰难险阻。潮州人这种齐心协力的精神是祖祖辈辈在与大海的搏斗中产生的。潮州处在南海之滨，依靠大海从事捕鱼、煮盐，或借助大海有利的航运条件从事商贸活动。然而，大海的无常和危险又时刻威胁着潮州人的生命财产安全，在台风、海啸等自然灾害面前，个人力量微乎其微。面对大自然的危害和困难，潮州人认识到团结的力量，明白只有团结才能在险恶的环境中求得生存和发展。团结合作精神早已成为潮州文化精神的重要组成部分。团结合作作为一种文化内核，极大地增强了潮人抵抗各种风险的能力，无论是与大自然的抗争，还是在商海中的博弈，都显示出强大的力量。这种精神历经800多年毫不逊色，时至今日，仍是潮人中一笔巨大的财富，是潮人搏击商海强有力的支持。

一个区域的文化特质是在长期的自然和人文环境中逐渐形成的，独特的自然地理环境和儒家、佛家文化的熏陶，以及海内外经商的经历共同造就了潮州文化的独特性。建筑既是物质文化的载体，也是精神文化的载体和象征，潮州广济桥特殊的结构特点和独特的建造历史使其成为潮州文化的载体，为潮州文化精神的象征，潮州文化精神在广济桥上凝结，又在潮州人的生产生活中得以传承发扬，从而促进潮州文化的发展。

参考资料：

[1]《桥梁史话》编写组：《梁舟结合的广济桥》，载《桥梁史话》，上海：上海科技出版社，1997年，第141-152页。

[2] [清]黄钊：《重修宁波寺碑记》，转引自饶宗颐、张树人编著：《广济桥史料汇编》，香港：新城文化服务有限公司，1993年，第34-35页。

附录1

现存广济桥历代记文、碑文

记文、碑文目录：

1. 曾汪：《康济桥记》　乾道七年（1171年）
2. 张羔：《仰韩阁记》　淳熙六年（1179年）
3. 梁祐：《仰韩阁记》　元至正四年（1344年）
4. 姚友直：《广济桥记》　宣德十年（1435年）
5. 陈一松：《重修广济桥记》　万历六年（1578年）
6. 林熙春：《重修韩祠碑记》　万历三十七年（1609年）[一说万历三十四年（1606年）]
7. 陈先资：《修造广济桥碑记》　崇祯十一年（1638年）
8. 杨钟岳：《重建宁波寺碑记》　康熙六年（1667年）
9. 曾华盖：《重修韩公祠广济桥碑记》　康熙十九年（1680年）
10. 吴兴祚：《重建广济桥碑》　康熙二十四年（1685年）
11. 杨钟岳：《重建广济桥碑记》　康熙二十六年（1687年）
12. 胡恂：《增修广济桥石墩记》　雍正六年（1728年）
13. 《捐修广济桥第二洲并重建巧圣庙记》　道光丁未（1847年）
14. 《重修广济桥东岸第十二墩并重建茶亭记》　道光二十八年（1848年）
15. 《嘉平镇三属盐行重建广济桥第十洲记》　道光二十八年（1848年）
16. 《子来局修复广济桥第十一墩记》　道光二十九年（1849年）
17. 黄钊：《重修宁波寺碑记》　道光三十年（1850年）

18. 《重修广济桥东岸第十二墩并茶亭房舍记》 同治十二年（1873年）

19. 《重修广济桥碑记》 2007年

记文、碑文内容：

康济桥记

曾汪 乾道七年（1171年）

金山崒嵂，俯瞰洪流，悍鳄曩时吝以为居。自昌黎刺史咄嗟之后，一害去矣。江势蜿蜒，飚横浪激，时多覆溺之患。循抵中流，势若微杀。往来冠屦，踵蹑肩摩，轻舸短楫，过者寒心。佥欲编画鹢而虹之，几阅星霜，未遑斯举。适时与事会，龟谋协从，一倡而应之者如响。江面一千八百尺，中蟠石洲，广五十尺，而长如之，复加锐焉。为舟八十有六，亘以为梁。昔日风波险阻之地，今化为康庄矣。偿资钱二十万，户椽洪杞、通仕王汲式司其事，从人欲也。乾道七年六月己酉始经之，落成于九月庚辰。是日也，霜降水收，为之合乐，以宴宾僚，坦履之始，人胥怿云。郡守长乐书。

（《永乐大典》卷五三四三《潮州府·文章》，载饶宗颐编集：《潮州志汇编》第一部，香港：龙门书店，1965年，第38页下。）

仰韩阁记

张羔 淳熙六年（1179年）

沿潮之东，古鳄溪也。航溪有桥，因邦人之愿而作也。桥之西有阁，翼然壮丽，因兹桥而作也。

溪当闽广之冲，凡道于是者，立马倚担溪渡，移晷骤雨暴涨，翻覆一转臂间。漕使长乐曾公汪曩领郡，阖郡请维舟为梁以济，公领之，不三易月而桥成。潮人镂石颂美，述令德焉。

岁在甲午夏，潦怒溢自汀赣循梅下，溃流奔突不可遏。噬缆漂舟，荡没者半，存者罅漏。太守临邛常公曰：利众者易兴，谋众者易成。是桥之建千里一词，已成之功，可中尼耶。乃酌约宜费，括帑扐羡，首为倡，响应乐输，曾公闻而喜。于是协谋参订成略，指授旧舫之大者少损之，锐者易平之，以便操折。出金贸材，计直偿工，众皆一力，役不淹时。舳舻编连，龙卧虹跨，昨病涉者既履坦已。复计余缗，创杰阁于岸右。赎地辟基，甃石捍溢，隆栋修梁，重檐迭级。游玩览眺，遂甲于潮。福建舶使虞公似良，以古隶体，扁之曰“仰韩”。盖韩文公茇憩旧地，实与阁对也。桥凡百有六舟，造于是年秋仲，告成冬初。阁以腊月经始，越次二月讫工。方敞精舍，官给田以备后役。军事推官曹耑者，时董其事。常公合乐张宴，邀宾僚而落之，乃觞曹曰：“是役不扰而济，子力也！”曹屏伏对：“耑何劳？顾二公规划之素，“耑奉行惟谨耳！”环观者相与叹曰：“物之兴建，信待人若时耶！”夫开端于前，植址于后，行者便适，登者披豁。凡过潮者，悉戴二公之赐。朋俦祝颂，肖像立祠，群请于羔，曰：“泚笔勒成，子职也。今二公实惠伟绩如是，叵噤默无纪。”羔详稔颠末，不敢以斐陋辞，谨摭实而述于左。

（《永乐大典》卷五三四三《潮州府·文章》，载饶宗颐编集：《潮州志汇编》第一部，香港：龙门书店，1965年，第38页下。）

仰韩阁记

梁祐　元至正四年（1344年）

潮之为郡，介乎闽、广之冲，凡趋闽趋广者，靡不经焉。郡之东有溪，昔鳄鱼之所窟宅也。昌黎韩文公辞而逐之。而其遗迹，至今泓深莫测，涉者病焉。宋乾道间，曾君汪来守斯郡，始造舟浮桥，以济不通。继是而作者，或凿石为桥梁，或屋其上，以便往来。数十年间，溪水泛滥，桥遂中折。惊风怒涛，舟或沦没，民甚苦之。

至正甲申岁，府判乔侯贤，莅事伊始，慨然曰："修理桥道，余职也。"爰与推官崔侯思诚谋复之。来岁，同知张侯弼，幕长卢君德直，知事张君宗元继至，咸曰："是亦便民之一也。"遂捐俸以相其役，且曰："是役也，必择属之廉能者任焉，事乃有成。"询于众，得录事林君智镜，命之曰："君以廉能信于民，今举君以董是役，期于必成，府不汝责，其曰毋怠。"君受命，乃度材鸠工，日往来其上，与群工相可否，或以石，或以木，各适其宜。镇守万户刑维明，伟是役之浩也，亦施镪以助不给。越数月而桥成。筑亭于桥上者，为楹二十有四，为阁于桥之西，而未及其名。众曰："兹桥之东，韩山在焉，昔日于是名曰仰韩，愿复其旧。"落成之日，郡侯幕宾，集宴其上，仰观壮丽，俯视渊深，乾坤端倪，莫不献状。东有韩山之秀，东湖之美；南有文公书院，弦诵之声；西湖之山界其西，金山诸峰耸其北，诚一郡之伟观也！

越明年乙酉，林君以请事至广，具本末之详于宪府诸公，咸嘉其功之有成也。于是宪佥周侯伯温篆书"仰韩"为阁之额，淳山公复大书"济川"为桥之匾，且属余撰文以记之。余谓韩文公驱鳄鱼以绥此土，太守曾汪即其溪为桥，今之继政者又能起废而新之，且阁其上以为仰韩之所，俾潮人没世不忘也。录事林君又能襄其事，今而后，潮人思公侯之惠爱与韩公相为不朽矣！他日诸公乘驷马过此者，无野水横舟之叹，大其施于天下可也。遂为之书。至正六年丙戌，奉政大夫广西两江道宣慰副使佥都元帅府事梁祐撰。

（《永乐大典》卷五三四三《潮州府·文章》，载饶宗颐编集：《潮州志汇编》第一部，香港：龙门书店，1965年，第44页上。）

广济桥记

姚友直　宣德十年（1435年）

郡治东，并城之水曰恶溪。旧有修桥，垒石为墩二十有三，深者高五六丈，低者四五十尺，墩石以丈计者数千百万。上架石梁，间以巨木，长以尺计者四五十尺有奇。中流急湍尤深，不可为墩，设舟二十有四为浮梁。栏楯铁絙三，每絙重四千斤，连亘以度往来，名曰“济川”。其途通闽浙，达二京，实为南北要冲。其流如马骋而汹涌，触之者木石俱往。水落沙涌，一苇可渡；水涨沙逸，数里旷隔。虽设济舟，日不能三四渡。咫尺之居若千里，士女不得渡，有日夜野宿，以伺其便。军民病涉，莫此为甚。自宋至是，因循不能修复者，殆百余岁。凡登途而望者，莫不痛恨，以为终古苦涉，斯桥不可复作矣。

宣德乙卯冬，韦庵王公莅任后，百废皆作。渡溪拜昌黎，顾桥遗址，询诸僚吏，潮卫指挥赖君榮作而言曰：“斯桥之毁，累经修筑，不能为工。岁溺人畜不可数计，非德望若昌黎伯，神化宜民者，不能也。惟公所至有声迹，斯桥之兴，不在公而谁欤？”公乃揆诸心，谋诸众，毅然兴作新之怀。命耆民之贤者，化财经途。尊官巨贾，捐金弃玉者相踵籍，而海邑洎潮、揭、程之民趋赴之者，各殚其财力，若有鬼神阴来相之。于时慎简官属，若海阳令李衡等，赞其计，选耆民董工许懋等，出纳赀费于以购木石，募工佣。凡墩之颓毁者，用坚磐以补之；石梁中断者，用梗楠樟梓之固巨者以更之。中流狂澜，触啮不能为梁者，仍设以浮舫，萦以铁缆，无陷溺之忧。桥之上乃立亭屋百二十六间，屋之下，梁之上，镘以厚板，板上侧卧二层甓，用灰弥缝之，以蔽风雨寒暑，以防回禄之虞。环以栏槛，五采妆饰，坚致倍蓰于其旧。不期月告成，四方之人，骤闻者，疑而骇，若不之信。更名其桥曰“广济”，取济百粤之民，其功甚大也。

又间联屋作高楼十有二。由桥西亭而东行，楼之一，西曰“奇观”，东曰“广济桥”；楼之二，西曰“凌霄”，东曰“登瀛”；楼之三，西曰“得月”，东曰“朝仙”；楼之四，西曰“乘驷”，东曰“飞跃”；楼之五，西曰“涉川”，东曰“右通”，是为西矶头。西崖抵矶，凡楼屋计五十间。矶叠级二十有四，按二十四气，以便人畜上下。过浮梁者，下级由浮梁东行至穷处，曰东矶头，亦叠级二十有四。为楼之六，西曰“左达”，东曰“济川”。上级越楼，由亭西而东行，为楼之七，西曰“云衢”，东曰“冰壶”；楼之八，西曰“小蓬莱”，东曰“凤麟洲”；楼之九，西曰“摘星”，东曰“凌波”；楼之十，西曰“飞虹”，东曰“观澜”；楼之十一，西曰“浥翠”，东曰“澄鉴”；楼之十二，西曰“升仙”，东曰“仰韩阁”；楼之上重檐，又曰“广济桥”。东厓至矶，凡楼屋七十有六间。桥之穷矣，仰韩阁之东，有祠曰“宁波”，塑宁波神以妥水怒。祠之后，曰碑亭，四邑民献颂太守王公功德碑列于两序。四方来观者咸曰：“斯桥实为江南第一。”

（嘉靖《潮州府志》卷一《地理志》，顺治《潮州府志》卷十二《古今文章部》，载饶宗颐编集：《潮州志汇编》第二部，香港：龙门书店，1965年，第61页。）

重修广济桥记

陈一松　万历六年（1578年）

潮滨海而郡，重溟叠嶂，磅礴萦纡，揽有江山之胜，盖自昔称瀛州云。郡城之东，大江注焉，广可三里许，为闽粤通津，其源出长汀，千余里建瓴而下，时遇霖潦涨发，则倚马兴望洋之嗟。旧有济川石梁二十一，跨于两间，中络浮槎二十四，以往来行者。故老相传，昌黎韩公乞神于江，江为涸数日，因得而经始焉。然往牒亡稽，而《韩集》仅载江涸鳄徙事，或者殆谓是欤？迨至我朝，桥毁于代造，人苦于胥溺，更数十守莫能理。宣德乙卯，韦庵王公守潮，政务举废，乃并四方之力修之，则制增备，坦焉利涉。所济既众，遂更名曰广济，事具姚太史记中。今去其时且在五十年矣，惊涛骇浪，震撼冲击，砥柱就倾，梁存仅半，江流稍溢，辄虞陷没，而行道之人复病矣。

万历六年，圣天子御宇锐精明作之功，遴擢张公自民部尚书郎来守吾潮，下车修百姓之急，顾而叹曰："桥其坏微乎？不治，废且尽，人溺犹已，况方内通衢耶？"乃谋诸寮朱君辈，暨海阳令徐君，议合，奏记当道前少参李公，今摄事大参孙公闻而韪之。得所捐金三百两，筮日程工，量材纾急，转以巨木，夹以周栏，圮者固而险者平，力加缩而功加倍。矶焉亘焉，鳌驾海上，而虹飞岭表，去来如织，不震不惊。工始于某年春二月朔，迄两月而告。公率寮属落之，谓不可无识岁月，于是郡人陈某曰："尝读《周礼》职方氏掌达天下之道路，以通其材利，孟轲氏以舆梁徒杠为为国之政，则是役也，庸非斯民之急，而王政之所先乎？"

余不佞，居恒窃怪世之领方州者，类多从事庙宇台榭，以粉饰能声，甚或藻绘溪山游观无益之作，即沟浍隍堑，民所恃以为命者，亦且视为不急之务，又安有所谓道路桥梁耶？夫道茀若塞，春秋识之，而津梁聿新，君子以为能举废。以今观于斯桥，创自昌黎，历数百年而大修于韦庵，又百余年而载修于我公，时非举嬴，役不劳众，以援斯民之溺，以昭同轨之治，以光绍二公芳迹于不坠，岂废兴固其有会耶？是可以观政矣。公以爱民真实之念，弘济人利物之施，凡急人之端正，所振起废坠，未可缕纪，兹特其一耳。观河思禹，宦辙之所驱驰，货客之所奔墟，与夫四方啣命使者，经过是桥，平平荡荡，莫不歌咏圣泽，颂公与两道及数君子之功，当与韩山凤溪增为高山深其所济必有涯哉？董是役者，海阳丞蒋子某也，例得并书云。

（《玉简山堂集三》，转引自饶宗颐、张树人编著：《广济桥史料汇编》，香港：新城文化服务有限公司，1993年，第30-32页。）

重修韩祠碑记

林熙春 万历三十七年（1609年）[一说万历三十四年（1606年）]

潮有两韩庙，一在城南，具苏文忠手书碑；元即庙改书院，具吴文正碑。盖不朽哉名世之言也。一在韩山，宋淳熙己酉，丁守允元因昌黎曾游览虖此，手植橡木尚存，始建庙祀之，则今观察金公之所修者是已。山据潮东面，韩江若天堑，俯广济桥若长虹，其胶序城垣坛壝，错列如绣，而尽收其水于吉水之捍门。韩山之祀，固所以志遐思，抑也都形胜焉。顾世久则湮，财诎则弛，而所司复敏视蘧庐，巧惮劳怨，因循待迁，恝然于所当务若罔见闻，凛凛然于其身惧相及也。藉有锐意更新，而受事者婾，受直者怠，程功称事，其间不能什三。比及告成，惟取涂塈而已。潮自庚及乙，守匮六年，间有署事，几经传舍，百凡俱废，所从来矣。丙午即家起金公来守我郡，诚不忍其废之至此，即欲先修韩庙，以崇往哲而劝来兹，独计事丛则其力难堪，役繁则其工难固，势亟则其图宜早，自是次第举行。见郡庠为首善重地，而庑舍桥门不宜其颓敝弗饰也，则为之修郡庠；北城为生灵系命，不宜其风雨就圮也，则为之修北城；两坛为六宗群望攸栖，不宜其芜秽不蠲也，则为之修两壝。又见广济桥受三江诸水，惊涛怒浪、势若建瓴，万一不戒，是以民予壑也，则为之辅墩以石，缀梁以木，结栏以砖，而浮桥楼亭一一缮治，真二十余年来一大更新也。先是此桥之建，故老相传昌黎祭河，河为之涸。虽纪传不载，以今观之，向也水深，今也沙淤可以施工，则其机更奇矣。桥既竣，金公始欲专其力于韩庙。会藩臬入贺，以资望当行。乃属守陈公应堂，丞桂林杨君可成，判西蜀刘君昭理、豫章黎君道灿，相与协谋曰："今日之事，民力竭矣，经费余实任之。第日入粤入虔，时不可失，所与共此者，其惟良二千石及诸相君力。"遂檄署邑令皖城元君以临宣令而布之民，仍以参军张文楝巡工，而父老林逢器等敦役。自春三月经始，于五月讫工。自原道堂以及廊门，莫不坚完；自一览亭以及曲水，莫不爽垲。材无杂瑕，工无浮食，财无阑出，民无作劳，大役毕矣。适金公虔旋，辄偕郡邑落之。盖自淳熙抵今，并属己酉，实五百年贞元气运，又一奇也。参军率父老抵余，用纪成事，余小子熙春为昌黎耳孙，复将何辞？昔夫子之得邦家绥和响应，犹必三年有成。昌黎元和入潮，过化不过七月，能令百世血食，而山川草木尽蒙曰韩，此何以故？登泰岳者必始东山，溯积石者必始龙门，其取法者有自也。昌黎承汉晋风靡之后，独知推尊孟氏以直接历圣之绪，且断断然正人心，辟邪说，笃信不移，屡斥屡奋，必欲轲之死由此而粗传，夫讵非圣人之徒欤？况文告潮鳄，千古美谭，而乡校一牒，德礼刑政，先后较然。即一天水之排异端，舂舂然望其督生徒兴恺悌之风，与夫子之启愤发悱教无类何异？宜潮人之奉为典谟，祀到于今无涯也。第金公入潮，且当匮诎。文庙诸役，费逾千缗。此犹守土时治办，今且手提三军，身令百城，监司贵倨，又何有虡民事。乃役与行，值金鉴孔时，简书是畏，直昌黎为孳孳，不数月而了大役。此其意盖欲以经术高等揭日月中天，礼义为序，范围为城，严肃为坛壝，通达为舆梁，令潮人就天水入门，宗昌黎而祖孔氏，奖多士而祯王国也。余生也晚，即斤斤然以求无坠前辈典刑。然闲诵昌黎牒，称天水能文章，知先王之道，胸中能无怦怦否？多士生逢盛世，蒸蒸不啻倍之，第果能仰监司顾化，骎骎而贤，骎骎而圣，如文正所期，则亦非直如文忠所谓笃于文行而已，斯于监司无负。不然鳄鱼异类，犹一诚可格而游于圣人之门、肯自毁其道以徙邪？岂金公嘉惠意哉？公为治持大体、省烦苛，卓持雅操，有古大臣风。讳时舒，字邦泰，别号凤池，己丑进士。丁未冬转观察，与守俱温陵人。万历己酉夏仲，郡人司谏氏林熙春记。督工卫经历张文栋、协督耆老林逢器、高忠望、李泰郁、程如昶、洪庆立石。

（注：碑位于韩祠前厅北壁，高216厘米，宽95厘米，楷书竖刻。篆额重

修韩祠碑记，多数字已残蚀不可辨。

文载光绪《海阳县志》卷三十一《金石略二》，广东历代方志集成本，广州：岭南美术出版社，2008年，第342页。）

修造广济桥碑记

陈先资　崇祯十一年（1638年）

桥曰“广济”，非旧也，盖始于韦庵王公奉命守潮时。起百载颓址葺而完修之，梁架琐琨，洲盖剧阁，遂使东南无天堑之苦，京省有攸往之利。可谓广渡十方，普济万灵矣！更浮桥而名“广济”，良有以也。嗣后不无桑变，则相继而重修之者，有直指蔡公、王公，二千石贾公也。轮奂贲饰，其称广济桥者，愈觉辉煌不虞。客岁季冬回禄为灾逼城，石梁七洲琐琨，长虹中断，百年楼阁，一时俱烬。诚亘古之异变，为全潮之攸系也。嗟夫，最令人太息者，四方莫能飞渡，水手乘此射利，架一叶之扁舟，冒滚急之危涛。问舟则需索万状肠断恶溪之苦楚，竞渡则满载百余险甚鳄鱼之翻浪。有沉溺而待援者，有子母而同没者，岂非断梁之灾流毒至此耶？余值与澄邑魏履闲、海邑蔡怀悟渡河，有事于府主刘公生祠基址，临舟惊怖。相与咨嗟，感叹者久之，谓当此海波不扬，往来既已艰危，至若春流暴涨，覆溺宁容数计。同兴婆心，欲作慈航，归而谋诸慈祥吉人黄雅周，周曰：“君辈得吾心所同然已，然是举也，与其琢石梁有浩大之难造，孰若架木桥便万人之得济。”随立募簿各捐已金，权移缗解恳督府郑部下官陈君讳维者，往■（缺一字）省买治木料。值仲春，海蜃连作，舟不扬帆，及是木登载而天清日霁。已越次日至舵江，又次日即诣桥下，意冥冥中■■（缺二字）有默相者乎？夫材木庀已，而盖板底事费不过数十缗，在素封之家，以其治园林者什之一足矣，治堂构者什之二三足矣，无奈甘沦苦海，障在悭贪。初不难于慷慨援笔，及叩之百无一应焉。■（缺一字）而雅周、履闲、怀悟乃道人林回冈，不迫汗力，数拜宦富长者，沿求济世之侣，乃得苟完而奏功焉。则安澜履平讴歌载道，回视向之断梁苦渡者，为何如哉？是役也，鸠工于三月十三日，落成于八月初五日■（缺一字）。嗣此而险楼肯构期百年垂久，不日而石梁随兴，则万事之赖矣！余等不过一念婆心、一■（缺一字）善果，宜亦无取于志者。虽然乐义好施之人不愿与悭啬者同混，■（缺一字）因公科敛之嫌，亦既有闻谤而告退，故必详陈颠末，缕开条件于以见乐义好施■（缺一字），两皆其有宜于广济，而因公科敛之谤，或亦无伤于广济乎？于是乎志！

（注：碑光绪海阳志金石略失载。碑高六尺二寸，广三尺二寸，正书。篆额修建广济桥碑记七字，横列，字大二寸八分，首题目一行，正文十七行，行四十五字，字大一寸。抬头高一字。正文之后，又列捐银人名十一行，字大八分。碑嵌在广济门城垣上，久经洪水冲蚀，漶漫不可卒读。碑最末一行，题崇祯十一年十一月长至次日，海阳陈先资君■（缺一字）氏志。其下尚有字，残蚀不可辨。

转引自饶宗颐、张树人编著：《广济桥史料汇编》，香港：新城文化服务有限公司，1993年，第29–30页。）

重建宁波寺碑记（搴华堂版）

杨钟岳　康熙六年（1667年）

韩山之麓有寺焉，厥名宁波，宁波之寺果何防乎？考舆志，唐元和间昌黎韩公愈来守是邦，鳄渚底平，鲸涛不惊，遂创兹寺云。越三百余载，宋兴，有相国陈公尧佐至止，循其旧制而一新之。迨明去宋亦三百余载，太守王公源者，见倾颓圮毁，爰为修葺计。然则今之寺其因而修之乎？重而建之也？曰："建之。"建之也，何居？岁癸卯，回禄播炎前之所遗无复存矣！甲辰春幸守宪魏公抚位兹土，不阅月而百废俱举。一日有事运筹，往来桥津间，喟然叹曰：“宁波，振古效灵而不为之启宇，守土者之责也！”遂鸠乃工庀材，断垩丹■（缺一字），次第竣功，其费若干皆出于公之清俸而不动公帑者也。落成之余一临眺焉，东北通八闽，西南连两粤，漈流湍急。经其前，磅礴郁积；绕其后，商旅盐榷，多会于此。美哉，山河之胜，波其永宁，详利害而略猷，为魏公能以恶易好，以舍易赴，以略易详，其于唐、宋、明诸君子之意，岂异耶？且魏公筮仕以来，历宦二十余年，驰誉于楚粤齐鲁之区，随在建文庙者四，名贤祠宇书院各一，有功于名教素矣！独兹寺乎哉？余又焉能悉志之？乡人士进而请曰：“今天子声教覃敷，薄海安澜，其可忘彼效灵之功乎？其可忘兹报彼效灵之力乎？”余乃记其事，扬其盛以告来者。

（[清]杨钟岳：《骞华堂文集》，康熙刻本，澄海官沟门宗亲联谊会印，2010年，第74-75页。）

重建宁波寺碑记（广济桥志版）

杨钟岳　康熙六年（1667年）

韩山之麓有寺焉，厥名宁波，宁波之寺何昉乎？考舆志，唐元和间昌黎韩公愈来守是邦，鳄渚底平，鲸涛不惊，遂创兹寺云。越三百余载，宋兴，有相国陈公尧佐至止，因其旧制而一新之。迨明，去宋亦三百余载，太守王公源者，见倾颓圮毁，爰为修葺计。然则今之寺，其因而修之建之乎？抑重而建之也？曰：“建之。”建之也，何居？岁癸卯回禄播炎寺为灰烬，前之所遗无复存矣！甲辰春幸我魏公重膺节钺之寄抚莅兹土，不阅月而百废俱举，因潮界海疆，日事运筹以固吾圉，往来桥津宁波间，喟然叹曰：“宁波，振古效灵而不为之启宇，守土者之责也！”遂鸠乃工庀廼材，断垩丹雘，次第竣功，其费千金皆出于公之乐捐而不动公帑者也。落成之余，一临眺焉，东北通八闽，西南通两粤，潆流急湍。■（缺一字）其前，磅礴郁积；绕其后，商旅往还，盐榷辐辏，多会于此。美哉，山河之胜，妥神不在兹乎？乡人士谓是举也，不可无言以志之，而求志于余。余观人情好佚而恶烦，赴欲舍谊详利害而略猷，为魏公能以恶易好，以舍易赴，以略易详，求之今日，未多见也。其与唐、宋、明诸君子之意，岂异耶？余乌能志之？且魏公筮仕来，历官二十余年，驰誉于楚粤齐鲁之区，随在建文庙者四，名贤祠宇、书院各一，有功于名教素矣！独兹寺乎哉？余又乌能悉志之？乡人士进而请曰："今天子声教覃敷，薄海内外无不纳款归化，正波海宁靖日也！其可忘彼效灵之功乎？其可忘兹报彼效灵之力乎？" 余因纪其事，扬其盛以告来者。公名绍芳，字和旭，顺天文安人，由乡进士历任补授岭东，其人其政父老当能言之。

赐进士第内翰林弘文院庶吉士今奉

旨守制治年家弟杨钟岳拜撰

钦差镇守潮州等处，地方都督府栗养志

潮镇标中军兼左营游击陈旺　潮镇标右营游击张仪

潮州城守游击关麟　城守中军守备高光弦　潮镇下千总潘瑞　王英　林廷爀

钦差镇守潮州饶平等处地方总镇府吴启丰　饶镇标参将邹瑞　饶镇标中营参将吴汉

饶镇标都司愈书李焜　饶镇标都司愈书曾兰　饶镇标都司俞书魏连

饶镇标都司愈书欧亮　饶镇标都司命书吕麒

潮州府知府宋徵璧　海防同知邓会　粮捕通判闫奇英　理刑推官邵士

山海关郑周道

钦取户部浙江司主事原海阳县知县王运元　潮阳县知县张弘美　揭阳县知县叶其勤

海阳县丞毛诗雅

程乡县知县戴明适　澄海县知县丛仪凤　饶平县知县刘鸿业　平远县知县刘骏名

普宁县知县程养初　惠来县知县孙汝谋　大埔县知县禹昌胤　署镇平县事潮州府

经历童士超

潮州卫守备张星烈　防守东路守备蔡俊　举人蔡毅

程乡县生员杨宏道

举人　林■（缺一字）　陈国玑　黄承箕　李明造　陈国谟　谢简捷　方来贺

游定海　谢简撰　梁犹龙　谢金度　曾华盖　史晟

生员　邹■（缺一字）春　陈士孚　陈嘉祥　杨时芳　黄华

耆民　杨明恺　王求先　王明一　陈麟生

康熙六年岁次丁未仲冬元月立石　督工　陈祥

义安陈夏望摹临上石

(注：碑在宁波寺内，高七尺，广三尺五寸五分，篆额曰“魏宪台重建宁波寺碑记”，横行，字大三寸，无题文，记文连结衔十六行，行四十四字，字大一寸，抬头高二字，正书，记文后，署名与年月，又十三行。

杨钟岳《重建宁波寺碑记》，《搴华堂文集》版和饶宗颐、张树人编著的《广济桥史料汇编》版略有不同，故二版皆录。转引自饶宗颐、张树人编著：《广济桥史料汇编》，香港：新城文化服务有限公司，1993年，第30-32页。)

重修韩公祠广济桥碑记

曾华盖 康熙十九年（1680年）

潮之有韩祠，非一日矣，昌黎有德于潮，民思之不忘，故合山川草木皆号之以韩，而祀公于韩山之麓，以云报也。时代既殊，修废不一，而拔厥所由，莫不时平政理而兴，时乱政窳而坠。则一时之兴革，固世道盛衰之攸关，吏治得失之所系也。近年以来，鲸海翻涛，狼烟频炽，办邻之外，民宇荡然，而祠亦与之俱荒，向之鸟革翚飞，俱变为窜狐牧马之所矣。岁在丁巳，刺史果庵林公祖，下车伊始，即喟然叹曰："予今者实物斯土，而令先贤之榱桷弗光，谁之责也。"顾残疆初复，师旅云屯，檄糗徵刍，日不暇给。越三载而山海销讧，民用和集，乃以庚申秋，涓吉鸠工，至今春告成。植之蠹者易之，墉之圮者饬之，丹黝之漫灭者增饰之，自堂宇门庑，以及文昌阁、曲水流觞之属，莫不次第修举，输奂既具，庙貌岿然，俨乎若对几筵而仰斗山也。

至潮之东鄙，密近闽漳，韩江一线，实为之限，其间旌轺往来，商旅幅辏，咸获安驱戾止，以免于蹇裳濡足之患，则惟湘子桥是赖。自经寇焚兵蹦，桥之梁坏石崩，行人屈屈，以陨蹐为惧。公又更其腐材，理其颓石，联编舟于中流，倚雕栏于南北。驺舆声喧，行旅踵接，恍乎若长虹之蜿蜒，跨清波而利涉者在此修。以至于量费庀材，择人董役，一木一石，皆出诸俸入之余，不至累吾民。迹踵旧而增新，事虽因而实创，公之功绩，更仆虽数，此特见其一斑耳。慨自古治既远，循良之风不作，吏于其土者，大抵以官为传舍，而视其民若秦越，人之肥瘠，幸而不朘其生足矣。其谁能家视官，子视民，谋民之利，而不以扰民，且溯乎前之有功德于是民者，而崇祀之恐不及也乎？吾于是叹公之造潮也深，而潮之邀惠于公也厚矣！夫祛弊与利，而不尸其功者，贤守牧之事也；沐浴膏泽，欲言而口不能传者，小民之能也；颂德铭勋，以永声施于勿谖者，乡士大夫之责也。是安可以无纪为之？铭曰："猗欤昌黎，道重德大，力排巽端，文起八代，直言朝宇，作刺海滨，延师敷教，立我蒸民，民思罔极，祠公东山，山川草木，皆号曰韩，惟此韩江，环城若带，往来络绎，繄格百赖。甲乙之交，四郊多垒，庙既荆榛，桥亦云圮，贤侯戾止，亦孔之扰，捐资饰材，是度是谋，经萤火虫儿既成，礼有赫，俎豆维馨，享祀不忒，为舟为梁，利济不匮，陋彼乘舆，斯为小惠。韩山苍苍，韩水汤汤，我公之绩，于韩有光，虹桥既奠，鳄渚永宁，亿禩戴德，请视斯铭。"

（注：碑在韩山韩祠中厅西壁，高五尺二寸，篆额曰"重修韩公祠广济桥碑记"，曾华盖撰文，碑为灰所圬，行数署款，比不能辨。

文载雍正《海阳县志》卷十《文集》，广东历代方志集成本，第488页；光绪《海阳县志》卷二十二《建置略六》，广东历代方志集成本，第207页上。）

重建广济桥碑

吴兴祚 康熙二十四年（1685年）

潮州为全粤东境，闽粤豫章，经途接壤。城东之水曰韩江，合汀赣九河之流，汇鳄溪，凭于广济门，水脉壮盛不可济。宋州守曾汪作济川桥，褒广二丈，长为丈一百八十有奇。中流急湍，深莫能测，即梁之东西尽处立矶，矶各纳级二十有四以升降，缉浮舟以通之，桥之制未有也。明宣德中圮，知府王源，伐石建址，架木为梁，更名广济，言济百川之民云。弘治大水梁坏，知府谈伦易以石。万历间，御史蔡梦悦重修。崇祯末毁于寇，蔡元重捐葺之。岁春水至，巨浸汪洋，民病焉。康熙二十一年，予以福建巡抚奉简命总督广东西等处地方，明年，巡视海滨，遵碣石卫而西，至潮，临鳄溪，登郡城，望广济桥，狂澜汹涌，舆梁倾仄，军民苦涉，顾视有司，心焉慨叹。自维建国经野，王制所重，顺民察地，予之职也。退而捐俸，檄知府林杭学，主所出纳，以署游击程士鳌、生员李奇俊董其役。庀材程石，更新焉，揆度基址，巩固甃砻，压者起之，侧者正之，弥缝甋甎，奠丽栏楯，期年以成。无夺民时，无取民财，无役民力，经营作新，用宁百姓。易达畜曰："何天之衢。释曰：畜，极而通。"今者梯航万国，南抵扶桑，北暨流沙，舟车所至，莫不攸往，则是桥也。周行如砥，泉货以通，民用以利，可以宣天子承天载物之治矣。其辞曰：浩浩韩江，横流靡宁，波涛怒张，吹鳄之腥。维昔有梁，和会底平，祝融资暴，阻塞下民，帝御万邦，荡荡八纮，一夫不获，是经是营，猥予不敏，忝厕枢臣，总制二粤，机务丕承。顾瞻津梁，废坠大经，敢曰有司，匪予之任。爰捐俸糈，肇建维新，使民共由，闵惧临深，式保便利，乂乂烝烝。敬栽黎庶，慎尔攸行，毋偏毋颇，大道用遵，千万亿祀，地纪永贞。

（乾隆《潮州府志》卷四十一《艺文》，广东历代方志集成本，第1046页；光绪《海阳县志》卷二十二《建置略六》，广东历代方志集成本，第206页上。）

重建广济桥碑记

杨钟岳　康熙二十六年（1687年）

曾在三山阅闽志，有昌黎驱鳄成广济之句，传者讹也。唐元和十四年，昌黎韩公，刺潮八月，即去袁州，成广济则未遑也。特功德在潮，尸祝于桥之东，惟彼江山，及所树木，以公姓得名，思韩深哉。厥后附会一桥，从而呼湘子焉，皆传者讹也。然则广济何昉乎？昉于宋也。考旧志，初名济川，其源自北，建瓴而上，汇汀漳赣三郡巨流，纵横湍驶，以入于海。形家言，洩而不蓄，宜有飞梁为绾带，庶足障回波砥狂澜也。况地据闽浙，百粤往来之冲，当春夏泛涨，漭泱澎湃，飞涛怒沫，不可向近，行旅载道，轩辖络绎，鹄立待济者。顾东西两岸，弥漫如隔千里，一不奏功而飘沉陷溺，不知所之，为此方巨患。宋州守曾、沈诸公，乃于东洲西洲分营焉，始基之矣。历年既多，洲坏梁断，有明宣德间，太守王公源垒石为墩，西计有十，东计十有三，架梁杂巨木，镘厚板。中以流急，墩乃止，因设浮舫，系之铁缆，非为通舟楫，用杀水势也。经理既定，楼亭翼然，爰更名曰广济。弘治间，河流暴至，而梁又坏，延正德中，乃合力易石焉。然屡受撼啮，随废随修，独是顺治庚寅大烬之余，石梁亭屋，存者有几？虽费诸君子修理之劳，而车骑错趾，邮筒朝发夕至，以及牵挽负担，难言履若康庄矣。幸总制吴公（笔者按：吴兴祚），承天子命，控驭二粤。癸亥夏，巡视海口，抵潮郡，见自西自东往还如织者，广济桥也，而石梁缺焉，不可以久，慨然曰："舍是无求民瘼矣！周官之法，徒杠舆梁，治之有司，是役浩大，恐重民困，非余独任不可。"越二年，出万余镪，鸠工伐石，约所遗墩二十有奇，无不新增硊石以实其基，斜方绫角，甃砌坚致，乃跨石板、翼雕栏，修若干丈，广若干尺，悉循古制而功倍之。经始于乙丑（1685年）之冬，成于丁卯（1687年）之秋。仰观亭榭翚革，焕然一新；俯瞰长溪蜿蜒，恍在襟带。是歌是舞，骈肩摩汗而驰，以为若偃之苍龙也，垂虹之饮涧也；戴山之六鳌，复道之行空也。

夫岂徒度世有津梁，亦形胜藉锁钥，畴能辅相天地，竖百世功，无扰于民，如吴公其人者。程子曰："古之仕为人，今之仕为己，如织蔷起见，皇皇择急，以保功名，留余以遗子孙，溺不由己，何有于人之病涉。"公本至诚，而立远猷，万金一掷，毫无德色，是知有人而不知有己矣。我潮人士谓余躬亲其事，不可无言传储远。《春秋》常事不书，凡土木之役，匪惟不时害义，即得其时当于义，亦备而书之，盖重民力也。兹举不烦官帑，不费民缗，竭己以祛潮患，视古乘四载，奠九州，为国为民者何异？忍令久而弗传耶？维时留心督卒，赞勷有成，则有太守林公果庵。彼孙叔敖，楚贤相也，陂水一勺，犹存天壤；赵克国河湟之桥，汉史称之。今勒琐珉，皆出于中，爰戴感激，不能已复。然尸祝昌黎意也，将见有史氏之大书特书焉，其必自此日始。

（[清]杨钟岳：《搴华堂文集》，康熙刻本，澄海官沟门宗亲联谊会印，2010年，第70–72页；光绪《海阳县志》卷二十二《建置略六》，广东历代方志集成本，第206页。）

增修广济桥石墩记

胡恂　雍正六年（1728年）

潮之水，以韩江为最，江上有桥，当闽粤孔道，自江以下皆泽国，缓水势而息狂澜，惟斯桥是赖。考江源自汀、赣、循、梅诸山，千里建瓴，直偪郡治，怒流澎湃，如奔雷骋马，方舟莫渡。宋人筑舟架梁，命曰济川，不数年修圮叠见。故宣德中，郡守王君源，累石为墩二十有三，覆以亭屋，造舟二十有四为浮梁，更名广济。自弘治正德迄我朝，兴修者数十矣。康熙二十四年，知府吴公兴祚，捐金万余，尽易木梁而石之。既而水绝东洲石墩没者二。雍正二年，前守张自谦，倡缙绅士庶，仅修其一。予以菲才，承乏斯郡，相度川原，历览堤岸，深虑夫桥墩缺一，莫杀水势，下如南厢、东厢、登云、登隆、诸堤及饶平之隆都，澄海之苏湾上、中、下三外莆，岁有冲决，庐舍田禾，皆不能保。因与同志商之，适前观察楼公，清厘开元寺租，可为修桥之费，请于大吏，报可。与海阳令张君士琏，殚心经画，诹吉兴修，郡司马宋君桂，偕太学诸生黄枢模，陈大业、林自青、黄继茂、耆老杨础臣等，董其役。经始于雍正六年十月望后之三日，越明年六月四日工竣。计费镪一千八百二十三两有奇。邦之士大夫，莫不共庆安澜，余亦籍兹稍慰，因援笔记之。

（乾隆《潮州府志》卷四十一《艺文》，广东历代方志集成本，第1065页。）

捐修广济桥第二洲并重建巧圣庙记

道光丁未（1847年）

潮之广济桥，右距城关，左抵山麓，萃五方之商旅，济百万之往来。宋明各有创建，国朝屡见增修，乃道光壬寅七月洪水为灾，鼍梁击断，虽近日之造舟亦可为梁，必如前之筑墩乃堪作柱。太守刘公（笔都按：刘浔）下车伊始，正拟倡修，忽奉调檄幸，逢观察杨大人痌瘝在抱，利济为怀，劝乡绅之各行捐筑，属署府以倡率兴修。吴太守默尔图维，独运捐廉之举，翕然响应，乐看不日之成。凡我同人仰列宪之慈，衷伤行人之病涉，援商集腋，共乐醵金，同心协力修东岸之二洲，缔造经营方逾月而告竣。且斯墩之上故有巧圣庙焉，当阳侯肆虐，桥圮庙倾，四面波涛，江舟尽没，中流砥柱，神像依然，此皆赫濯之所钟，精灵之所注者也。兹乃旧基涓吉，重修以妥神灵，以邀神贶。环绕山河奠苞桑之永固，丹垩楹桷壮庙貌之观瞻，所以赴功乐事，一时见踊跃之忱，咸称显应无疆，奕世获乂安之庆。

道光丁未冬月郡城布行众同人记。

（注：碑高四尺七寸，广二尺二寸七分，正书，无额，首题目一行，正文十行，行三十二字，字大一寸二分，抬头高一寸，末年月署款一行，在东岸第二洲桥楼神龛下，道光二十七年立。记中所谓太守刘公即刘浔，吴太守即吴均，观察杨大人即杨文定也。

转引自饶宗颐、张树人编著：《广济桥史料汇编》，香港：新城文化服务有限公司，1993年，第35-36页。）

重修广济桥东岸第十二墩并重建茶亭记

道光二十八年（1848年）

潮郡东城外，韩江绕之，跨韩江而绵亘者，曰："广济桥"。叠石为墩二十有三，东岸则十三墩焉。创于宋，历明代以逮。国朝废而复修者屡，盖中流激湍，所以障狂澜而通孔道，惟斯桥是赖。道光壬寅岁秋，鲸波肆虐，东岸墩决去其九，乡先生咸筹款重建。其时经费未敷，爰排舟作度以便往来，然此时特权宜计之，而非经久之谋也。岁丁未祥符，刘公浔来守是邦，甫下车即商修筑，旋奉檄调署韶南连道，益拳拳于心事，盖悬而有待。钱塘吴公均署分转兼摄郡篆承，观察文定杨公命劝绅民各效捐修之举，遂分廉俸倡修第三、第八、第九等墩，此其痌瘝在抱。揆诸苏子瞻之寓惠捐犀，蔡君谟之守泉种蛎殆不是过耳。我同人仰体列宪，仁慈黾勉，助修第十二墩，敛以蝇头之利，整兹鼋背之梁。由是冠盖骈阗，轮蹄辐辏，亦可以共庆安澜，无虞病涉矣。墩上旧有茶亭，墩倾亭圮，尽付波臣。兹因筑墩而并建之，觉桥济涉而茶济渴，斯诚为济之广也乎？是役也，经始于道光二十七年丁未九月朔日，越明年戊申五月望后之六日工竣。我同人乐贤守利济之心之有造于潮者不浅也，丁是乎书。

道光二十八年岁在戊申季夏朔日潮郡糙白米行众同人记。

（注：碑高四尺二寸，广二尺二寸，正书，无额，首题目与正文相连，并年月署款共十二行，行三十二字，字大一寸二分，在东岸第十二洲茶亭之内。

转引自饶宗颐、张树人编著：《广济桥史料汇编》，香港：新城文化服务有限公司，1993年，第36–37页。）

嘉平镇三属盐行重建广济桥第十洲记

道光二十八年（1848年）

钱塘吴公尝摄吾梅州牧伯，予等饮和食德久矣。岁道光丙午，权潮桥分司转运，予等为水客鬻盐输饷复隶分转，公优恤逾于常转。先是广济桥为水冲溃，历五年，议修者甚众，丁未公以分转权守郡事，既熟筹所以，复之者谓事难，于经始而易于观成也。爰首捐廉修第三、第八、第九三洲，其第一、第四、第五、第六四洲崩损者，亦公为之修补。而吾梅邱万兴者为分转海运，亦先自捐赀修复第七洲，工尚未竣。初桥圮时官民捐资几万余金，迄无成，咸以为观成未知何日矣！自公经始以来，行所无事，筑复及修补者已八洲，可以利涉。自时厥后，潮市米行布行各修复一洲，分转海运数人复认修一洲。予等尝为公部民，今鬻盐转运又隶公宇下，佥议就行盐每票输费若干，合嘉应、平远、镇平三属水客共修复一洲，并呈请分转派司桥工■（缺一字）事四人，邱君慎猷、黄君国诗、辜君利权、李君鹏程代为董理，于丁未二十七年十月二十一日兴工至本年五月二十四日工竣，予等嘉、平、镇三属旧皆为程乡县，潮州治后析为三，至国朝雍正十年改程乡为嘉应直隶州，而以平、镇二县属之，然则予等固潮民也。今虽析治，而吴公固尝为嘉应州牧伯，今又权分转兼署郡事，予等荷吴公教养而体恤之者，已异于常，则所以副吴公教养而体恤之者，自异于众也。工已竣，谋筑亭为往来徒旅憩息之所，洞为第十洲，即以名其亭，吾闻蓬瀛之境三岛十洲，潮为古瀛洲，十洲亭盖亦蓬瀛之一胜景也。夫是为记。

清道光二十八年岁次戊申秋八月。

（注：碑高四尺六寸，广二尺四寸，正书，额曰“嘉、平、镇三属盐行重建广济桥第十洲记”，横列二行，行八字，字大一寸六分，首题目一行，曰“广济桥十州亭记”。正文共十三行，行四十四字，抬头高二字，末年月

日署款一行，字大八分，在东岸第十州亭壁上。

转引自饶宗颐、张树人编著：《广济桥史料汇编》，香港：新城文化服务有限公司，1993年，第37-38页。）

子来局修复广济桥第十一墩记

道光二十九年（1849年）

窃惟事既有经始，情可验乎子来？盖我潮郡东门外韩江绕城，江上有桥名曰“广济”，为行人孔道，缓水势而息狂澜，惟斯桥是赖。是桥也，创于宋代，自元明迄国朝修圮叠见，乃道光壬寅七月洪水滔天而东岸十三石墩决去者九，冲坏者四，过客皆叹其病涉。迨岁丁未祥符，刘公浔守潮，正在议修，旋升任不果。时观察为文定杨公，廑念桥墩既倾往来不便，谋诸吴公议以修复。吴公名均字云帆，浙江钱塘人也，以分转兼权郡篆，慨然以修桥为己任，即捐俸先倡全筑者三墩，稍葺者四墩。于戏有斯，遗爱感人，孰不争输恐后哉！予等各自乐施，共成美举，故以子来名局蒇乎经始之功，认修复第十一墩并第九墩，第十、第十一、第十二各洞，桥梁木料栏杆等项，呈请道府宪，仍谕经始，公所熟理桥工司事邱君慎猷、黄君国诗、辜君利权、李君鹏程并添谕米行修桥司事杨君大省董其役，其承谕经管题缴银数者，则瑞兴当陈君先造也。其在苏安山督办石块至桥应用者，为列宪前谕督办各墩石块之李君廷铭也。墩南北并新建两亭以为行人暂憩之所，于道光二十八年十月初八日兴工，越明年四月望后之三日告竣，计费镪三千九百七十五元。惟时占利涉于同人，美成功于既济，爰纪其事以勒之石，道光二十九年岁在己酉闰四月日立。

（注：碑高四尺九寸，广二尺四寸五分，无额，正书，文凡十三行，首题目一行，末年月署款一行，共十四行，行四十字，字大一寸，在东岸第十一洲壁间。

转引自饶宗颐、张树人编著：《广济桥史料汇编》，香港：新城文化服务有限公司，1993年，第38-39页。）

重修宁波寺碑记

黄钊　道光三十年（1850年）

寺以宁波名，志桥成也。按郡志，寺建于宋，不著年代，而桥西岸始于宋乾道间知军州事丁允元，初名丁公桥；东岸筑于宋绍熙间知军州事陈宏规，更名济川桥，后先增筑者不一人。明宣德中知府王源垒石重修西岸十墩，计九洞，共长四十九丈五尺；东岸十三墩，计十二洞，共长八十六丈八尺；中空二十七丈三尺，造舟二十有四为浮梁，更名"广济桥"。国朝康熙六年重建宁波寺，碑谓寺始于唐元和韩昌黎所建，至宋陈文惠因其旧制而一新之者，妄言也。夫桥始于宋而寺亦始于宋，桥成而寺亦因之而建，庶几近之。又按郡志，康熙十年辛亥提学道迟煊知府宋徵壁重修广济桥，而宁波寺碑为康熙六年岭东道魏公绍芳重建，是时守郡者亦宋公徵壁。魏公时但修寺而未尝修桥，迟公时但修桥而不再修寺，则寺与桥之成宋公实任之而名，则皆以道率之。道光壬寅韩江水溢，东岸桥墩溃其九座。岁丁未钱塘吴公均以分转权郡事，自捐廉修复第三、第八、第九座，嘉应邱慎猷自修复第七座，潮郡城内布行修复第二座，米行修复第十二座，海运通纲修复第十三座，嘉应、平远、镇平各盐客修复第十座，潮嘉绅庶行户共修复第十一座。桥成闽粤数郡商旅咸利赖焉，而民无病涉之忧，桥东人日夕至城市尤德公。因修宁波寺，门内有堂三，楹面南向拟奉吴公长生禄位，公闻之艴然曰："果尔，余当自往毁之！"于戏宏能人之愿，施大雄之力浑，智名勇功于不事，而屹然砥柱于中流，是亦足以挽颓波已！

文林郎翰林院待诏前充　文颖　国史两馆缮录官镇平黄钊撰记。

道光庚戌四月初八吉日兴工至十月十五日工竣，共用去工料银捌百肆拾壹两零。

子来局潮嘉绅庶行户重修宁波寺碑记。

（注：碑在宁波寺内，高五尺五寸，广二尺四寸，横额曰“重修宁波寺碑记”，字大二寸六分，题文一行，记文十一行，行五十字，又附列房屋位置方向五行，署款年月各二行，字大皆八分，正书。

转引自饶宗颐、张树人编著：《广济桥史料汇编》，香港：新城文化服务有限公司，1993年，第34-35页。）

重修广济桥东岸第十二墩并茶亭房舍记

同治十二年（1873年）

潮城东门外有广济桥焉，西岸十墩属于郡守，东岸十三墩则分转宪属焉。创自宋，以逮国朝间，虽废而复修者屡，莫如道光壬寅水患之甚，东岸之墩崩去其九。彼时吴公讳均署分转兼摄郡篆，乡先生咸议修复，艰于经费，东岸之第十二墩，吾同人则请捐修焉。曾年岁之几何，而墩又复崩且基石冲去，更有甚于壬寅经费之大。适分转宪川如汪公甫下车，遂援壬寅之请修者，谕令吾乡同人修焉。当是时有谓众人之桥吾独任之，无乃劳逸不均乎？又谓修筑之说不亦难为继乎？吾同人则不然。夫传有曰：“公家之利知无不为，忠也。”又曰：“且人之欲善，谁不如我？”今造千万人往来之桥，若忠与善则我不敢，惟尽力以奉上而已。是役也，经始于癸酉春季，石墩茶亭一仍其旧式，于是乎略记至文，言之胜前人尽详，今不赘及尔。同治十二年岁次癸酉季春望日，潮郡糙白米行同人记。

（注：碑高四尺二寸半，广二尺二寸，无额，正书，题目正文连年月署款共十行，行三十六字，字大一寸，在东岸第十二墩壁上。

转引自饶宗颐、张树人编著：《广济桥史料汇编》，香港：新城文化服务务有限公司，1993年，第39页。）

重修广济桥碑记

2007年

明代流传谚有云："到潮不到桥，枉费走一遭"者，乃全国重点文物保护单位之广东潮州广济桥也。桥自南宋乾道七年初创，至明嘉靖九年形成"十八梭船廿四洲"之格局，绵历达三百五十九年，百折不挠，前仆后继，潮人坚忍不拔之毅力精神，可以概见。是桥合梁桥、浮桥、拱桥于一体，且浮桥可开可合，桥面楼台毗接，洵为宇内名桥中之特例，宜其佳话之迭兴而卓誉之广被也。然创辟八百余年来，古桥颇受雷轰电击，浪啮沙淘；更遭地震风灾，洪峰兵燹，颓残破损之状，令人怵目惊心。是以起废振颓，从所厚望。一九九〇年初，国家文物局主持召开"潮州广济桥修复论证会"，修复古桥序幕由是揭开。复经充分筹措，至二〇〇一年制订维修方案并呈国家文物局核准。翌年四月成立"潮州市维修广济桥委员会"以统揽全局，维修工程乃于二〇〇三年十月正式兴工。工程以修旧如旧为准则，以重现明代风貌为设计依据，先后完成固墩清基、钢桥拆卸、梭船架接、桥面敷铺、亭台筑砌等分项，至二〇〇七年六月而竣事。总投资人民币九千八百万元，其中上级拨款三千八百万元，海内外捐款三千七百万元。赤子挚诚，良可嘉焉。是役既成，万众欢抃：喜风华之重睹，庆梓里之奋扬。杰阁云连，炫江山之妍丽；长虹波漾，利来者之观瞻。从兹而后，文物获妥善呵护，名城展独特风姿，此固吾潮之荣光，亦民族文化之福祉也。因泐石志其颠末，以垂久远。

潮州市人民政府立

公元二〇〇七年六月吉日

附录2

广济桥赋二篇

广济桥赋

明　李龄

客有御风霆游古瀛，鼓枞沧浪，驰骋金城。登西湖兮四望，攀凤凰兮抚苍冥。烟景纷以万状，山川郁而青青。极目兮千里，聊纵志以抒情。主人顾而谓曰：子徒知夫岭南雄观，在于吾潮，而不知夫吾潮胜状，在于广济之一桥。于是乘华辑，骖虬螭，驾彩凤，载云旗。朝雨沛以洒尘，凉飔肃而吹衣。纷总其离合兮，溘埃风而至之。巍乎高哉！寥兮如飞梁渡江，恍乎若长龙卧波；复道行空，俨然如乌鹊横河。鞭石代柱，崇台峨峨，西跨瀛城，东襟鳄渚，直走于韩山之阿。方丈一楼，十丈一阁；华棁彤橑，雕榜金桷；曲栏横槛，丹漆黝垩；鳞瓦参差，檐牙高琢。起云构于鸿蒙，倚丹梯于碧落。朱甍耸兮欲飞，龙舟萦兮如束。琐窗启而岚光凝，翠纷开而彩霞簇。灵兽盘题而蹲踞，青鸾舞栋以翱翔。天吴灵胥，拥桥基于水府；丰隆月御，列遗象于回廊。石苔斑兮欲驳，激琼波兮响琳琅。金浦烂其浴日，瑶瑊灿以凝霜。虽琼楼玉宇，不足以拟其象；而蓬莱方丈，适足以并其良。陋崔公之微绩，视洛桥兮有光。

若夫殷雷动地，轮蹄轰也；怒风搏潮，行人声也；浮云翳日，扬沙堕也。响遏行云，声振林木，游人歌而骚客吟也；凤啸高冈，龙吟瘴海，士女嬉而萧鼓鸣也；楼台动摇，云影散乱，冲风起而波澜惊也。仰而观之，云连紫闼，列虹影于中天；俯而临之，澄波素练，吐蜃气于深渊。顾而瞻之，冈峦崪嵂，左右驰突，列云屏于后先；远而望之，鹤汀凫渚，岸芷汀兰，纷竞秀而争妍。

至于蓐收行秋，列嶂云收，明河涓皎，月影中流，浮金跃璧，耀目明眸，上下天光，万顷一碧，白露横江，琼浆夜滴，万象鉴形，渊炫澄碧，渔歌互答，此乐何极！羌终夕兮游玩，謇不知其偃息；有仙子兮扬翠旍，驾两龙兮江之滨。百神淼以备从，鸣玉鸾兮声嚶嚶。使湘灵兮鼓瑟，令王乔兮吹笙。歌儿韶兮舞冯夷，张咸池兮奏云英。澹容与以逍遥，忽独与子兮日成。若曰潮乃邃古之瀛洲，幸与汝兮同游。山虽明兮，未若乎昆仑华岛之为优；水虽秀兮，难同乎瑶池翠水之悠悠。独斯桥兮形胜，与仙造兮同侔。地脉连而回萦，鳌极峙而不倾。淳风回而俗转，家礼乐兮人公卿。噫！微斯人兮，畴克以臻。言既竟兮，乘元云而上征，客既奇遇兮，乃反乎瀛洲之故城。收畴昔之逸游兮，卷淫放之邪心；服仁义以修姱兮，游道德之平林。既申旦以独坐兮，乃具告于主人。抚掌而叹曰：异哉！昔子房之游下圯也，遇神人而盘桓；相如之度升仙也，纷至今为美谈。子于是游，其亦可谓旷百世而一观。客乃歌曰：若有人兮金玉相，乘云龙兮佐尧汤；道既高兮德弥彰，捧纶音兮收潮阳；囿我同兮仁义乡，追昌黎兮参翱翔；五谷登兮人物康，连神规兮建河梁；俾万姓兮履周行，功巍巍兮摩穹苍；聊作歌兮勒高冈，籍文烂兮星斗光，吁嗟王公之福五潮兮，地久而天长。（《潮州耆旧集》卷一《李宫詹集》）

（按：李龄，潮阳人，生于明代永乐四年（1406年），正统元年（1436年）进士。

转引自饶宗颐、张树人编著：《广济桥史料汇编》，香港：新城文化服务有限公司，1993年，第48-49页。）

广济桥赋

清　杨献臣

稽古郡于义安，览舆图之壮丽，城高枕于金山，郊平连于海底。溪徙鳄而犹清，江记韩而未替。峙双塔于云端，跨大桥于海际。曾汪肇基自宋，原号济川；王原重建于明，广更名济。（笔者按：“王原”当作王源，“广更名济”句，当为“更名广济”之讹）尔乃叠石为柱，修板成梁，广容车马，高纳帆樯。栏杆隔乎内外，梯级判乎低昂。石矶三十六墩，镇铣牛于两岸；梭船一十八只，贯铁索于中央。水面平铺，类鼋鼍之浮巨浸；波心横卧，若蝃蝀之驾汪洋。

则有小阁凌烟，高楼映水，酒肆榕阴，茶高花紫。店连舟楫之多，货聚山海之美。横斜高处，依稀玉杵蓝桥；结撰空中，恍惚蜃楼海市。为通衢之大道。东连龙骨街头，合斯人之会归；西入凤楼城里，若乃千山排闼。四面围青，凤凰摩于天阙，莲花涌于沧溟。独秀孤峰，映银山之崱岃；双旌峻石，表韩麓之蛤萤。日出则红生大帽，云开则翠见七屏。嶂辟黄田，影动青林之树；岭流白石，光连碧漠之星。

当夫雨泽多，潦水涨，江面宽，潮声壮。上流化象之潭，下平凤洲之障，右绕东津之堤，左翻西湖之浪。汇汀梅之远水，尽赴桥门；合漳浐之细流，同归圯上。浩浩乎其游也无涯，渊渊乎其深也无状。至其江心水落，镜面波融，鸭涨侵绿，雁齿排红。风萧萧兮木叶，露湛湛兮苫丛。灯火高悬，恍探星桥于月窟；楼台倒浸，似邻鲛室与龙宫。河岸天寒，影落鸥鹭；秋溪夜静，声吼鱼龙。氤氲湘子祠前，烛影香烟共霭；潇洒宁波寺外，水光山色齐空。又如系缆石根，扬舲泽漠，贾师雀尾之航，贵客螭头之艇。避雨之楫方归，挂风之帆已迴。争渡则舟子语喧，开关则篙工力挺。已大小而各殊，亦往来其不等。况乃行人杂沓，过客载驰。或担簦而负笈，或抱布而贸丝，或乘肩舆而至止，或荷蓑笠而来斯，或骚人登高而作赋，或逸士临流而咏诗。熙熙攘攘凡几辈，朝朝暮暮无已时。彼夫填鹤之事已，掷文之谈亦幻；折柳情尽，亦离别之可怜。独木行难，实倾危之足患。正羡胜于天台，或惊奇于蜀栈。孰若斯桥，当闽广之冲，会关河之间。鞭石不劳乎神仙，成功屡出于名宦。口碑载道，称前贤利物而济人；砥柱中流，诵圣朝河清而海晏。（《百侯杨氏文萃》卷下）

（按：杨献臣，大埔百侯人。

转引自饶宗颐、张树人编著：《广济桥史料汇编》，香港：新城文化服务有限公司，1993年，第49—50页。）